やさしい Kotlin 入門

野崎英一●著

■サンプルファイルのダウンロードについて

　本書に掲載したサンプルプログラムのソースコードは、下記 URL からダウンロードできます。

　　https://cutt.jp/books/978-4-87783-427-2/

　なお、本書の内容およびサンプルプログラムの利用によって生じたいかなる損害に対しても、著者ならびに株式会社カットシステムはいっさいの責任を負いません。あらかじめご了承ください。

- 本書の内容についてのご意見、ご質問は、お名前、ご連絡先を明記のうえ、小社出版部宛文書（郵送または E-mail）でお送りください。
- 電話によるお問い合わせはお受けできません。
- 本書の解説範囲を越える内容のご質問や、本書の内容と無関係なご質問にはお答えできません。
- 匿名のフリーメールアドレスからのお問い合わせには返信しかねます。

本書で取り上げられているシステム名／製品名は、一般に開発各社の登録商標／商品名です。本書では、™ および ® マークは明記していません。本書に掲載されている団体／商品に対して、その商標権を侵害する意図は一切ありません。本書で紹介している URL や各サイトの内容は変更される場合があります。

まえがき

　これからプログラムの学習を始めるなら Kotlin（コトリン）が断然おすすめです。世の中には、たくさんのプログラム言語がありますが、比較的最近になって開発された Kotlin では、過去のプログラム言語が抱えていた課題の多くが解決されています。非常に洗練された言語仕様でありながら、プログラマにフレンドリーで、とっつきやすい言語です。

　2017 年に Google は Kotlin を「第一級言語」に選定しました。これは、Kotlin がもはや数多く存在するマイナー言語の一つなどではなく、安定し、信頼され、広く使われているメジャーな言語として認められたことを意味しています。Kotlin が Android アプリの開発用言語として正式に採用されたことは大きなニュースとなりました。Android はスマホの世界シェアの大半を占めていますから、今後 Kotlin は様々な分野で広く使われていくようになるでしょう。これに伴い、Kotlin プログラマの需要も大きく増していくものと思われます。

　Kotlin の特徴の一つは、Kotlin が Java のいわば「親戚」であるということです。これはどういうことでしょうか？

　まず、Kotlin で書いたプログラムは、JVM（Java Virtual Machine）と呼ばれる Java の実行環境で動作します。プログラマがテキストファイルに Kotlin の形式でプログラムコードを書いた後、それをコンパイル（コンピュータの言葉に翻訳）すると Java の実行形式に変換され、Java プログラムとして動作するということです。これは、Kotlin が新しい言語であるにもかかわらず、処理速度やメモリ管理の面で、長年の間チューニングされ、安定性が実証されている Java の実行環境でそのまま動作するということを意味しています。新しく開発されたばかりの言語にありがちな不安定さが無いというのは、非常に大きなメリットです。

　さらに、Kotlin のプログラムからは、世の中に存在する大量の Java ライブラリをそのまま使用することが可能です。それで、Kotlin は新しい、洗練された言語でありながら、これまで先人たちが生み出してきた膨大なライブラリという資産を丸ごと活用することができるという、とても「お得」な言語なのです。しかも、Java のプログラムから Kotlin のプログラムを呼び出すことも簡単にできてしまいます。

　本書は、プログラムは全く初めてというような「超初心者」の方でも、Kotlin によるプログ

ラミングを楽しんで学んでいただけるように構成されています。本書を読み進めるにあたって、Javaやオブジェクト指向などに関する予備知識は全く必要ありません。

　一般に、Kotlinの文法上の説明は「Javaではこのように書くところをKotlinではこんなふうに書きますよ」というように、Java言語とKotlin言語を対比しながら解説されることが多いようです。しかし本書では、あえてJavaとの比較による説明はほとんどしていません。なぜなら、そのようにしてしまうと、すでにJavaに詳しい人にしか分からない内容になってしまうからです。特に、初めてプログラミングについて学ぶ方にとっては、Javaとの比較であれこれ言われるより、Kotlinに関してズバリ説明される方が分かりやすいでしょう。この本を手にされた方は、Kotlinを学ぶ前にわざわざ他のプログラミング言語を学習しておくというような遠回りをする必要はありません。最短コースでKotlinのプログラミングをマスターしてください！

　今やKotlinと言えば、Android用の開発言語というイメージが強いかもしれません。しかし、本書では、内容をシンプルにするため、あえてAndroidに関する内容をほとんど含めませんでした。本書は純粋にKotlinというプログラム言語そのものに慣れ親しんでいただくことを目的としています。Android用のアプリ開発をするためには、Android独特の「フレームワーク」あるいは「枠組み」と言われる独特の仕組みを学ぶことが必要です。ところが、これがなかなかややこしいのです。プログラム言語とフレームワークの両方を同時に学ぶことは至難の業です。特に初心者は、何らかの問題が発生した場合、今、自分がKotlinという言語の文法上の問題で悩んでいるのか、それともAndroidのフレームワークの使い方で悩んでいるのか、よく分からなくなってしまう……というようなことになりがちです。

　これは、たとえば、「フランス語」という「言語」を勉強しながら、同時に「フランスという国の法律」という「フレームワーク」を勉強するようなものです。フランス語も法律もそれぞれ簡単には習得できないものですから、両方いっぺんに勉強するのはとても大変なことです。頭がパンクしてしまいます。まずはフランス語をある程度マスターしてから、フランスの法律を勉強するというように、順を追って学ぶ方が分かりやすいと感じる方が多いでしょう。

　本書は、読者の方にまずKotlinという言語そのものに親しんでいただくことを目標としています。そうすることが、結局はその後のフレームワークを使ったアプリ開発をマスターする近道になるであろうとの考えからです。ステップバイステップで、まずKotlin言語の基礎をおさえ、その後、Androidなどのフレームワークに関して学んでいただくことにより、実践的なアプリ開発にスムーズに移行していただけると思います。

すでに Java 言語や Android 開発の経験がある方も、Kotlin について少し学ぶだけで、その洗練された簡潔なプログラムコードの魅力に取りつかれることでしょう。たとえば、Java はオブジェクト指向の堅牢で大規模なプログラムを作成するのに最適な言語の一つですが、その厳格な文法上のルールゆえに、どうしてもコーディング量（文字の量）が多くなってしまうという問題があります。Kotlin を使えば、入力する文字の量を大幅に削減しつつ、Java と同じように安全で安定したオブジェクト指向のコードを書くことができます。たとえば、Java で厳格なオブジェクト指向のコードを書こうとすると、プログラムの流れやロジックとは直接関係ない「ゲッター」や「セッター」と呼ばれるものでコードが埋め尽くされたりして、読みにくくなりがちです。しかし、Kotlin を使えばその問題を簡単に解決できます。

　開発言語を Java から Kotlin に乗りかえるメリットはまだまだあります。たとえば、Java プログラムの実行時や Android アプリの実行時に良く直面する NullPointerException と呼ばれるエラーの発生を防ぐ仕組みが、Kotlin では言語仕様として備えられているという点があります。これまでは、カスタマー側で問題が発生した後に、その報告を受けたプログラマが地道に問題を再現し、対策を講じていくというようなことをしてきたかもしれません。しかし、今後はやり方ががらりと変わります。なんと Kotlin には、実行時ではなく、コンパイルの時点で NullPointerException を確実に防ぐことができる仕組みがあるのです！

　一方、Kotlin では安全なコードを非常に簡潔に書けるというメリットがあるものの、コードがシンプルすぎるためにチンプンカンプンに思えてしまうということもあるかもしれません。コード量が少ないというのは、裏返すと、たくさんの情報を省略しているということでもあります。意外にも、Java 経験者のほうがかえって、Kotlin のコードを何か得体のしれないもののように感じるということもあるようです。そこで、本書では、Kotlin のコード内で（たとえば「ラムダ式」などの記述で）、いったい何が省略されて、どのような考え方で特定の記述がされているのかを、丁寧な文章ではっきりと示すことにしました。また、同じことをするにもいろいろな書き方があることを示すために、全く同じ動作をするコードを並べて見比べていただくという工夫もしています。

　すでに Java プログラマ、あるいは Android プログラマとして活躍されている方であれば、本書をざっとお読みになるだけで、新しい言語である Kotlin をすぐにマスターしていただけるでしょう！

もちろん、プログラミングは全く初めてというような「超初心者」の方も心配する必要は全くありません。本書では、他のKotlinの解説書やネット上の断片的な情報では説明を省略してしまうようなことも、あえてじっくり説明しています。初心者を「置いてきぼり」にしたり路頭に迷わせたりすることが極力ないように、できるだけ平易に、たとえ話などを交えながら解説をしています。

　それでは、さっそくKotlinでのプログラミングを楽しんでいきましょう！

まえがき iii

第1章　Try Kotlinでプログラムを実行してみよう 1
第2章　Kotlinのソースコード 9
第3章　変数 14
第4章　数値型の変数 19
第5章　文字と文字列 27
第6章　真偽（Boolean）.. 35
第7章　論理演算 39
第8章　変数の型変換 45
第9章　変数の値を更新 49
第10章　範囲（Range）.. 56
第11章　ifによる条件分岐 60
第12章　whenによる条件判断 68
第13章　forによる繰り返し処理 73
第14章　whileによる繰り返し処理 80
第15章　繰り返し処理でのbreakとcontinue 84
第16章　配列（Array）... 91
第17章　リスト（List）... 99
第18章　セット（Set）.. 107
第19章　マップ（Map）... 113
第20章　main関数とパラメータの処理 120
第21章　関数の定義 126
第22章　例外とtry-catch構文 139

第23章	クラスとオブジェクト	150
第24章	クラスのプロパティ	159
第25章	コンストラクタ	169
第26章	セカンダリコンストラクタ	178
第27章	クラスの継承	183
第28章	メソッドのオーバーライド	189
第29章	ポリモーフィズム（多様性）	193
第30章	抽象クラス	199
第31章	インターフェース	203
第32章	null許容型の変数	211
第33章	Anyクラス	224
第34章	スマートキャスト	228
第35章	データクラス	234
第36章	スコープ	243
第37章	オブジェクトとしての関数	247
第38章	クロージャ	255
第39章	ラムダ式	261
第40章	メンバ参照	269
第41章	ジェネリクス（総称型）	273
第42章	パッケージ	281
第43章	可視性識別子（public、protected、private）	289
第44章	拡張関数	297
第45章	マルチスレッド	302
あとがき		309

索引	311

第1章 Try Kotlinでプログラムを実行してみよう

　Kotlinのプログラムを作る方法は、いろいろあります。たとえば、Kotlin言語の開発元であるJetBrains社が提供しているIntelliJ IDEAという「統合開発環境」を、WindowsやMacなどのコンピュータにインストールして使用するという方法があります。あるいは、一般的に広く使われているEclipseという「統合開発環境」を使うことも可能です。この「統合開発環境」というものは、Kotlinのプログラムを書くためのテキストエディタが非常に強力になったものと考えて差し支えありません。プログラムを書いたり、コンパイルしたり、実行したり、デバッグしたり（プログラム内のバグと呼ばれる欠陥を見つけ出したり）するためのものです。ただ、IntelliJ IDEAやEclipseは機能が豊富な分、使いこなせるようになるためには、それなりの時間がかかります。

コンパイルって何？

　「コンパイル」とは、私たちプログラマがテキストエディタ上に書いた文字を解析し、コンピュータが実行できる形式に変換する処理のことを指します。Kotlinのプログラムは英語風のテキストですが、これは人間にとっても意味が分かる情報です。これをコンピュータが直接理解できる「バイナリファイル」というものに、いわば「翻訳」してくれるのです。コンパイルを行うためのプログラムは「コンパイラ」と呼ばれます。

　Kotlinのコンパイラは、私たちが書いたプログラムが文法的に間違っていないかどうかといった点をチェックして、問題がない場合には、Javaの実行環境、つまりJVM（Java Virtual Machine）と呼ばれる環境で実行可能な形式のファイルを作成します。この実行可能形式のファイルとは、具体的には、jarやclassという拡張子が付いたファイルのことです。

AndroidのアプリをKotlin言語で開発するには、Android Studioという「統合開発環境」を使用するのが一般的です。これは、前述のIntelliJ IDEAをベースにして、GoogleがAndroidアプリ開発専用にカスタマイズしたものです。ただ、Androidアプリを開発するには、プログラム言語の文法を学習するだけではなく、「フレームワーク」と呼ばれるAndroidの独特な仕組み、あるいは取り決めのようなものも同時に学んでいかなければなりません。特にプログラム初心者にとってAndroidの「フレームワーク」つまり「枠組み」を理解するのは、決して簡単なことではありません。

　統合開発環境を一切使わず、単純なテキストエディタとKotlinのコマンドラインコンパイラを使ってKotlinの開発を行うことも可能です。「コマンドプロンプト」または「シェル」と呼ばれる、いわゆる「黒い画面」上で、コマンドを打って作業できます。Kotlinのテキストコードをkotlincというコマンドを使ってコンパイルしてjarという拡張子が付いたバイナリファイルに変換した後は、それをjavaプログラムと同じように実行できます。また、REPLと言われるツールを使えば、Kotlinのコードを一行一行手で打ちながら動作確認できるので、とても便利です。でも、これらのツールを使うためには、最初の環境設定に手間がかかりますし、WindowsやMacの手打ちコマンドによる操作に慣れている必要があるので、プログラム初心者には、やはり敷居が高いのです。

　本書の目的は、プログラム言語としてのKotlinそのものをなるべく簡潔に説明することです。世の中に存在している様々なツールの使い方を解説することではありません。仮に、プログラム言語を学ぶのと同時に統合開発環境やAndroidのフレームワーク、はたまたWindowsの「黒い画面」のコマンドの使い方などを並行して習得しようとすると、頭の中がごちゃごちゃになってしまい、自分がいったい何を学んでいるのか分からなくなってしまうということにもなりかねません。あれこれ欲張って一度に習得しようとするよりは、一つ一つ着実に学んでいくのが良いでしょう。それで、まずは本書でKotlinの基本的な文法などをざっくり学ぶことにフォーカスするのが良いと考えました。

　このような理由から、本書ではTry Kotlinという非常に簡単に使える開発環境だけを使って説明を進めていきます。Try Kotlinはプログラムを記述したり、実行したりすることができるウェブアプリです。無料で使えます。とてもシンプルなので、使い方を学習するためのコスト（時間と労力）はほとんどかかりません。ブラウザとインターネット環境さえあればすぐに使用できます。Kotlinの「本家」であるJetBrains社がKotlin言語を一般の人々に学んでもらうために提供しているものですので、安心して使用することができます。

では、早速 Try Kotlin を使ってみましょう。ウェブブラウザで次のページを開いてください。ページを開いたら、とりあえずブックマークしておきましょう。

`https://try.kotlinlang.org`
（または「Try Kotlin」で検索）

上記の URL をブラウザで開くと、次のようなページが表示されます。

図 1.1

この Try Kotlin というウェブサイトには様々なサンプルプログラムが載せられています。画面の左側に、そのサンプルプログラムの一覧が表示されていますね。最初にこのページを開いたときは、Examples ▶ Hello, world! ▶ Simplest version ▶ Simplest version.kt というサンプルコードが選択された状態になっており、そのコードが右側のテキストエディタ上に表示されているはずです（表示されていない場合には、左側のメニューから Simplest version.kt をクリックしてください）。

- Simplest version.kt というのが、このプログラムが書かれたファイルの名前です。

第 1 章　Try Kotlin でプログラムを実行してみよう

● Kotlin の場合、ファイルの拡張子に .kt と付けるのが決まりになっています。

あらかじめ入力されているプログラムの中身は次のようになっていますね。今の段階では、このプログラムの内容を完全に理解する必要はありません。Kotlin のプログラムコードがどんな感じになっているか、ざっくりと眺めてみてください。

コード 1.1

```
1  /**
2   * We declare a package-level function main which returns Unit and takes
3   * an Array of strings as a parameter. Note that semicolons are optional.
4   */
5
6  fun main(args: Array<String>) {
7      println("Hello, world!")
8  }
```

さて、早速このプログラムを実行してみましょう。右上の再生ボタン「Run」をクリックしてください。このボタンを押すと、Try Kotlin のサーバー側で自動的にコンパイルが行われます。コンパイル後に、実行形式のバイナリファイルがサーバー内に作成されます。このバイナリファイルが Try Kotlin のサーバー側で稼働している JVM（Java Virtual Machine）上で実行され、その実行結果が Try Kotlin の Console（画面下の方の表示エリア）に表示されます。

JVM（Java Virtual Machine）って何？

JVM とは、要するに java.exe などのプログラムのことです。これは、オラクル社が無償で提供しているソフトウェアで、Java や Kotlin のコンパイル済みファイルを読み込んで実行するためのものです。オラクル社のサイトから JDK や JRE などとも呼ばれるパッケージをダウンロードすると一緒についてきます。自分のコンピュータ上で Kotlin のプログラムを動作させたい場合には、あらかじめ Windows や Mac などに JVM をインストールしておく必要があります。ただ、本書で使用する Try Kotlin というウェブアプリでプログラムを実行する際には、サーバー側で稼働している JVM が使用されますので、私たちの手元のコンピュータに JVM をインストールしておく必要はありません。

プログラムのコンパイル・実行の両方が成功すると、ウェブブラウザ上の画面下部のコンソール（Console）に Hello, world! と表示されると思います（図 1.2）。これは、Simplest version.kt というプログラムが表示したメッセージです。

図 1.2

　では、このサンプルコードの中身を見ていきましょう。現時点では完全に理解する必要はありませんが、順を追ってコードの構成を見ていきましょう。1 行目から 8 行目までいろいろと書いてありますが、まずは 7 行目の次の記述だけに注目してください。

```
println("Hello, world!")
```

- これは、Hello, world! という文字を画面に表示しなさいと言う命令です。
- Kotlin ではこのような命令のことを「関数」あるいは「メソッド」と呼びます。
- この場合、`println` というのが呼び出している関数の名前です。
- 関数名の右側の丸括弧（ ）に挟まれた箇所に記述している `"Hello, world!"` というの

が、println 関数に引き渡している「パラメータ」です。
- Hello, world! という記述の両端に付いているダブルクォーテーション（二重引用符）" は、その間に挟まれたものが「文字列」であることを意味しています。
- println 関数は、受け取った文字列をコンソールに表示してから改行するという機能を持っています。
- println という関数の名前の由来は諸説ありますが、英語の print の後に、line を短縮した ln（エル、エヌ）を付けたものであるようです。日本人では「プリントライン」と読む人が多いようです。また、「プリントエルエヌ」、「プリントリン」と読む人もいます。

次に、表示される文字を書き換えてみましょう。"Hello, world!" と記載されているパラメータの部分を、なんでも良いのでお好きな文字に置き換えてみてください。たとえば "こんにちは、世界！" などと記入します。なお、文字の左端と右端に付いているダブルクォーテーション（二重引用符）" を全角文字にしてしまうとコンパイルエラーになりますので、半角文字を使用してください。

```
fun main(args: Array<String>) {
    println("こんにちは、世界！")
}
```

上記のような感じでプログラムを書き換えたら、再度右上の再生ボタン「Run」をクリックしてみましょう。どうでしょうか？　期待していた通りの文字がコンソールに表示されましたか？

図 1.3

　では、ここでいったんプログラムの状態を最初の状態に戻してみましょう。プログラムの状態をもとに戻すには、Undo（アンドゥ）という機能を使うのが便利です。Windowsをお使いであれば、キーボードのCtrlキーを押しながらZキーを押す操作を何度か行ってみてください（Macの場合はCtrlキーのかわりにCommandキーを使います）。Undoを実行する度に編集作業が元の状態に戻っていくと思います。Undoを繰り返し実行すると、次のようにサンプルコードが初期状態に戻ります。

図 1.4

```
1  /**
2   * We declare a package-level function main which returns Unit and takes
3   * an Array of strings as a parameter. Note that semicolons are optional.
4   */
5
6  fun main(args: Array<String>) {
7      println("Hello, world!")
8  }
```

このように、プログラムを編集したあと元の状態に戻すことは簡単なので、Try Kotlin 上のサンプルプログラムをいろいろ自由に書き換えて、実験してみるのも良いですね。

　Try Kotlin では、自分が書き換えたコードを保存しておくことも可能です。そのためには、ログインする必要があります。Facebook や Google などのアカウントをお持ちであれば、それを使ってログインすることもできます。サンプルプログラムを変更した後、画面上部の Save as ボタンを押してください。そうすると、任意のファイル名（プロジェクト名）を付けて保存することができます。ファイルの保存先は、画面左側に表示されている My programs というフォルダの中になります。My programs の下に任意のサブフォルダ（プロジェクト）を作ったり、その中に新規にファイルを作成したりすることも可能です。

> 本書の執筆の時点では、Try Kotlin 上に保管したファイル内に日本語などの文字が含まれていると、次にブラウザでそのファイルをオープンしたときに、文字化けしてしまう現象が確認されています。本書のサンプルコード内では、日本語が多く使われているため、それをそのまま Try Kotlin の My programs の中に保存すると、次回それを読み込んだ際に日本語部分が「?????」というような文字に置き換わってしまう場合があります。

　この章では、Try Kotlin というウェブ上の開発環境を使って、初めての Kotlin プログラムを実行してみました。文字を画面に表示する方法や表示する文字の内容を変更する方法、さらには Try Kotlin の簡単な使用方法を確認しました。ここでは単に全体の流れをざっくり確認しただけですので、この章の内容を暗記する必要はありません。次の章では、この章で扱ったサンプルコード、Simplest version.kt の内容を詳細に見ていきます。

第2章 Kotlinのソースコード

　この章では、前の章で参照したサンプルコードの全体を見ていきたいと思います。Try Kotlinの左側のファイル一覧から Examples ▶ Hello, world! ▶ Simplest version ▶ Simplest version.kt をクリックして、サンプルコードを表示してください。もし、元のサンプルコードを変更したまま保存してしまった場合には、別のブラウザを使うか、いったんブラウザの「クッキー」を削除するなどすれば、オリジナルの状態のサンプルコードを取得できます。ソースコードの初期状態は次のようになっています。

コード 2.1

```
1  /**
2   * We declare a package-level function main which returns Unit and takes
3   * an Array of strings as a parameter. Note that semicolons are optional.
4   */
5
6  fun main(args: Array<String>) {
7      println("Hello, world!")
8  }
```

最初の1〜4行目には次のような記述があります。

```
/**
 * We declare a package-level function main which returns Unit and takes
 * an Array of strings as a parameter. Note that semicolons are optional.
 */
```

- この部分の記述は「**コメント**」と呼ばれます。
- コメントは、プログラマが自分自身のため、あるいは他のプログラマのためにコード内に

書く任意のメモです。
- コメントは、Kotlin のコードとしては意味のないもので、プログラムの実行時には無視されます。
- 上記のコメントは英語になっていますが、もちろん日本語などを記述することも可能です。
- 1 行目の /** から始まって 4 行目の */ に挟まれた部分までがコメントです。
- 1 行目は、アスタリスクが二つ書いてありますが、実はそのうち一つを取り除いて /* で始まるようにしても構いません。
- 2 行目、3 行目の先頭にある * に関しては、書かなくても問題ありません。ただ、コメントの見た目を整えるために * とスペースを使い、このサンプルのコメントのようなフォーマットで記述することが多くのプログラマの習慣になっています。

コメントを記述する方法は、/* と */ で文章を挟むだけでなく、他にもあります。それは、スラッシュを二つ続けて // と記述するという方法です。そうすると、// と記述した右側にある文字がすべてコメントとして扱われます。たとえば次のような感じになります。

コード 2.2

```
// これはコメントです。
// 何でも好きなことを書いてください。
fun main(args: Array<String>) {
  println("Hello, world!") // 画面に文字を表示しています。
}
```

コード 2.2 の内、「これはコメントです。」と「何でも好きなことを書いてください。」と「画面に文字を表示しています。」という記述は、Kotlin のコンパイラには完全に無視されます。この // を記述する方法は、一行だけのコメントを書きたい場合や、プログラムコードの各行の最後にちょっとしたメモを残しておきたい場合に便利ですね。

さて、ここまではプログラムの動作には直接関係ないコメントの書き方に関する説明でした。ここからは実際のプログラム本体の部分に目を移していきましょう。サンプルコードの初期状態では 6 行目以降が実際の Kotlin のコードになっています。

コード 2.3

```
6  fun main(args: Array<String>) {
7    println("Hello, world!")
8  }
```

- `fun` という記述は「関数」の始まりを意味します。
- `fun` とは「関数」あるいは「機能」を意味する英語の function を省略した記述です。
- `fun` とは「楽しい」を意味する英語の fun の「しゃれ」でもあります。
- `fun` という記述の右に `main` と書いてあるのがこの関数の名前です。
- 関数とは、Kotlin の命令をまとめて記述したものです。
- 関数を定義しておくと、その関数を別の Kotlin のプログラムから呼び出すことができます。
- Kotlin では自分でいくつでも好きなだけ関数を作っていくことができます。
- 関数の名前は自由に付けることができますが、いくつかの決まりがあります。たとえば、関数名の最初の文字に数字を使うことはできません。
- `main` という名前は特別な関数名です。この名前を付けた関数がプログラムのスタート地点となるというのが Kotlin の「お約束」です。
- 関数の本体は { と } に挟まれた部分です。この部分に様々な命令を記述してひとまとまりの命令のセットを作っていきます。このような { と } で挟まれた「ひとまとまり」の単位を「**ブロック**」という言い方で呼びます。
- 関数名の右側に (`args: Array<String>`) と記述されているのは、`main` 関数が受け取るパラメータに関する記述です。このパラメータの記述方法や使い方に関しては第 21 章で説明します。

Kotlin のプログラムは、基本的に一行一行命令を書いていきます。何かの命令を書いて改行、別の命令を書いてまた改行、という具合です。この場合、テキストエディタ上で目には見えないかもしれませんが、各行の終わりには「改行コード」というものが入っています。Kotlin のコンパイラは、この改行コードを一つの命令文の区切りとみなします。たとえば、次のコードの `main` という関数のブロック内には、`println` という命令が三つ書いてありますが、それらは改行コードで区切られているわけです。

コード 2.4

```
fun main(args: Array<String>) {
  println("こんにちは")
  println("はじめまして")
  println("よろしく！")
}
```

複数の命令を一行にまとめて書くこともできます。上記のコード 2.4 は、次のコード 2.5 と全く同じ動作になります。

コード 2.5

```
fun main(args: Array<String>) {
  println("こんにちは"); println("はじめまして"); println("よろしく！")
}
```

複数の命令を一行にまとめる場合には、コード 2.5 のようにセミコロン ; で命令と命令の区切りを示す必要があります。ただ、Kotlin では上記のように書くことはあまりありません。通常は、一行に一つの命令を書いていくことになるでしょう。

Kotlin コードブロックの改行位置について

　Kotlin のコードを書くときに、どこに改行を入れるかというのは、かなり自由に決めることができます。たとえば、コード 2.1 の 6 行目の最後（一番右端）に書いてある波括弧 { は、main 関数の本体のブロックの始まりを表していますが、この波括弧を書く前に、いったん改行を入れても構いません。そうすると次のようになります。

```
6    fun main(args: Array<String>)
7    {
8      println("Hello, world!")
9    }
```

　このようにすると、対になっている「括弧始まり」と「括弧終わり」、つまり 7 行目の { と 9 行目の } の横位置が揃うので、main 関数の「ブロック」がどこからどこまでかが把握しやすくなるかもしれません。ただ、これによりコードが一行増えてしまうのが難点ですね。どちらの書き方にするかは好みの問題です。Kotlin では、言語仕様としてブロックを示す { と } の改行位置を特に規定していません。どちらでも自分や一緒に作業するプログラマたちにとって分かりやすい書き方を選んでください。

　この章では、Kotlin のソースコード内のコメントの書き方や、main 関数の役割、関数のブロックとは何か、コード内の改行位置の考え方などについて触れました。次の章では、Kotlin の「変数」の役割について考えます。

第3章 変数

　この章では、第1章と第2章で使用したサンプルコード Simplest version.kt を少しだけ改造し、「変数」の役割とその使用方法を確認していきます。ソースコードの初期状態では、`main` 関数は次のようになっていましたね。

コード 3.1

```
fun main(args: Array<String>) {
  println("Hello, world!")
}
```

　ここでは、`println` 関数に `"Hello, world!"` という文字列をパラメータとして引き渡しています。この文字列をいったん「**変数**」に格納し、その変数を `println` 関数に引き渡すように書き換えてみましょう。ここで言う「変数」とは、任意の値を格納しておくことができる便利な「入れ物」のことです。概念的には「箱」あるいは「器」と表現しても良いかもしれません。Kotlin では変数を宣言する際に `val` というキーワードを使用します。次のようになります。

コード 3.2

```
fun main(args: Array<String>) {
  val message : String = "Hello, world!"
  println(message)
}
```

- 最初に `val` と書くことによって、「変数」の宣言を始めます。
- `val` のすぐ右に書いてある `message` というのが「変数名」です。

- ここでは message という名前の「変数」、あるいは「入れ物」をプログラム内に用意しました。
- このような処理を「変数を宣言する」と呼びます。
- 変数名 message のすぐ右のコロン : の後に来るのが「変数の型」を指しています。
- ここでは変数名の右側に : String と書いていますが、これによりプログラマは「この変数は String 型です」と意思表示していることになります。
- String 型とは、「文字列型」という意味です。
- この例では、コロン : の前後に半角スペースが入っていますが、入れなくても大丈夫です。一般的には、コロンの前には半角スペースを入れずに、コロンの後には半角スペースを書くことが多いようです。
- = という文字に続けて、"Hello, world!" と書いてあります。これにより、変数 message に "Hello, world!" という「値」がセットされます。
- このように変数に中身を入れる処理を指して「変数に値を代入する」と呼びます。
- この一行で、「変数 message を宣言します。その変数の型は文字列で、値は Hello, world! です。」という意味になります。
- main 関数の中の 2 行目では、1 行目で宣言した変数 message の値を println という関数のパラメータとして引き渡しています。
- そうすることによって、「Hello, world!」という文字がコンソールに表示されます。

変数の定義の書式をまとめると次の通りになります。

```
val 任意の変数名: 変数の型 = 値
```

- 変数名は任意に決めることができます。お好きな名前を使ってください。
- この例での message という変数名を、msg、または text、greeting、aisatsu などという名前に書き換えても構いません。
- 変数名には自分にとって分かりやすい名前を使いましょう。
- 変数名を変えてもプログラムの動作は全く変化しません。
- 変数名に漢字やひらがな、カタカナなどの文字を使用することも可能ではありますが、それは多くのプログラマの習慣と合わないので、避けた方が無難です。なるべくアルファベットや数字を使いましょう。

- 変数の型には、この例で出てきている「String 型」つまり「文字列型」に加えて、「整数型」など様々なタイプがあります。これに関しては第 4 章から第 6 章で説明します。
- 変数の定義には、val キーワード以外にも var というキーワードを使うこともできます。val と var の違いに関しては、第 9 章で説明します。

さて、実は上記の書式の内、「: 変数の型」という部分は省略可能です。よって次の二つのコードは全く同じ意味合いとなります。

コード 3.3
```
val message: String = "Hello, world!"
```

コード 3.4
```
val message = "Hello, world!"
```

なぜ、コード 3.4 のような省略記述が可能なのでしょうか？ それは、Kotlin はプログラマからわざわざ言われなくても、message という変数が文字列を表していることが分かるからです。今回の例では、message という変数に対して、二重引用符で囲まれた文字列「Hello, world!」が代入されています。Kotlin のコンパイラは、「ああ、ここで message という変数に文字列を代入しているということは、このコードを書いたプログラマは message という変数を文字列型にしてほしいと考えているに違いないぞ」と推論できるのです。これを「**型推論**」と言います。型推論が可能な場合には、Kotlin はプログラマにわざわざ : String というような記述を書いてもらうという手間を要求しません。このように、Kotlin では、プログラマがタイプする文字の量を極力減らせるような「プログラマに優しい」言語仕様になっているわけですね。

注意すべきなのは、たとえプログラマが : String というような変数の型を示す記述を省略したとしても、その変数の「型」自体がなくなってしまったわけではないということです。この例の変数 message は「型なし」ではなく、あくまで String 型の変数です。Kotlin では、コード上にはっきり明記されていない場合でも、すべての変数に明確な型が付けられます。

では次に、この println 関数の呼び出しをコピー & ペーストして 3 行ほどのコードに増やしてみましょう。たとえば次のような感じになります。

コード 3.5

```
fun main(args: Array<String>) {
  val message: String = "Hello, world!"
  println(message)
  println(message)
  println(message)
}
```

　プログラムをコード 3.5 のように書き換えたら実行してみてください。いかがでしょうか？ `message` という変数に記入したのと同じ文字が 3 回コンソールに表示されたでしょうか？
　このように、変数にセットした文字列は何度も使いまわすことができます。これは変数を使うメリットの一つです。
　変数を使えば、たとえば 3 回表示されるメッセージの内容を変えたい場合、ソースコードの 3 か所を書き換える必要はありません。変数に文字列を代入している行、一か所だけを書き換えれば OK です。もし、同じことを変数を使わないでやろうとするとどうなるでしょうか？ その場合、`println` 関数の ( ) の中に表示したい文字を直接 3 回記述することになります。たとえば、表示するメッセージを「こんにちは、世界！」という日本語に書き換えると次のようになります。

コード 3.6

```
fun main(args: Array<String>) {
  println("こんにちは、世界！")
  println("こんにちは、世界！")
  println("こんにちは、世界！")
}
```

　コード 3.6 でも、プログラムの文法としては正しいですし、実行した際の動作も全く変わりません。しかし、もし表示したいメッセージを変更するようプログラムを書き換える必要がある場合、`println` の記述がある 3 行を一つずつ書き換えていかなければなりません。そのような作業は面倒ですし、ミスを誘発します。
　中には「そんなの 1 行だけ手作業で書き換えて、あとの 2 行はコピペで書き換えればいい話でしょ！」という方もおられるかもしれません。確かにコード 3.6 だけを見るとそのように

も思えます。しかし、たとえば `println` の 3 行が上記のように連続してまとまって記述されているのではなく、大きなプログラムのいたるところに散在しているとしたらどうでしょうか？　同じような編集作業をあちこちでしていくうちにタイプミスしてしまったりする可能性があるわけです。本当は、各所に散らばった 3 行をすべて書き換えなければならないのに、1 行だけ書き換えるのをうっかり忘れてしまうということも起こり得ますよね。

それで、プログラム内で何度も使用する文字列などに関しては、それをコード内の各所にコピー＆ペーストで「べた書き」するのではなく、いったん値を変数に代入しておき、その変数をプログラム内のいろいろな箇所で参照するようにするのが得策です。次のようになります。

コード 3.7

```
fun main(args: Array<String>) {
  val message: String = "こんにちは、世界!" // ここだけを書き換えれば良い。
  println(message)
  println(message)
  println(message)
}
```

この章では、文字列型、つまり `String` 型の変数を例として取り上げましたが、Kotlin では、他にも様々なタイプの変数が使えるようになっています。その中でも「基本型」と呼ばれる変数タイプは頻繁に使用します。第 4 章から第 6 章で、様々な変数のタイプの詳細を確認していきましょう。

第4章 数値型の変数

　前の章では、文字列型、つまり`String`型の変数をどのように定義するか、どのように値を代入するかという点を考えました。まずは、復習してみましょう。`message`という名前の`String`型の変数を定義するには、次のようにするのでしたね。

　val message: String = "こんにちは、世界！"

　このコードは次の書式に基づいたものです。

　`val` 任意の変数名： 変数の型 ＝ 値

　これと同じ書式は、Kotlinで使用するすべての変数を宣言するときに使用しますので、ぜひ覚えておいてください。10秒くらい、じっと眺めておきましょう。
　さて、この章では、`String`以外の他の変数のタイプを見ていきたいと思います。Kotlinでは良く使う変数のタイプを「**基本型**」と呼んでいます。これまで見てきた`String`型（文字列型）も基本型の一つです。他にも基本型の変数はたくさんあります。数値、文字、真偽、配列などです。この章では、そのうち「数値」を表す6種類の変数タイプを中心に見ていきます。数値を表す基本型の変数は、大きく分けて「整数」を表すものと「浮動小数点数」を表すものの二つのグループに分かれます。

　まず、整数を表す変数の型には次に示す4種類があります。ここで言う「整数」とは、1、30、65535など、小数点以下の値がない数値のことです。

表 4.1（整数を表す四種類の型）

変数の型	説明	ビット長
Byte	整数（−127 から 127 まで）	8 ビット
Short	整数（−32767 から 32767 まで）	16 ビット
Int	整数（−2147483647 から 2147483647 まで）	32 ビット
Long	整数（−9223372036854775807 から 9223372036854775807 まで）	64 ビット

　表 4.1 の変数は、すべてプログラム内で整数を保管するためのものです。異なるのは、各変数で扱える数値の大きさ、あるいは範囲です。表の一番右側にある「ビット長」という部分に注目してください。この数値が大きければ大きいほど、扱える値の範囲が大きくなりますが、同時により多くのメモリを使用するようになります。変数とは、値を格納する「箱」のようなものです。箱が大きければ大きいほど、その中に大きなものを入れることができるのと同じように、ビット長が大きければ大きいほど、変数に大きな値を代入することができるのですね。

> 　コンピュータの中では「ビット」という単位を使って情報を保管します。1 ビットとは、0 か 1 の数値、つまり 2 種類の値を保管できる単位です。2 ビットでは 4 種類の数値を保管できます。なぜなら 2 ビットでは、0 と 1 の組み合わせが 4 通りあるからです。「0 と 0」、「0 と 1」、「1 と 0」、「1 と 1」という四つの組み合わせです。こういう 0 と 1 だけを並べた数値の書き方を二進数と言います。これは私たちが普段使っている十進数に言い換えると、0、1、2、3 という 4 種類の数値に該当します。
> 　ビットが一つ増えるたびに、扱える数値の範囲は倍になっていきます。たとえば、Byte 型は 8 ビット長になっています。2 を 8 個掛け算すると 256 になります。つまり、Byte 型は 256 種類の数値を保管できる変数型ということです。Kotlin のプログラムの中で、Byte 型の変数が扱う 256 種類の数値を十進数で表すと−127 〜 127 までの 256 種類の整数値として扱われます。0 〜 255 または 1 〜 256 の範囲の数値ではないので注意してください。

　ここまでは「整数」の値を保管するための変数の説明でした。次に、「浮動小数点」の数値を表す 2 種類の変数タイプを見ます。

表 4.2（浮動小数点の数値を表す二種類の型）

変数の型	説明	ビット長
Float	浮動小数点数（低精度）	32 ビット
Double	浮動小数点数（高精度）	64 ビット

浮動小数点というのは、要するに小数点を持つ数値のことです。3.14 のような数値ですね。「浮動」という表現が付いているのは、整数部の桁数と小数点以下の桁数が特に決まっていないということです。たとえば、1.23456789 という数値も 12345.6789 という数値も 12345678.9 という数値でも同じ変数に保管できます。いわば小数点の位置が「浮動」するので、「浮動小数点」の変数と呼ばれています。

浮動小数点に関しても、ビット長が大きいほど有効桁数の多い値を表すことができます。ただ、浮動小数点の変数の場合、ビット長の大きさは扱える数値の大小の問題だけではなく「精度」にも影響を及ぼします。

これで、Kotlin が数値として扱える基本型の変数タイプ 6 種類を紹介しました。では、実際のコードで様々なタイプの変数を宣言してみましょう。

コード 4.1

```
fun main(args: Array<String>) {
  val a: Byte   = 100
  val b: Short  = 10000
  val c: Int    = 1000000000
  val d: Long   = 1000000000000000000L
  val e: Float  = 0.123f
  val f: Double = 0.123456789
  println(a)
  println(b)
  println(c)
  println(d)
  println(e)
  println(f)
}
```

コード 4.1 では各変数を宣言して、それらを println 関数にパラメータとして引き渡すことにより画面に表示しています。a、b、c、d、e、f という 6 個の変数ですね。ここで使用する変数名は任意に決めることができます。別に一文字でなくても構いません。たとえば、a、 b、c、d、e、f という変数名の代わりに value1、value2、value3、value4、value5、value6 などとしても意味は変わりません。何であれ、自分自身や一緒に仕事をする仲間にとって分かりやすい変数名を付けてください。

さて、このコード 4.1 で Long 型の d という変数にセットしている値には、L という文字が付け足されていますね。これは、数字が Long 型であることを明示したいときにこのような記述にするルールになっていると覚えておきましょう。同じようなことが Float 型の e という変数にセットする値にも言えます。0.123 の後に f が付いていますね。これは、この 0.123 という値が Double ではなく、Float として処理されるようにプログラマが意思表示しているわけです。

各変数に代入している値から Kotlin が変数の型を推測できる場合、変数の型を省略して記述することが可能です。前の章でも触れた「型推論」の機能があるおかげです。たとえば次の左側のコードは右側のように書き換えることができます。左右のコードは基本的に同じ意味になります。

コード 4.2
```
val a: Byte   = 100
val b: Short  = 10000
val c: Int    = 1000000000
val d: Long   = 1000000000000000000L
val e: Float  = 0.123f
val f: Double = 0.123456789
```

コード 4.3
```
val a = 100
val b = 10000
val c = 1000000000
val d = 1000000000000000000L
val e = 0.123f
val f = 0.123456789
```

コード 4.2 では、各変数の後にそれぞれの変数の型が明記されていますが、コード 4.3 では、各変数の型は明記されていません。ただし、変数のタイプの記述を省略したからと言って、これらが「型なし」の変数になるわけではありません。Kotlin では、すべての変数には必ず何らかの型があります。しかし、プログラマがコーディングするときには、記述を省略することができるようになっているのです。特定の変数が宣言された場合、その型が省略されていると、Kotlin は指定された値からプログラムの意図を「察して」くれます。これによって、Kotlin の特徴である簡潔なコードを実現できます。文字をタイプする量が減って良いですよね！

コード 4.3 で、c という変数には 1000000000 という値が設定されています。Kotlin はこの値から c という変数を Int 型として扱います。同様に変数 d は Long 型とみなされます。また、f は Double 型の変数になります。

では、変数 a と変数 b についてはどうでしょうか？ コード 4.2 では、変数 a は Byte 型、変数 b は Short 型として定義していましたよね。しかし、コード 4.3 の例ではそうなりません。実は、a も b も両方 Int 型とみなされます。私たちの意図としては、なんとなく文脈から Byte や Short になることを予想してしまうかもしれません。しかし、Kotlin はさすがに私たちプログラマの心の中までは読めません。そこで、「大は小を兼ねる」の考え方で、Int で扱える数値は比較的小さな値であってもすべて Int として扱うルールになっています。もし、a や b に Int 以外の型、つまり Byte や Short を使いたければ、コード 4.2 にあるように変数の型を明示する必要があります。

さて、変数 c に代入した 1000000000 という値ですが、この値は数値の桁数が多いので、一見してゼロが何個続いているのか分かりづらいですよね。Kotlin では、このような桁数の多い数値を分かりやすく記述する方法も用意されています。日常生活で桁の大きい数字を表記する場合、数字 3 桁ごとにコンマで区切って記述することがありますが、Kotlin のソースコードの中ではアンダーバーで区切って記述します。つまり、

1000000000 という数字は 3 桁ごとのコンマ区切りにすると、
1,000,000,000 となりますが、これを Kotlin のソースコード内では、
1_000_000_000 のように記述することができます。

たとえば、c という変数に値をセットするコードは次のように書き換えることが可能です。

```
val c = 1_000_000_000
```

数字を 3 桁区切りにしたので少し見やすくなりましたね。この数字の表記の途中にアンダーバーを入れるやり方は、別に 3 桁区切りでなくても構いません。日本語の場合、「万」や「億」などのように 4 桁ごとに数値の単位が変わります。そのような区切り方で記述したい場合は次のようにしても OK です。

```
val c = 10_0000_0000
```

上記のような記述をすれば、私たち日本人にとっては 10 億という数字を認識しやすくなりますね。もうお気づきだと思いますが、要するに Kotlin は、数字の途中に入れられたアンダーバーを単純に無視するのです。実際のところ、アンダーバーを入れても入れなくてもプログラムの動作として何ら変化はありません。Kotlin のコンパイラはアンダーバーが入った記述をエ

ラーにしないので、プログラマが自分の好きなようにアンダーバーを記述することが可能です。数字の中に入れたアンダーバーは、`Float` や `Double` などの浮動小数点の記述する際や、`0x` で始まる 16 進数表示の数字、あるいは `0b` で始まる 2 進数の表記の中でも用いることができます。次のようになります。

```
val a = 0b01_10_01_00
val b = 0x27_10
```

なお、ここに示したように、Kotlin では二進数の数値を表現する際には `0b` で記述を始めるルールになっています。16 進数の数値は `0x` で表記を始めます。この機会に、この点も合わせて覚えておいてください。

この章では、Kotlin の変数型の内、数値型の定義方法を学びました。次の章では、文字や文字列を扱う変数タイプについて取り上げます。

プログラム内でどの数値型を使うべきか

実際にプログラムをする際、どのタイプの変数を使うかどう決めれば良いのでしょうか？ まずは、大きく分けて、整数を扱うのか、小数点以下の数値を扱うのかを考える必要があります。

もし、整数値の変数を使うことに決めたのであれば、次に扱う必要のある値の範囲を考えましょう。たとえば、「人間の年齢」を表す変数の場合、どうすれば良いでしょうか？ 表 4.1 によると、`Byte` 型で扱える整数の最大値は 127 です。現代史において記録に残る世界最高齢は 122 才だそうですから、あと 5 歳分の余裕があるので、`Byte` 型でも何とか足りそうな感じはします。でもこの場合は、安全を取って少し大きめの `Short` 型にしておいた方が良いかもしれません。そうすれば、将来、長生きの人が出てきた場合にも正しく動作するプログラムになります。`Short` 型なら 32767 まで保管できますから、人間の年齢を保管するための変数としてまず問題ないでしょう。ただ、もし「人間が今後何千年、何万年生きられるようになったらどうなる？」みたいなシミュレーションを行うプログラムを書く場合、それよりはるかに大きな数値を年齢として扱う必要がありますね。その場合には、`Int` 型、あるいは `Long` 型の変数を使うことになるでしょう。

浮動小数点の変数を使う場合には、数値の大小もそうですが、やはり精度のことを

意識して変数タイプを決める必要があります。たとえば、人間の身長を cm 単位で表現するぐらいなら、Float 型の変数で十分です。165.2 や 180.5 などの数値です。この場合、ミリ単位の数値（0.1 cm 単位の数値）は十分表せます。

　しかし、たとえば太陽と地球の距離を表す変数の場合は、どうでしょうか？　太陽と地球の距離は、149,600,000 km です。これを km の単位のまま Float 型の変数に保管する分には全く問題ありません。仮にこの数値を 1 メートル単位の精度、つまり 0.001 km 単位の精度で保管しておきたい場合には、どうでしょうか？　たとえば、前述の数値に 123 メートル（つまり 0.123 km）をプラスすると、149,600,000.123 km になります。この最後の 123 という数値は、数値全体から見ると非常に小さな端数です。しかし、これを無視したくないので、「天文学的な大きな数値」を「高精度」で表す必要があります。この場合、Float では精度不足です。正確に値を保管しておきたいなら Double を使わなければなりません。

　次のプログラムでは、Float 型の変数 valueF と Double 型の変数 valueD にそれぞれ同じ値を代入しています。

```
val valueF: Float  = 149_600_000.123f
val valueD: Double = 149_600_000.123
println(valueF)
println(valueD)
```

上記のコードを実行すると画面に次のように表示されます。

```
1.496E8
1.49600000123E8
```

　画面に表示された数値は、両方 1.49 で始まっていますね。そして、最後に E8 と表示されています。これは、「1.49 かける 10 の 8 乗」という意味の表記です。浮動小数点変数の値の扱い方として、この E の後の数値、つまり「〜乗」の部分がいろいろ変わるのですね。これが、あたかも小数点が「浮動」しているイメージに思えるので、浮動小数点変数と呼ばれています。

　ここで、Float 型の変数と Double 型の変数に代入しようとした値は全く同じです。しかし、Float 型の変数を表示した結果では、最後の端数、つまり 123 という部分が失われてしまっています。これは、Float 型の変数が「太陽と地球の距離」という大きさの数値を保管することはできるものの、同時に細かな「精度」を表すには不十分であることを示唆しています。Double 型の数値はより高精度なので、「太陽と

地球の距離」というスケールの大きい数値をメートル単位（0.001 km 単位）の精度で保管しておくことが可能なわけですね。

　「大は小を兼ねる」ので、ビット長が大きい変数を使えば、大小様々な数値を保管することができます。だからと言って、なんでもかんでもビット長が長い変数を使っていると、変数の数が増えてきた場合に、メモリを大量に消費してしまいます。それで、どの変数を使うべきかは、用途や場面に応じてケースバイケースで決めましょう。

第5章 文字と文字列

前の章では数値を表す変数型について考えました。この章では「文字」を表す変数型と「文字列」を表す変数型について取り上げます。Kotlin で「文字」は、Char という変数タイプで扱います。これは「一つの文字」のことです。英語で「文字」を意味する Character という単語から最初の四文字を切り取った感じですね。たとえば、次のようなコードで Char という変数タイプの変数を宣言し、画面に表示します。

コード 5.1

```
val a: Char = 'え'
val b: Char = 'び'
val c: Char = 'し'
println(a)
println(b)
println(c)
```

コード 5.1 では、たとえば a という変数には、ひらがなの「え」という文字をセットしています。それぞれの変数に代入する値はダブルクォーテーションではなくて、シングルクォーテーションで囲みます。

Char 型の変数が保管できる値は「文字一つ」だけです。もし、次のようにするとプログラムをコンパイルするときにエラーになってしまいます。

コード 5.2

```
val a: Char = 'えい' // これは文法上のエラーになります！
val b: Char = 'びい' // これは文法上のエラーになります！
val c: Char = 'しい' // これは文法上のエラーになります！
println(a)
```

```
println(b)
println(c)
```

　試しに、Try Kotlin のページを開いて、テキストエディタの中にコード 5.2 の内容を入力してから「Run」ボタンを押してみてください。コンパイルエラーが出て実行できないはずです。

図 5.1

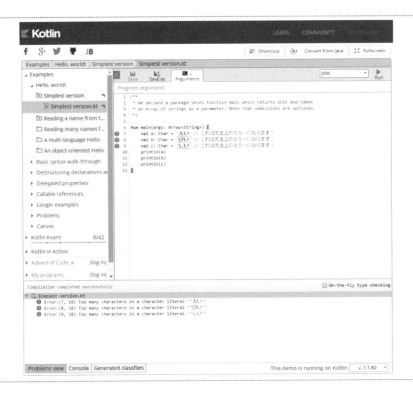

　図 5.1 の Try Kotlin のテキストエディタ上 7〜9 行目の左側に、エラー箇所を示す「赤丸びっくりマーク」が付いていますね。`'えい'`、`'びい'`、`'しい'` という表記の下に赤い波線があります。これは、「どこに」問題があるかを示しています。では、「なぜ」問題なのでしょうか？　それは、画面下部の Problem View を見ると分かります。

　Problem View の中にはエラーメッセージが 3 行表示されていますが、たとえば、一番上の

```
Error (7, 18) Too many characters in a character literal ''えい''
```

というエラーメッセージは、

「エラー（7 行目の 18 文字目のあたり）一つの文字の中に多すぎる数の文字 **'えい'** を詰め込もうとしていますよ！」

というようなことを Kotlin のコンパイラが言っているという意味です。シングルクォーテーションで囲んだ部分に複数の文字を入れることはできないのです。

このようなエラーを「**コンパイルエラー**」と言います。Kotlin を作った人たちが決めた文法上の規則に合っていないということを示しています。このような場合、そのままでは、コンパイル（テキストで書かれたプログラムをコンピュータに理解できる「バイナリ形式」に翻訳する作業）ができません。

> 一般的に、プログラム初心者は、コンパイルエラーが生じたときにエラーメッセージをよく読まない傾向があるようです。エラーが発生すると、よく分からないまま手あたり次第にコードをいじって何とかしようとしてしまいます。特に私たち日本人は、エラーメッセージが英語で書かれていると、軽く読み飛ばしてしまうか、あるいは全く読まずに試行錯誤を始めてしまい、「ドツボ」にはまってしまうことがあります。しかし、エラーの原因は Try Kotlin の「Problem view」の中にはっきり説明されています。英語で書かれてはいても、コンパイルエラーは非常に重要な情報ですので、落ち着いて Problem view に表示されているメッセージをじっくり読みましょう。もし自力で分からない場合、エラーメッセージをコピー＆ペーストして Google などで検索すれば解決策が見つかるはずです。

次に、「文字列」について見ていきましょう。本書でもすでに度々登場している **String** という変数タイプです。ここでは、**String** 型の変数に自分の望み通りの文字列をセットする方法を確認します。まず、文字列の変数をセットする際の基本形です。

コード 5.3

```
val message: String = "こんにちは、世界！"
println(message)
```

コード 5.3 では、`message` という変数に文字列をセットしています。セットしている内容は、ダブルクォーテーションで囲まれた **"こんにちは、世界！"** という文字列です。この変数を `println` という関数にパラメータとして渡すと、`message` という変数にセットした文字列の中身がそのまま画面に表示されます。

次に、文字列の中に改行を入れてみましょう。Kotlin では、文字列の中の「改行」は ¥n という記述（円マークの後に小文字の n）で表現することになっています。なお、Try Kotlin のエディタでは円マークのかわりにバックスラッシュで「\n」と表示されますが、表示の違いだけで同じ意味です。

コード 5.4

```
val message: String = "こんにちは、\n世界！"
println(message)
```

コード 5.4 を実行すると、画面には次のように表示されます。

```
こんにちは、
世界！
```

「こんにちは、」と表示された後、一行下に改行されてから「世界！」と表示されていますね。

次に 複数の文字列を連結して一つのまとまった文字列を作る方法を紹介します。これにはいくつか方法があります。まずは、+ 記号を使って文字列を「足し算」する方法です。

コード 5.5

```
val a = "こんにちは、"
val b = "世界！"
val message = a + b
println(message)
```

コード 5.5 では、a という変数にセットされた **"こんにちは、"** と b という変数にセットされた **"世界！"** という文字を合成し、その結果を `message` という変数に入れています。結果と

して「こんにちは、世界！」と画面に表示されます。

次に、$ というキーワードを使って「文字列の中に別の文字列を埋め込む」方法を紹介します。これは、「文字テンプレート」と呼ばれています。英語では、「String Templates」です。次のように記述します。

コード 5.6

```
val world = "世界！"
val message = "こんにちは、$world"
println(message)
```

コード 5.6 では、message という文字列の中の $world という部分を、world という変数に代入された値に置き換えています。結果として「こんにちは、世界！」と画面に表示されます。

上記の方法は、実はちょっとした省略記法です。本来、$world の部分は次のように ${world} と記述することになっています。

コード 5.7

```
val world = "世界！"
val message = "こんにちは、${world}"
println(message)
```

コード 5.7 のケースでは、文字テンプレートの中に $world と書いても ${world} と書いても全く動作に影響はありません。どちらの方法でも Kotlin は、そこに world という変数の中身を埋め込めば良いと理解できるからです。ただ、文字列の中に別の文字列を埋め込む際、Kotlin が解釈に迷ってしまうようなケースもあります。たとえば次のようなケースです。

コード 5.8

```
val h = "8"
val message = "本日働いた時間は、$hhours"
println(message)
```

コード 5.8 でプログラマが意図しているのは、「本日働いた時間は、8hours」と表示することです。しかし、このままではコンパイルエラーになり、次のようなエラーメッセージが表示されて実行できません。

```
Error:(3, 27) Unresolved reference: hhours
```

　コンパイラが **$hhours** という記述を解析しようとする際、Kotlin の側では、「あれ？ **hhours** という変数はどこにも定義されていないよ！　これでは、意味が分かりません！」となってしまっているわけですね。プログラムとしては、文字列の中に **h** という変数を埋め込みたかったのですが、Kotlin は **hhours** という変数を探してしまうわけです。そこで、Kotlin に対してプログラマの意図をはっきり示すため、次のように **h** を **{ }** で囲んであげることにしましょう。

コード 5.9

```
val h = "8"
val message = "本日働いた時間は、${h}hours"
println(message)
```

　コード 5.9 のように記述すると、Kotlin は、**h** という変数を別の文字列の中に組み込み、それを **message** という変数にセットしてくれます。
　文字列型の変数の中に組み込むのは、文字列でなくても構いません。たとえば、コード 5.9 の中の **h** という変数は、代入されている値がダブルクォーテーションで囲まれているので、**String** 型として扱われていますが、次のコードのように **Int** 型の値にしても同じように動作します（変数 **h** が **Int** 型であることを分かりやすくするため、あえて **h** の変数型を明記し、**: Int** という記述を入れています）。

コード 5.10

```
val h: Int = 8
val message = "本日働いた時間は、${h}hours"
println(message)
```

文字テンプレートの中には計算式も入れることができます。次のコードを見てください。

コード 5.11

```
val h: Int = 8
val message1 = "本日働いた時間は、${h}hours"
val message2 = "このペースで1ヵ月毎日働くと、${h*30}hours の労働になります。"
val message3 = "このペースで1年間毎日働くと、${h*365}hours の労働になります。"
println(message1)
println(message2)
println(message3)
```

コード 5.11 では、`h*30` や `h*365` という計算式が、`${ }` という文字テンプレートの中に埋め込まれていますね。こうすると、それらの計算式の計算結果がそれぞれの文字テンプレートの位置に文字として埋め込まれることになります。

時々、`String` 型の変数に「長文」の文字列をセットしたいことがあります。この場合、コード内に一行で文字列を書くと見通しが悪くなるので、コードの中に複数行に分けて書きたい場合があるでしょう。そのような場合は、ダブルクォーテーションを三つ連続して記述した後、任意の文字を記述し、最後にもう一度ダブルクォーテーション三つを連続して記述してください。次のようになります。

コード 5.12

```
val message = """
    |こんにちは、世界！
    |私は Kotlinに関して勉強しています。
    |Kotlinでは、とても簡潔なプログラムを書くことができます。
    |皆さん、一緒に楽しくプログラミングしましょう！
    """.trimMargin()

println(message)
```

コード 5.12 では、「三つ連続ダブルクォーテーション」の間に挟まれた文字列を `message` という変数にセットしています。これを実行すると Try Kotlin のコンソールには次のように表示されます。

```
こんにちは、世界!
私は Kotlinに関して勉強しています。
Kotlinでは、とても簡潔なプログラムを書くことができます。
皆さん、一緒に楽しくプログラミングしましょう!
```

　コード 5.12 の中に記述されている文字列の中には、改行を意味する ¥n は記載されていません。しかし、Try Kotlin のコンソールに表示されているメッセージは改行されていますね。つまり、「三つ連続ダブルクォーテーション」の間に入っている文字は、改行の状態も含めてそのまま結果に反映されていることが分かります。

　コード 5.12 の中の文字列の各行の一番左には、| が付いています。これは、その左側にある空白の文字列を取り除く処理を行うために付けています。Kotlin のコードを書く際には「インデント」と呼ばれる字下げをすることによってコード自体を読みやすくすることができますが、ここではそのコード上の「インデント」による字下げは「文字列の内容」としては無視したいわけです。このような場合、| を書くことによって、その左側にある空白文字を存在しないものとみなすようにしています。最後に .trimMargin() と記述することによって、この | から左の空白文字を取り除く処理が行われます。この .trimMargin() というのは、String 型が持つ「関数」あるいは「メソッド」の呼び出しです。これに関しては、ここでは詳しく説明しませんが、今のところ長文の文字列をコード内に書く際の「定石」として覚えておいてください。「関数」とはいったい何なのかという点に関しては、本書の第 21 章や第 23 章で取り上げます。

第6章 真偽（Boolean）

　この章では、Kotlinの基本型の変数の一つであるBooleanという変数タイプについて考えます。これは「ブーリアン」と読みます。この変数タイプが保持できる値は日本語では「真偽」と呼ばれます。真か偽か、英語ならばtrueかfalseかということですね。オンかオフか、イエスかノーか、または0か1かと言っても良いかもしれません。要するに、Boolean型の変数は、たった2種類の値しか持つことができない「デジタルなやつ」なのです。次のコードを見てください。

コード 6.1

```
val num = 100
val a: Boolean = (num==100)
val b: Boolean = (num==125)
println("変数 a の値は ${a} です。")
println("変数 b の値は ${b} です。")
```

　コード6.1では、(num==100)という表記が一つの「式」になっています。これは「numと100という値が同じかどうか」という条件を表します。イコール記号二つを連続した == という記述は、「同じかどうか」を判定する「**演算子**」と呼ばれるものです。値の比較をするための演算子ですので、「**比較演算子**」とも呼ばれます。何らかの二つの値の間に == 演算子を挟んで記述すると、Kotlinはその二つが同じ値であるかどうかの判定を行います。この式の結果は、trueかfalseのどちらか一つになります。コード6.1では、変数numに100がセットされていますから、(num==100)という式は「真」つまりtrueという判定になります。結果として、aという変数にはtrueという値が代入されます。

　同じように、(num==125)という表記も「numと125という値が同じかどうか」という条件を表す式です。コード6.1では、numという変数に100がセットされていますから、

(num==125) という式は「偽」つまり false と判定されます。その判定結果が Boolean 型の変数 b にセットされます。

コード 6.1 を実行した結果は次の通りです。

```
変数 a の値は true です。
変数 b の値は false です。
```

Boolean 型の変数を定義する際には、他の変数タイプと同じように変数タイプを省略することも可能です。次の二つのコードは全く同じ動作になります。

コード 6.2

```
val a: Boolean = (num==100)
val b: Boolean = (num==125)
```

コード 6.3

```
val a = (num==100)
val b = (num==125)
```

コード 6.2 は、すでに掲載したコード 6.1 の一部を抜き出して掲載したものです。このコードと同じことを少し異なる記述で表したのがコード 6.3 です(コード全体は本書付録のサンプルファイルを参照してください)。コード 6.3 では、変数のタイプを指定する: Boolean という記述は省略されています。しかし、Kotlin のコンパイラは、右辺に比較演算子 == が用いられている式が書かれているからには、変数 a も変数 b も Boolean 型であるに違いないと判断できるわけです。よって、右側のコードでは、これら二つの変数のタイプは明示されていないものの、やはり Boolean 型の変数として扱われます。

なお、(num==100) や (num==125) という記述の両端に付いている丸括弧に関しては、付けても付けなくても構いません。ここでは、この記述が一まとまりの式であることを分かりやすく示すために両端に丸括弧を付けてみました。もちろん、取り除いても動作は変わりません。次の二つのコードは全く同じ意味になります。

コード 6.4

```
val a = (num==100)
val b = (num==125)
```

コード 6.5

```
val a = num==100
val b = num==12
```

上記の左右のコードは全く同じ意味になりますが、やはりコード 6.4 の方が少し意味が分か

りやすいような気がしますね。もっとも、これは感覚的な問題ですので、どちらでも好みに合う書き方を選んでください。

さて、比較演算子には `==` 以外にもいろいろなものがあります。たとえば、「ある値より他の値が小さいかどうか」を調べる演算子は `<` です。逆に「ある値より他の値が大きいかどうか」を調べる演算子は `>` です。次のコードを見てください。

コード 6.6

```
val num1 = 5
val num2 = 10
val a = (num1<num2)
val b = (num1>num2)
println("num1が num2より小さい:$a")
println("num1が num2より大きい:$b")
```

コード 6.6 の実行結果は次のようになります。

```
num1が num2より小さい:true
num1が num2より大きい:false
```

「より小さい」、「より大きい」の場合、同じ数同士を比較しているなら、どちらも `false` という判定になります。では、「以上」、「以下」についてはどう記述すれば良いでしょうか？その場合に使う比較演算子は `<=` と `>=` です。次のような記述になります。

コード 6.7

```
val num1 = 8
val num2 = 8
val a = (num1<=num2)
val b = (num1>=num2)
println("num1が num2以下である:$a")
println("num1が num2以上である:$b")
```

コード 6.7 の場合、**num1** も **num2** も 8 ですので、「以下」、「以上」の両方の条件が成立しますね。そのため、実行結果は次のようになります。

```
num1が num2以下である：true
num1が num2以上である：true
```

もう一つの重要な比較演算子は != です。これは「ではない」という意味です。つまり、「違うかどうか」を判定します。

コード 6.8

```
val num1 = 50
val num2 = 100
val a = (num1!=100)
val b = (num2!=100)
println("num1は 100ではない：$a")
println("num2は 100ではない：$b")
```

上記のコード 6.8 の実行結果は次の通りです。

```
num1は 100ではない：true
num2は 100ではない：false
```

この章では、Boolean 型の変数には二種類の値しか代入できないこと、さらに特定の条件式の判定結果を Boolean 型の変数に代入する方法について考えました。次の章では、Boolean 型の変数値の計算、つまり「論理演算」の概念について考えます。

第7章 論理演算

　前の章では、何らかの条件判断をする式を書いて、その式の判定結果を **Boolean** 型の変数に代入していました。しかし、**Boolean** 型の変数には「真」あるいは「偽」という値を直接代入することもできます。次のコードを見てください。

コード 7.1

```
val delicious = true
val cheap = false
println("このレストランはおいしい：${delicious}")
println("このレストランは安い：${cheap}")
```

　コード 7.1 で変数 **delicious** に代入されている **true** というのは、文字列ではありません。Kotlin で「真」を意味する特別なキーワードです。同様に、変数 **cheap** に代入されている **false** というのも文字列ではなく、Kotlin で「偽」を意味する特別なキーワードです。コード 7.1 を実行した結果は次の通りとなります。

```
このレストランはおいしい：true
このレストランは安い：false
```

　これは、変数 **delicious** や変数 **cheap** に設定された **Boolean** の値が、${delicious} や ${cheap} という文字テンプレートの中に埋め込まれ、結果的に「true」や「false」という文字列としてコンソールに表示された結果です。

　Boolean 型の変数は、「論理演算」をすることができます。「論理演算」と言うと何か難しく聞こえますが、実際には単純な話です。私たちも日常生活の中で「おいしく、かつ安い場合

にはこのレストランで食べよう」、「おいしいか、または安い場合にはこのレストランで食べよう」といった言い方をすることがありますが、その言葉の中に入っている「かつ」や「または」というのが、要するに「論理演算」の概念を表しています。

　日本語で言うところの「かつ」は、プログラム的には AND 演算と呼ばれます。Kotlin で AND 演算を表す論理演算子は、&& です。アンド記号を二つ続けて記述します。たとえば、(a && b) という式を書くと、変数 a と変数 b の値が両方とも true の場合は、この式の判定結果は true になります。それ以外の場合、つまり a と b のどちらか一方でも false の場合は、この式の判定結果は false になります。次の四つのコードとその実行結果を見比べてみてください。

コード 7.2

```
val delicious = true // おいしい
val cheap = true // 安い
val lets_eat = (delicious && cheap)
println("食事する？：$lets_eat ")
```

コード 7.3

```
val delicious = true // おいしい
val cheap = false // 安くない
val lets_eat = (delicious && cheap)
println("食事する？： $lets_eat ")
```

コード 7.4

```
val delicious = false // おいしくない
val cheap = true // 安い
val lets_eat = (delicious && cheap)
println("食事する？：$lets_eat ")
```

コード 7.5

```
val delicious = false // おいしくない
val cheap = false // 安くない
val lets_eat = (delicious && cheap)
println("食事する？：$lets_eat ")
```

これら四つのコードのそれぞれ実行した結果を次に示します。

コード 7.2 の実行結果

食事する？：true

コード 7.3 の実行結果

食事する？：false

コード 7.4 の実行結果

食事する？：false

コード 7.5 の実行結果

食事する？：false

　コード 7.2 だけが、変数 lets_eat の値が true になっていますね。「おいしい、かつ安い」

という AND 条件で、食事をするかどうかの判定がなされていることが分かります。二つの条件の値がいずれも true だったときに、delicious && cheap の論理演算の値が true になります。

　日本語で言うところの「または」に該当するのは、プログラム的には OR 演算と呼ばれます。Kotlin で OR 演算を表す論理演算子は || です。縦棒記号を二つ続けて記述します（たいていの日本語キーボードでは、右上の方にある¥マークのキーを Shift キーを押しながらタイプすると入力できます）。論理演算子 || を使って、「二つの変数のどちらかが true の場合は、判定結果を true にする」という処理は、次のようなコードになります。各プログラムの実行結果がどうなるか考えてみてください。

コード 7.6
```
val delicious = true // おいしい
val cheap = true // 安い
val lets_eat = (delicious || cheap)
println("食事する？:$lets_eat ")
```

コード 7.7
```
val delicious = true // おいしい
val cheap = false // 安くない
val lets_eat = (delicious || cheap)
println("食事する？: $lets_eat ")
```

コード 7.8
```
val delicious = false // おいしくない
val cheap = true // 安い
val lets_eat = (delicious || cheap)
println("食事する？:$lets_eat ")
```

コード 7.9
```
val delicious = false // おいしくない
val cheap = false // 安くない
val lets_eat = (delicious || cheap)
println("食事する？:$lets_eat ")
```

これら四つのコードをそれぞれ実行した結果を次に示します。

コード 7.6 の実行結果
```
食事する？:true
```

コード 7.7 の実行結果
```
食事する？:true
```

コード 7.8 の実行結果
```
食事する？:true
```

コード 7.9 の実行結果
```
食事する？:false
```

上記の実行結果では、「おいしい、または安い」という OR 条件で、食事をするかどうかの判定がなされていることが分かります。コード 7.9 だけ、変数 `lets_eat` の値が `false` になっていますね。

これらの論理演算子を使うと、複数の条件判断文を組み合わせることができます。これにより、たとえば数値の範囲を表現することもできます。次のコード 7.10 は、変数 x にセットされた 75 という数値が、「50 から 100 の範囲内にあるかどうか」そして「50 から 100 の範囲外にあるかどうか」をチェックするコードです。

コード 7.10

```
val x = 75
val a = (x>=50 && x<=100)    // xが50以上、かつ100以下の場合は、true 判定。
val b = (x< 50 || x >100)    // xが50未満、または100より大きい場合は、true 判定。
println("変数 x が50から100の範囲内にある：$a")
println("変数 x が50から100の範囲外にある：$b")
```

コード 7.10 では、Boolean 型の変数 a に「変数 x が 50 以上かつ 100 以下」かどうか、そして同じく Boolean 型の変数 b に「変数 x が 50 より小さい、または 100 より大きいか」をセットしていますね。上記のコードの実行結果は次のようになります。

```
変数 x が50から100の範囲内にある：true
変数 x が50から100の範囲外にある：false
```

二つの条件判断文が && 演算子や || 演算子で結合されることにより、数値の範囲を表現できていることが分かると思います。

なお、この x>=50 と x>100 などの表記ですが、この表記は変数 x とその比較対象の数値の左右の位置を入れ替えても構いません。つまり、比較対象の変数 x は演算子の左側でなくても良いのです。不等号の向きを変えたうえで、変数 x を演算子の右側に書くこともできます。なぜわざわざこのような説明をするかというと、数値の「範囲」をチェックするようなコードを書く場合、不等号の向きを工夫することによってコードが分かりやすくなるからです。たとえば次のコードを見てください。

コード 7.11
```
val x = 75
val a = (50<=x && x<=100)
val b = (x<50 || 100<x)
println("変数 x が50から100の範囲内にある:$a")
println("変数 x が50から100の範囲外にある:$b")
```

　コード 7.10 とコード 7.11 は、全く同じ動作になります。ただ、コード 7.11 の方が「変数 x が 50 から 100 の範囲内にあるかどうか」をチェックしたいというプログラマの意図が分かりやすくなっているような感じがしないでしょうか？　つまり、

　(x>=50 && x<=100)　　と書く代わりに
　(50<=x && x<=100)　　と書くと、

何となく「変数 x が数直線上の 50 と 100 という数値の間に挟まれているかどうか」というイメージになりますよね。また、

　(x<50 || x>100)　　と書く代わりに、
　(x<50 || 100<x)　　と書くと、

何となく「変数 x が数直線上の 50 〜 100 の範囲の外側にあるかどうか」という条件のイメージが分かりやすいと思います。
　このような細かい記述の違いは、プログラムの動作には全く影響を与えませんが、第三者（あるいは将来の自分自身）がコードを読んだときの分かりやすさに影響を与えます。

　最後に、ある Boolean 型の変数の「反対の値」を求める演算子を紹介します。それは！という演算子です。いわゆる「ビックリマーク」ですね。Boolean 型の変数の前に！を書くと、true が false になり、false が true になるというように、逆の値を求めることができます。次のプログラムの実行結果がどうなるか考えてみてください。

コード 7.12
```
val a = true
val b = !a
val c = !b
println("a の値は ${a} です。")
println("b の値は ${b} です。")
println("c の値は ${c} です。")
```

コード 7.12 を実行した結果は次の通りです。

```
a の値は true です。
b の値は false です。
c の値は true です。
```

コード 7.12 では、変数 a の値が true です。その逆の値が b にセットされ、そのまた逆が c にセットされていますね。true の「逆の逆」は true なので、変数 c が true になります。（ああ、ややこしい！）

この章で考えたように、Boolean 型の変数は、true か false のどちらか一つの値を保管するためのものです。このコンセプト自体は非常に単純ですが、プログラムの実行には欠かせない非常に重要なものです。プログラムとは、「ある条件が成立した場合はこうする、成立しなかった場合はこうする」というような処理を連続して行っていくことでもあります。Boolean 型の値や、論理演算の結果によってプログラム内の処理を分岐させていく方法に関しては、第 11 章で扱います。

第8章 変数の型変換

ここまでで、変数の様々な型について学んできました。たとえば、Int 型は整数を保管するための型で、Double 型は浮動小数点の数値を表す型という具合です。この章では、これらの変数のタイプを互いに変換する方法について確認しておきます。次のコードを見てください。ここでは、original という Int 型の変数にセットされた 100 という値を他の様々なタイプの変数に変換しています。

コード 8.1

```
val original: Int = 100

val a: Byte   = original.toByte()
val b: Short  = original.toShort()
val c: Int    = original.toInt()
val d: Long   = original.toLong()
val e: Float  = original.toFloat()
val f: Double = original.toDouble()
val g: String = original.toString()

println("a = $a")
println("b = $b")
println("c = $c")
println("d = $d")
println("e = $e")
println("f = $f")
println("g = $g")
```

コード 8.1 の実行結果は次の通りです。

```
a = 100
b = 100
c = 100
d = 100
e = 100.0
f = 100.0
g = 100
```

これは、`original` という `Int` 型の変数の値がどのように別のタイプの変数に変換できるかを示しています。たとえば、`original.toByte()` という関数を呼び出すと、その関数が `Byte` 型の値を返すので、それを `a` という変数にセットしています。他の変数タイプに関しても同じ要領で処理されていますね。ただ、変数 `c` に代入している `original.toInt()` という関数呼び出しですが、これははっきり言ってほとんど意味がありません。`Int` 型の変数を別の `Int` 型の変数に代入しているだけです。変数 `g` は `String` 型、つまり文字列です。`Int` 型は整数の値ですから全く異質のものに思えますが、数値から文字列の変換も問題なくできることが分かりますね。

さて、ここで `Int` 型の変数 `original` にセットする値を変更してみましょう。ここでは、値を 100 から 100000 に変更してみます。

コード 8.2

```
val original: Int = 100000
```

コード 8.1 の最初の行をコード 8.2 のように変更してから再度実行してください。そうすると、画面に表示される結果は次のようになります。

```
a = -96
b = -31072
c = 100000
d = 100000
e = 100000.0
f = 100000.0
g = 100000
```

あれ？　何か予想外のことが起きていないでしょうか？　変数 a と b の値が変ですね。-96 と -31072 になってしまっています。これはなぜなのでしょうか？

これは、変数の「**桁あふれ**」が起きてしまっているためです。Byte 型の変数 a や Short 型の変数 b には、10 万という数値を収めきれなくなってしまっているわけですね。第 4 章で学んだ内容を思い起こしてください。Byte 型の変数が扱える数値は 127 まででしたね。Short 型の最大値は 32767 でした。この上限を超えてしまったので、値を変換した結果がおかしくなってしまったわけです。マイナス値になっているのは、これらの数値には一つ負の値であることを表すための「ビット」があるのですが、計算の結果あふれてきた桁がそこに入ってしまったためです。この「桁あふれ」の現象は、コンパイル時の文法チェックに引っかからずエラーとして認識されません。また、プログラム実行時にも普段は表面化せず、あるとき、ある変数の値が一定以上になった場合に急にバグとして表面化したりします。それで、ある変数を、より小さい容量の変数型に変換するときには、「桁あふれ」が起きないようプログラマが細心の注意を払う必要があります。

次に、文字列から数値への変換も試してみましょう。変数 original を次のように書き換えて String 型として宣言してみます。

コード 8.3

```
val original: String = "100"
```

コード 8.1 の最初の行をコード 8.3 のように置き換えてから実行した結果は次の通りです。

```
a = 100
b = 100
c = 100
d = 100
e = 100.0
f = 100.0
g = 100
```

今度は特に問題になるようなことはなさそうですね。文字列としての、"100" が、数値としての 100 に正しく変換されています。

では、変数 original の宣言を次のように書き換えるとどうなるでしょうか？

コード 8.4
```
val original: String = "あいうえお"
```

　コード 8.4 では、**original** という変数に **"あいうえお"** と設定しています。これは果たして数値に変換することができるのでしょうか？　とりあえず、どのような結果になるのか実際にやってみましょう。このコードを実行すると、Try Kotlin のコンソールに次のようなエラーが表示されます。

```
Exception in thread "main" java.lang.NumberFormatException: For input string
: "あいうえお"
    at java.lang.NumberFormatException.forInputString(NumberFormatException.
java:65)
    at java.lang.Integer.parseInt(Integer.java:580)
    at java.lang.Byte.parseByte(Byte.java:149)
    at java.lang.Byte.parseByte(Byte.java:175)
    at Simplest_versionKt.main(SampleCode.kt:5)
```

　ああ、予想通り何かのエラーが発生していますね。これは「**例外**」と呼ばれるものです。Kotlin が扱いきれない、例外的な現象が起きたことを示しています。一番上の **NumberFormatException** という表記に注目してください。英語的表現ですが、「ナンバー・フォーマット・エクセプション」と書いてあります。日本語にすると「数値の書式が変だよ例外」とでも言えるでしょうか。つまり、**"あいうえお"** という文字を無理やり数値に変換しろと命令されても、Kotlin にはどうすれば良いか分からないので、他になすすべがなくプログラムの実行を強制停止してしまうのです。

　というわけで、数字にできない文字列を無理やり数字に変換しようとすると、エラーになってしまうことが分かりました。プログラムをする際には、この点にも注意しましょう。例外が発生する可能性があるケースで、どのような対策を取っておくべきかに関しては、本書の第 22 章で詳しく扱います。

第9章 変数の値を更新

　これまで変数を宣言するときは、val というキーワードを使用していました。実は、このようにして宣言した変数は、最初に値をセットした後は、絶対書き換えることができない変数として扱われます。いわば、メモ用紙に「ボールペン」で字を書いたようなイメージです。その文字は簡単には消せませんし、書き換えることもできません。

　しかし、プログラムを組んでいると、処理の途中で、ある変数の値をいろいろ書き換えたくなることがあります。いわばメモ用紙に「鉛筆」で字を書くようなイメージです。鉛筆で書いた文字は消したければ簡単に消せますし、違う文字に書き換えることもできるのです。そのようなことをしたい場合、Kotlin では val の代わりに var を使って変数を宣言します。変数の宣言の書式は val とほぼ一緒です。

```
var 任意の変数名: 変数の型 = 値
```

　上記の通り、書式としては、val というキーワードが単に var に置き換わっただけですね。キーワード var を使った変数を宣言するコードの具体例は次の通りです。

コード9.1

```
var a: Byte   = 100
var b: Short  = 10000
var c: Int    = 1000000000
var d: Long   = 1000000000000000000L
var e: Float  = 0.123f
var f: Double = 0.123456789
var g: String = "こんにちは"
```

実際のコード 9.1 を見ても、var での変数宣言は val のときとほぼ同じ書き方になることが分かります。もちろん、val のときと同じように変数のタイプを省略することもできます。次のようになります。

コード 9.2

```
var a = 100
var b = 10000
var c = 1000000000
var d = 10000000000000000000L
var e = 0.123f
var f = 0.123456789
var g = "こんにちは"
```

　変数を var で宣言すると、その変数にはいわば「鉛筆」で値が書き込まれるので、その値を任意のタイミングで書き換えることができるようになります。たとえば次のようなコードを見てください。

コード 9.3

```
var a = 100
a = 101
println(a)
```

　コード 9.3 では、println 関数が画面に表示する値は 101 です。変数 a に最初にセットした値は 100 ですが、その次の行で 101 に書き換えられるからですね。ただ、これは実用上あまり意味のないコードです。実際のプログラムではこのようなことはしません。わざわざ a という変数に 100 と記入して、すぐに 101 に書き換えるぐらいなら、最初から 101 という値をセットしておいた方が良いでしょう。上記のコードはあくまで a という変数が書き換え可能であるということを示すための例だと考えてください。

　さて、試しにコード 9.3 の内の var というキーワードを val に書き換えてみましょう。そうすると、実行しようとしてもできません。コンパイルエラーになってしまうはずです。

コード9.4

```
val a = 100
a = 101   // ← この処理が文法エラーとなる。
println(a)
```

Try Kotlinでこのコードを実行しようとするとコンパイルエラーになり、Problem viewには次のエラーメッセージが表示されます。

```
Error:(4, 2) Val cannot be reassigned
```

このエラーメッセージは、valで宣言した値の変数は、「リアサイン」あるいは「再設定」できないと言っていますね。このように、Kotlinでは書き換えが可能な変数とそうでない変数の二種類があることを覚えておきましょう。

> varで宣言した値はいつでも書き換えることができます。しかし、valで宣言した値は、最初に決めた値から書き換えることができません。valで宣言した値は「変数」というより「定数」と言った方がしっくりくるかもしれません。実は、そのあたりの考え方は、valというキーワードそのものにも見え隠れしているようです。
> 　valというキーワードは「Value」という英語の略です。日本語だと「値」ですね。プログラム内で「特定の値」あるいは「決まった値」を宣言するためのキーワードがvalなのです。では、varというキーワードは何を意味しているのでしょうか？　これは英語のvariableの略です。この単語には「変数」という意味があります。よって、厳密にいえば、valで定義したものを指す際は「値」と言い、varで定義したものに関しては「変数」という言い方をするのが良いのかもしれません。ただ、本書ではそのあたりの用語は厳密に区別していません。Kotlinの公式サイト（英文）でも、valで宣言したものをvalue（値）ではなく、普通にvariable（変数）と呼んでいます。

さて、前述のvar変数書き換えの例はあまり意味がないものでしたので、今度はもう少し意味のあるコードにしてみたいと思います。次に示すのは、Int型の変数aに100という数

値をセットして、その後に 1 を足し算するというコードです。

コード 9.5

```
var a = 100
a = a + 1
println(a)
```

　コード 9.5 の中の **a = a + 1** という行に注目してください。数学ができる人にとっては、このような記述は不正確な方程式に見えるかもしれません。しかし、これは Kotlin などのプログラミング言語としては正しい書き方です。この記述は、「a という変数に 1 を足して、その計算結果を a という変数にセットしなおす。」という意味になります。数学における方程式のように「a と a+1 が同じ値である」という意味ではないので注意してください。
　さらに、a という変数をいろいろな計算で書き換える例を見ていきましょう。

コード 9.6

```
var a = 100
a = a + 1
a = a - 21
a = a * 3
a = a / 10
a = a % 10
println(a)
```

　コード 9.6 で、**+** は足し算、**-** は引き算、***** は掛け算、**/** は割り算を表す演算子です。そして、**%** という演算子は、「余り」を計算するための演算子です。上記のコードが実行された後、a はいくつになるでしょうか？　答えは 4 です。なぜそうなるかというと、まず変数 a の初期値は 100 ですよね。それに 1 を足すと 101。それから 21 を引くと 80。それに 3 を掛けると 240。それを 10 で割ると 24、24 を 10 で割った余りは、4 になるというわけです。
　さて、上記の四則演算は別の方法でも記述できます。コード 9.6 と次のコードは、書き方が違うだけで処理内容は全くです。

コード 9.7

```
var a = 100
a += 1
a -= 21
a *= 3
a /= 10
a %= 10
println(a)
```

コード 9.7 のように記述すると、たとえば「a という変数に 1 を足して、その結果を a という変数にセットしなおす」という処理を、a += 1 という短い記述に書き換えることができます。すでに示したコード 9.6 とコード 9.7 を次に並べてみますので、左右を比較して見てください。これらは両方とも全く同じ意味のコードです。

コード 9.6（再掲）

```
var a = 100
a = a + 1
a = a - 21
a = a * 3
a = a / 10
a = a % 10
println(a)
```

コード 9.7（再掲）

```
var a = 100
a += 1
a -= 21
a *= 3
a /= 10
a %= 10
println(a)
```

さて、プログラムをしていると「ある変数に 1 を足す」という処理は結構な頻度で必要になります。そこで、そのような処理を簡単に書く方法も用意されています。次の通りです。

a++

すごく短い記述になりましたね！　このような、ある変数に 1 を足すという処理を指して「**インクリメント**」と言ったりすることがあります。先輩プログラマに「ここで、変数 a をインクリメントしてください」と言われたら、それは「変数 a に 1 を足してください」と言われているのと同じことです。その点もこの機会に覚えておきましょう。

まとめると、var で宣言した Int 型の変数 a に 1 を足すという処理には、次の 3 通りの方法があります。

| a++ | a += 1 | a = a + 1 |

同じように、var で宣言した Int 型の変数 a から 1 を引くという処理（これを「**デクリメント**」といいます）も次の 3 通りの方法があります。

| a-- | a -= 1 | a = a - 1 |

このように、同じことをやるにもいろいろな記述方法があるわけですね。すべてが正しい方法です。どれでもお好きな方法を使用してください。

数値以外の変数タイプ、つまり Char 型や String 型、Boolean 型の変数を宣言する場合でも、最初に決めた値を後で書き換える必要がある場合は、var を使って宣言してください。次のような記述になります。

コード 9.8

```
var a: Char = 'A'
var b: String = "Hello, World!"
var c: Boolean = false

a = 'あ'
b = "こんにちは、世界！"
c = true

println(a)
println(b)
println(c)
```

コード 9.8 を実行した結果は次の通りです。

```
あ
こんにちは、世界！
true
```

　コード9.8の中でそれぞれの変数に代入した初期値ではなく、途中で書き換えた値がTry Kotlinのコンソールに表示されていますね。またまた実用性のないコードになってしまいましたが、ここではvalを使って宣言した変数ではできないこと、そして、宣言後に変数の値を自由に書き換えるという処理がvarで宣言した変数では可能であるということを確認してください。valは「ボールペン」で記入するための変数で、varは「鉛筆」で記入するための変数です。

第10章 範囲 (Range)

Kotlin のデータ型には、「範囲」を表すタイプのものがあります。次のコードを見てください。

コード 10.1

```
val a: IntRange = 0..6
val b: IntRange = 7..12
val c: IntRange = 13..15
println(a)
println(b)
println(c)
```

コード 10.1 の中では、三つの変数が定義されています。**a**、**b**、**c** という変数です。それぞれの変数のタイプは **IntRange** ですね。これらは「整数の範囲」を表す変数型です。変数 **a** に代入する値として、**0..6** と記述していますね。0 と 6 の間に「ドット」を二つ置いた表記です。Kotlin ではこれは「0 から 6 の整数の範囲」を表します。コード 10.1 を実行すると次のように表示されます。

```
0..6
7..12
13..15
```

上記の 3 行は、変数 a、b、c がそれぞれ **println** 関数によって表示された結果です。さて、この「範囲」という変数タイプは、どのようなときに使うのでしょうか？ 一つは、ある数値がその範囲内にあるかどうかをチェックする場合です。たとえばコード 10.2 のような感じです。ここでは、年齢が 10 才の子供が就学前の子供か、小学生か、中学生かを「年齢の範囲」を使って判断しています。

コード 10.2

```
val age: Int = 10

val range1: IntRange = 0..6
val range2: IntRange = 7..12
val range3: IntRange = 13..15

val flag1 = age in range1
val flag2 = age in range2
val flag3 = age in range3

println("${age}歳の子供は就学前 ${flag1}")
println("${age}歳の子供は小学生 ${flag2}")
println("${age}歳の子供は中学生 ${flag3}")
```

コード 10.2 を実行すると次のように表示されます。

```
10歳の子供は就学前 false
10歳の子供は小学生 true
10歳の子供は中学生 false
```

　コード 10.2 では、`age` という変数に 10 という値がセットされています。それで実行結果を見ると、たとえば `10 in range1` という処理は、「10 が変数 `range1` の範囲内にあるかどうか」つまり「10 が変数 0 から 6 の範囲内にあるかどうか」を `Boolean` 型として求めるということが分かります。10 は 0 から 6 の数字に含まれていないので `false` という結果になります。一方、10 は変数 `range2` にセットされた範囲、つまり 7 から 12 の範囲内にあるので、`10 in range2` という式は、`true` という判定結果になります。当然、`10 in range3` という式は、`false` になりますね。

　ここまでは、「ある変数が特定の範囲内にあるかどうか」を判定する方法でした。では逆に「ある値が特定の範囲内にないかどうか」を判定するにはどうすれば良いのでしょうか。その場合には `in` ではなく、次のように `!in` を使います。

コード 10.3

```
val age: Int = 10

val range1: IntRange = 0..6
val range2: IntRange = 7..12
val range3: IntRange = 13..15

val flag1 = age !in range1
val flag2 = age !in range2
val flag3 = age !in range3

println("${age}歳の子供は就学前ではない ${flag1}")
println("${age}歳の子供は小学生ではない ${flag2}")
println("${age}歳の子供は中学生ではない ${flag3}")
```

コード 10.3 の実行結果は次のようになります。コード 10.2 の結果とは **true** と **false** が入れ替わっていますね。

```
10歳の子供は就学前ではない true
10歳の子供は小学生ではない false
10歳の子供は中学生ではない true
```

Kotlin では、整数値以外の「範囲」を表す変数型も用意されています。**Long** 型用の範囲と、**Char** 型用の範囲です。それぞれ、**LongRange**、**CharRange** という型です。次のサンプルコードを見てください。

コード 10.4

```
val range_a: LongRange = 0..10000000000L
val range_b: CharRange = 'A'..'E'
val range_c: CharRange = 'あ'..'お'

val flag_a = 500 in range_a
val flag_b = 'D' in range_b
val flag_c = 'え' in range_c

println("flag_a = ${flag_a}")
```

```
println("flag_b = ${flag_b}")
println("flag_c = ${flag_c}")
```

コード 10.4 を実行した結果は次のようになります。

```
flag_a = true
flag_b = true
flag_c = true
```

500 という数値は 0 から 10000000000（100 億）の範囲に入っているので、**500 in range_a** は **true** になります（数値の後についている L の意味については本書の第 4 章を参照してください）。変数 b にセットされている **'A'..'E'** というのは、文字 A から E までを表す範囲です。つまり、アルファベットの ABCDE のどれかの文字ということですね。**'D'** という文字はその範囲内にあるので、**'D' in range_b** は **true** になります。一方、変数 c にセットされている **'あ'..'お'** というのは、文字「あ」から「お」までを表す範囲です。**'え'** という文字はその範囲内にあるので、**'え' in range_c** は **true** になります。

このように、「範囲」は、ある特定の数値などが指定した範囲内にあるかどうかをチェックするのに使うことができます。この判定結果によってプログラムの処理を切り替える方法は、本書の第 11 章「if による条件判断」や第 12 章「when による条件判断」で詳しく扱います。さらに、「範囲」は、特定の処理を繰り返し行うためにも利用します。その点については、本書の第 13 章「for による繰り返し処理」で詳しく扱います。

第11章 ifによる条件分岐

　第6章ではBoolean型の変数の扱いについて説明しました。Boolean型は、「ある特定の条件が成立しているかどうか」を記憶しておくための変数でしたね。この章では、特定の条件が成立しているかどうかによってプログラムの動作を制御する方法について考えます。日本語で言うと、「もし〜なら、〜する」という処理になります。

　条件によってプログラムの処理を変えるために、ifという命令文を使います。たとえば、aとbという二つのInt型の変数があるとしましょう。aの値の方が小さい場合のみメッセージを表示するには、次のようにします。

コード 11.1

```
val a = 5
val b = 10
val flag = (a<b)

if(flag) {
  println("a の方が b よりも小さいです。")
}
```

　コード 11.1 を実行した結果は次の通りです。

```
a の方が b よりも小さいです。
```

　コード 11.1 は、ifというキーワードの直後にある( )内のBoolean値がtrueのときだけ、その後に続く{ }ブロック内に書かれた処理を行います。それ以外の場合は、{ }ブロック内の処理は一切行われません。なお、第2章でも触れましたが、{ }内のコードを指して「ブ

ロック」という言い方をします。「ブロック」という言葉が出てきたら、{ と } に挟まれた一連のコード全体を指しているものと考えてください。

さて、コード 11.1 は「a が b より小さいかどうか」という判定結果を flag という Boolean 型の変数に格納し、それを if 文の中の条件として使用しました。しかし、このコードはもっと簡潔に書き替えることができます。わざわざ Boolean 型の変数を宣言しなくても、次に示すように、条件を if 文の ( ) 内に直接記入することができるのです。

コード 11.2

```
val a = 5
val b = 10

if(a<b) {
  println("aの方が bよりも小さいです")
}
```

コード 11.1 に比べて、コード 11.2 では変数が一つ減ったので、少しすっきりした記述になりましたね。

次に、「もし〜なら、〜する。そうでなければ、〜する。」という処理について考えましょう。

コード 11.3

```
val a = 5
val b = 10

if(a<b) {
  println("aの方が bよりも小さいです。")
} else {
  println("aの方が bよりも大きいです。")
}
```

コード 11.3 では、if 文の後にある {　} ブロックの直後に else というキーワードが入っています。この else という記述が、日本語で言うところの「そうでなければ〜する」に該当しているわけです。こうすることにより、a が b より大きい場合には、「a の方が b よりも大きいです」というメッセージが表示されるようになります。

さて、カンの良い方はすでにお気づきだと思いますが、コード 11.3 のプログラムには一つバグがあります。それは、a と b の値が全く同じ場合も「a の方が b よりも大きいです」と表示されてしまうことです。

これを防止するため、if 文の条件をさらに追加してみましょう。これには、else if 構文を使用します。具体的には次のようなコードになります。

コード 11.4

```
val a = 10
val b = 10

if(a<b) {
  println("aの方が bよりも小さいです。")
} else if(a>b) {
  println("aの方が bよりも大きいです。")
} else {
  println("aとbの値は同じです。")
}
```

コード 11.4 を実行すると、画面に「a と b の値は同じです。」と表示されます。これは、最初の if 文で a<b の条件をチェックし、その条件が成立しなかったので次に a>b の条件をチェックし、またその条件が成立しないので、最後の else の後のブロック内に指定した処理が行われているからです。このように、複数の if 文が else でつながって書かれている場合、上に書かれた if 文から順に条件判断が行われていくということを覚えておきましょう。

もし、一連の if 文の中で真っ先に a と b が同じかどうかをチェックしたい場合は、次のようなコードにすることができます。

コード 11.5

```
if(a==b) {
  println("aとbの値は同じです。")
} else if(a<b) {
  println("aの方が bよりも小さいです。")
} else {
  println("aの方が bよりも大きいです。")
}
```

コード 11.5 では、一番最初に a と b が同じであるかを確認し、そうでない場合は a が b より小さいかどうかを確認していますね。それらの条件に当てはまらない場合は、else 以下のブロックに書いてあるように、a が b より大きいという判断になるわけです。

if 文を書く順番と処理速度

　このケースでは、if 文の条件判断を行う順番を書き換えても画面に表示される結果は全く同じです。では、このような条件判定の順番を変えることには何か意味があるのでしょうか？

　あります。たとえば、書き換えた後のコードでは、最初に a==b という条件が成立するので、その後に続く if 文の中の a<b という条件判定は行われないのです。今回の例では、a==b や a<b という条件判定は一瞬で終わります。しかし、プログラムが大きくなるにつれ、特定の条件の判定に時間がかかるケースが出てくるかもしれません。その場合、より短時間で終わる処理を一連の if 文の最初の方においておくことによって、プログラム全体のパフォーマンスを上げることができるのです。特に条件判定が何千回、何万回と行われるケースでは、短時間で終わる処理を優先して判定することによりプログラムを高速化することができるでしょう。

　これまでの例では、if 文の後に処理を記入するブロック、つまり { } が続けて記述されていました。このブロック内には複数の命令をまとめて書くことができます。次に示す例では、a と b の値が同じ場合に println を 3 回呼んでいます。

コード 11.6

```
if(a==b) {
  println("aの値は ${a}です")
  println("bの値は ${b}です")
  println("aとbの値は同じです。")
} else if(a<b) {
  println("aの方が bよりも小さいです。")
} else {
  println("aの方が bよりも大きいです。")
}
```

コード 11.6 の例では、二つ目の条件 a<b のとき、または最後の else の処理が行われるときには、println が一回しか呼び出されていません。このような場合、次に示すように、処理ブロックの { } の記述を省略することができます。

コード 11.7

```
if(a==b) {
  println("aの値は ${a}です")
  println("bの値は ${b}です")
  println("aとbの値は同じです。")
}
else if (a<b) println("aの方が bよりも小さいです。")
else           println("aの方が bよりも大きいです。")
```

では次に、ある値が特定の範囲に入っているかどうかを判断する方法を考えてみましょう。これには二つの方法があります。一つは、if 文の中で「〜以上〜以下」というように値の比較を 2 回行い、それを && 演算子でつなげてチェックする方法です。もう一つは、第 10 章で考えた Range を使う方法です。次に示す二つのサンプルコードは全く同じことをしています。

コード 11.8

```
val age = 14

if(13<=age && age<=15) {
  println("中学生です。")
} else {
  println("中学生ではありません。")
}
```

コード 11.9

```
val age = 14

if(age in 13..15) {
  println("中学生です。")
} else {
  println("中学生ではありません。")
}
```

コード 11.8 の中の if 文では、「age が 13 以上かつ 15 以下の場合」に「中学生です」と表示しています。二つの条件判断文を && でつなげることによって数値の範囲内かどうかを判定しているわけです。一方、コード 11.9 の中の if 文では、第 10 章で考えた Range を使って判定をしています。13..15 という記述が Range を表しているわけですね。その範囲の中に age という変数の値が含まれているかどうかを、age in 13..15 という記述でチェックしています。二つのコードの動作は全く同じですが、コード 11.8 の方は Java 言語や C 言語

などでも良く使われる書き方です。コード 11.9 は Kotlin ならではの書き方で、より簡潔なコードになっていることが分かりますね。

数値の範囲をチェックする if 文の書き方を工夫する

　コード 11.8 の中にある if(13<=age && age<=15) というコードは、if(age>=13 && age<=15) と書き換えても構いません。ただ、前者の方がなんとなく分かりやすく感じないでしょうか？ age という変数が 13 と 15 という数値に挟まれている記述になるからです。この点は、第 7 章でも触れましたが、if 文の条件判断の中で 13 の右に age と書き、age の右に 15 と書くことによって、「13 <= age <=15」というイメージになります。これにより「age が 13 から 15 の範囲にあるかどうか」という条件であることが直感的に分かりやすくなりますね。プログラムを書くときには、文法的に正しいコードを書くだけでなく、人間にとっても分かりやすいように工夫してみるのが良いですね。

　ここまでの例では、if 文の条件分岐によって異なるメッセージを画面に表示するという処理を紹介しました。それぞれの if 文の後に続くブロック内に println というメソッドが記述されていましたね。このプログラムを少し変更し、println を呼び出す回数を一回だけにしてみましょう。どのようなコードになるでしょうか？

コード 11.10

```
val age: Int = 14
var message = ""

if(age in 13..15) {
  message = "中学生です。"
} else {
  message = "中学生ではありません。"
}

println(message)
```

　コード 11.10 では、if 文の中でしていることは、message という変数に文字列を代入す

ることだけです。`println`関数を使って画面にその文字列を表示する処理は、`if`文の処理を終えた後に最後に一回だけ行っています。

ここまでの例にある通り、`if`文には特定の条件によって処理を分岐する機能があるわけですが、もう一つ別の使い方もできます。それは、「`if`文として値を返す」という機能です。これに関しては具体例を見るのが分かりやすいと思いますので、まずは次に示すサンプルコードを見てください。

コード 11.11

```
val age = 14
var message = ""

message = if(age in 13..15) {
  "中学生です。"
} else {
  "中学生ではありません。"
}

println(message)
```

今までの`if`文の使い方とはだいぶ異なる書き方になりましたね。コード 11.10 に比べて、コード 11.11 は少しシンプルになりました。`println`命令は一回しか出てきません。以前のサンプルコードでは、`if`文で処理を分岐し、各条件の処理ブロックの中で`println`という命令を書いていましたが、今回は各条件の処理ブロックの中には、ただ文字列が記述されています。このような表記の方法は、慣れていないと分かりにくく感じるかもしれません。

これはどういうカラクリなのでしょうか？ 実は Kotlin では、`{ }`内に記述された最後の変数がそのブロックの「値」、つまり「最終結果」を表すという文法ルールがあります。`if`文によって、それぞれの条件のブロック内に処理が進んでいくわけですが、ここでは、それぞれの`{ }`の中に文字列が一つ書いてあるだけです。この記述によって、一連の`if`文がいわば「式」になります。その「式」の最終結果が`message`という変数にセットされるという仕組みになっているわけです。

最後に、`if`を「式」として使いつつ、かつそれぞれの条件ごとの処理ブロック内で他の処理をしているコードを次に示します。

コード 11.12
```
val age = 14

val message = if(age in 13..15) {
  println("1番目の条件の処理が行われました。")
  "中学生です。"
} else {
  println("2番目の条件の処理が行われました。")
  "中学生ではありません。"
}

println(message)
```

コード 11.12 を実行すると、画面には次のように表示されます。

```
1番目の条件の処理が行われました。
中学生です。
```

もうこのカラクリはお分かりですよね。`if` 文の条件判断文により、それぞれのブロック内の処理が行われています。そのうえで `if` 文の「式」としての機能も働いているので、`message` という変数に値がセットされているのです。この場合、`age` という変数の値は 13 〜 15 の範囲内に収まっていますので、`println("1番目の条件の処理が行われました。")` という処理が行われ、その後に `{ }` ブロック内の一番最後にある `"中学生です。"` という文字が `if` 文の「値」となります。繰り返しになりますが、`if` 文のブロックの最後に書いてあるものがそのブロックの値となることを覚えておいてください。この例では、ブロック内に最後に書かれた文字列が `message` という変数に代入されていますね。そしてコードの最後の行にある `println` の呼び出しで、変数 `message` の内容が画面に表示されているわけです。

第12章 whenによる条件判断

前の章では、ifを使った条件分岐の方法について学びました。この章では、同じような条件ごとに処理を切り替える機能を持つwhenについて考えます。まずは、次に示すサンプルコードを見てください。

コード 12.1

```
val x = "Hello"
when(x) {
    "Good Morning" -> println("おはようございます")
    "Hello"        -> println("こんにちは")
    "Good Evening" -> println("こんばんは")
    else           -> println("どうも！")
}
```

コード 12.1 では、String型のxという変数の内容によって、画面に表示する挨拶を切り替えるようになっています。whenの後に続く ( ) 内に判定したい変数を記述し、{ } ブロック内では、xの値の「候補」がいくつか列挙されています。xの値の候補としては、"Good Morning"、"Hello"、"Good Evening" が挙げられています。

変数xの値がそれぞれの候補にマッチした場合にやりたい処理を -> の右側に書いていますね。-> という記述がなんとなく矢印のように見えますので、直感的に分かりやすい記述になっているのではないでしょうか？ コード 12.1 の中では、xには "Hello" という文字列がセットされています。それで、whenブロックの中の二番目の選択肢、つまり "Hello" -> println("こんにちは") という処理が行われて、結果的にコンソールには「こんにちは」というメッセージが表示されます。

指定した候補のどれにも当てはまらない場合には、else -> の右側に書かれた処理、つま

り println 関数で "どうも！" というメッセージを表示する処理が行われます。ためしに、コード 12.1 の中で変数 x に代入する文字を自由に書き換えて Try Kotlin で動作を確認してみてください。

> **体裁を整えるための空白文字について**
>
> 　このコードでは、各行で -> の横位置を揃えるため、途中に空白文字を入れています。たとえば、"Hello" と -> の間にはたくさんの空白文字が入っています。これは、ソースコードを見やすくするためにそうしているだけです。空白を何個入れるかはプログラムの動作に全く影響を及ぼさないので、必ずしも空白文字を入れて体裁を整える必要はありません。

　コード 12.1 では String 型の x という変数の内容によって処理を変えましたが、when は他の様々なタイプの変数でも同じように処理することができます。たとえば、Int 型の場合は次のような感じになります。

コード 12.2
```
val x = 2

when(x) {
    1    -> println("ワン")
    2    -> println("ツー")
    3    -> println("スリー")
    else -> println("ワン、ツー、スリー以外の数字です")
}
```

　コード 12.2 の中では、x は Int 型として宣言されています。それで、when 文の中で「候補」としている値も、1、2、3 という Int 型の数値になっています。x という値の「候補」となる値は、複数記述することも可能です。その場合、値の候補を -> の左側にコンマ区切りで記述します。次に示すコード 12.3 では、x が 1 か 2 のどちらかのときに、"ワンかツーのどちらかです" というメッセージを表示します。

コード 12.3

```
val x = 2

when(x) {
  1, 2 -> println("ワンかツーのどちらかです")
  3    -> println("スリー")
  else -> println("ワン、ツー、スリー以外の数字です")
}
```

　when 文の特定条件に当てはまる場合の処理に、命令を複数行まとめて書くこともできます。その場合には、-> に続けてブロックを指定します。つまり、-> の右側に { を記述して、複数の処理を何行かにわたって記述し、最後に } でブロックを閉じるという書き方ができます。次の例を見てください。

コード 12.4

```
val x = 2

when(x) {
  1, 2  -> {
    println("ワンかツーのどちらかです")
    println("こんにちは！")
  }
  3 -> {
    println("スリーです")
    println("ありがとう！")
  }
  else -> {
    println("ワン、ツー、スリー以外の数字です")
    println("さようなら！")
  }
}
```

　コード 12.4 では、x が 1 か 2 のどちらかのときに println が二回実行されます。**"ワンかツーのどちらかです"** というメッセージを表示し、さらに追加で **"こんにちは！"** と表示しています。同様に、x が 3 のときに **"スリーです"** と **"ありがとう！"** を表示します。それ以外の **else** の

処理ブロックが実行された場合には、**"ワン、ツー、スリー以外の数字です"** と **"さようなら！"** を表示します。

　`when`は、条件ごとに異なる処理をするだけでなく、「式」としても使用することができます。前の章で`if`を「式」として使用する方法について学びましたが、それと同じような使い方になります。

コード 12.5

```
val x = 2

val message = when(x) {
  1    -> "ワン"
  2    -> "ツー"
  3    -> "スリー"
  else -> "ワン、ツー、スリー以外の数字です"
}

println(message)
```

　コード 12.5 では、`when`が全体で一つの式となっており、変数`x`の値に応じて文字列を返す「式」になっています。このコードを実行した結果、変数`message`には**"ツー"**が代入されます。

　`when`は、右側の丸括弧の記述がない形式で記述することも可能です。コード 12.5 を引数なしの書き方にすると、次のようになります。

コード 12.6

```
val x = 2

val message = when {
  (x==1) -> "ワン"
  (x==2) -> "ツー"
  (x==3) -> "スリー"
  else   -> "ワン、ツー、スリー以外の数字です"
}

println(message)
```

コード 12.6 を見て気づかれたと思いますが、when 文と if 文は、非常に似た機能を持っています。次に示す二つのコードは全く同じ動作になりますが、一方は if 文を使い、もう一方は when 文を使っています。

コード 12.7

```
val x = 2

if(x==1 || x==2)
  println("ワンかツーのどちらか")
else if(x==3)
  println("スリー")
else
  println("1、2、3以外の数字")
```

コード 12.8

```
val x = 2

when {
  (x==1 || x==2)
    -> println("ワンかツーのどちらか")
  (x==3)
    -> println("スリー")
  else
    -> println("1、2、3以外の数字")
}
```

条件分岐の処理をする際、when と if のどちらを使うべきでしょうか？ これは完全に好みの問題です。when 文でできることはたいてい if 文でもできますし、その逆もまたしかりです。どちらでも、自分にとって、あるいは同僚のプログラマにとって分かりやすいと思う方法を使いましょう。どちらがあなたの好みに合いますか？

第13章 forによる繰り返し処理

　プログラムをしていると、同じような処理を繰り返し実行したい場合があります。そのようなとき、forキーワードによるループ処理を使うと便利です。逆に言うと、for文を使わないで、少しずつ違うコードを繰り返し書こうとすると結構骨の折れる作業になってしまいます。たとえば、次に示すようなケースを見てください。5の段の掛け算を表示するプログラムです。

コード13.1

```
val x = 5
println("${x}かける1は、${x*1}です。")
println("${x}かける2は、${x*2}です。")
println("${x}かける3は、${x*3}です。")
println("${x}かける4は、${x*4}です。")
println("${x}かける5は、${x*5}です。")
println("${x}かける6は、${x*6}です。")
println("${x}かける7は、${x*7}です。")
println("${x}かける8は、${x*8}です。")
println("${x}かける9は、${x*9}です。")
```

　コード13.1を実行すると、画面に次のように表示されます。

```
5かける1は、5です。
5かける2は、10です。
5かける3は、15です。
5かける4は、20です。
5かける5は、25です。
5かける6は、30です。
5かける7は、35です。
5かける8は、40です。
```

```
5かける9は、45です。
```

　実行結果を見ると、問題なく動作しているようですね。ちなみに、このサンプルコードを5の段の掛け算にしたことに深い意味はありません。コード13.1でxに代入する値を他の数字にしても全く構いませんので、お手元のコードでいろいろ数値を変えて実験してみてください。

　さて、コード13.1は結構「冗長なコード」ですよね。同じような記述が何度も何度も出てきます。forキーワードによるループ処理を使えば、同じ処理をもっと簡単なコードで書けるようになります。コード13.1は、次のように書き換えることができます。

コード13.2

```
val x = 5
for(i in 1..9) {
  println("${x}かける${i}は、${x*i}です。")
}
```

　コード13.1に比べてコード13.2は、だいぶすっきりしたコードになりました。これをTry Kotlinで実行してみてください。どうですか？　表示される結果も前のコードと全く一緒ですよね！

　さて、この記述のカラクリを説明しましょう。まず、forというキーワードの右横にある( )内には、繰り返しの条件を記述することになっています。コード13.2では(i in 1..9)という記述がそれに該当します。これは「iという変数が1から9になるまで繰り返してください」という意味です。

　どこからともなく、いきなりiという名前の変数が出てきましたが、このようにfor文の繰り返しを書く条件の( )の先頭には、varというキーワードを使わなくても変数が宣言できるというルールになっています。

　for(i in 1..9)という記述の中でinという記述があります。そして、そのinの右側に1..9と書いてあります。1と9の間に「ドット」を二つ記述していますが、この記述は見覚えがありますよね。本書の第10章で取り上げたRangeと同じものです。1から9の「範囲」を表しています。変数名の後にinと書いて、その後に範囲を書くと、変数の値が毎回変わりながら指定した範囲内の繰り返し処理が行われます。for文の書式を次に示します。

```
for(変数名 in Range) {
    // ここに繰り返し行う処理を書く。
}
```

変数の型はどのようにして決まるのでしょうか？ それは、Range の部分に指定された型に応じて決まります。コード 13.2 の for 文で指定されているのは、1..9 という記述からして Int 型の Range です。そのため、変数 i は Int 型の変数として扱われます。

コード 13.2 の for 文が最初に実行されるとき、変数 i の値は 1 です。その状態で処理ブロック { } の中に書かれている記述を一回実行します。そのため、println は「5 かける 1 は、5 です。」というメッセージを表示します。次に、i の値が 2 に変わります。そしてもう一度処理ブロック内の処理が行われます。次に、i の値が 3 に変わります。さらにもう一度処理ブロック内の処理が行われます。これが i の値が 9 になるまで繰り返し実行されます。

なお、毎回変化していくこの i という変数の名前は、必ずしも i である必要はなく、任意に決めて構いません。ほとんどのプログラマの習慣で、for ループ内の変数には i や j や k が使われることが多いですが、必ずしも一文字である必要はなく、たとえば number という変数名にして for(number in 0..9) と書くこともできます。何であれ、自分や他のプログラマにとって分かりやすい変数名を付けてください。

次に、5 と掛け算を行う数値の範囲を大きくしてみましょう。1 〜 1000 の間で掛け算をしてみます。

コード 13.3

```
val x = 5
for(i in 1..1000) {
    println("${x}かける${i}は、${x*i}です。")
}
```

コード 13.2 から変わったのは 1000 のところだけですね。このように、for ループの中で変数 i が移り変わっていく範囲を変更することは非常に簡単です。本章の最初に出てきたコード 13.1 に示されている 5 の掛け算のような書き方で、一行一行、1000 までの掛け算を行うように修正するのはとても大変な作業になりますよね。しかし、たくさんの回数の繰り返し処理を書くときに for 文を使えば非常に簡潔に記述できます。

では次に、変数 i が開始する値を変更してみましょう。繰り返し処理を 1 からではなく、800 からスタートして、その値が最終的に 1000 まで移り変わるようにしてみます。

コード 13.4

```
val x = 5
for(i in 800..1000) {
  println("${x}かける${i}は、${x*i}です。")
}
```

これも非常に簡単ですね！ 単純に Range の記述に書き込む「開始位置」と「終了位置」を変えれば、その範囲内の値が変数 i にセットされ、繰り返し処理が行われるわけです。

次に、変数 i が 1 ずつ増えていくのではなく、3 ずつ増えていくようにしてみたいと思います。つまり、800、803、806……と言うように変化するようにしてみましょう。

コード 13.5

```
val x = 5
for(i in 800..1000 step 3) {
  println("${x}かける${i}は、${x*i}です。")
}
```

コード 13.5 のように、for 文の中で step というキーワードを使うことによって、ループする度に i をいくつ増やすかを指定できるようになります。

for 文の書き方には、たくさんのバリエーションがある

本章では、ここまでが for ループの基本的な使い方の説明となっています。for 文に関しては、とりあえずここまでの部分をしっかり押さえておいてください。この後の部分は、さらに掘り下げて学んでおきたい方のための内容です。for 文の書き方にはありとあらゆるバリエーションがあるので、読んでいくうちにうんざりしてしまうかもしれません。もしそうであれば、今は残りの部分は読み飛ばしていただいても構いません。

また、本章の続きの部分すべてを暗記しておく必要はありません。今後、必要になった時点で見返してください。

次に、変数 x と掛け算する値を「昇順」ではなく「降順」にしてみましょう。たとえば、変数 i を 9 から始めて 1 にするにはどうすれば良いでしょうか？ ためしに次のように書いてみます。

コード 13.6

```
val x = 5
for(i in 9..1) {
  println("${x}かける${i}は、${x*i}です。") // この処理は実行されない。
}
```

コード 13.6 を実行してみてください。あれっ？ 予想に反して何も起こりませんね。コンパイルエラーにはならないものの、このコードは期待した通りには動作しないのです。実は、これは Kotlin の仕様です。for 文の中に書く 1..9 などの Range は必ず昇順でなければなりません。9..1 のように降順で書くことはできないことになっているのです。では、降順でループ処理をするにはどうすれば良いのでしょうか？ それには次のように書きます。

コード 13.7

```
val x = 5
for(i in 9 downTo 1) {
  println("${x}かける${i}は、${x*i}です。")
}
```

コード 13.7 は、昇順の for ループのときとはだいぶ異なる書き方になりましたね。ドット二つを挟んで二つの数字をつなげるのではなく、**downTo** キーワードを使って二つの数値をつなげて記述しています。また、**downTo** というキーワードとその両端に書く数字との間には、半角スペースを置かなければいけないことに注意してください。コード 13.7 の実行結果は次の通りです。

```
5かける9は、45です。
5かける8は、40です。
5かける7は、35です。
5かける6は、30です。
5かける5は、25です。
```

```
5かける4は、20です。
5かける3は、15です。
5かける2は、10です。
5かける1は、5です。
```

5に対して掛け算する数値が降順で処理されていますね。

次に、forループを用いて降順で処理を行い、かつ一回ループするごとに変数iを2ずつ減らしてみます。

コード 13.8

```
val x = 5
for(i in 9 downTo 1 step 2) {
  println("${x}かける${i}は、${x*i}です。")
}
```

コード 13.8 では、降順の for ループ内で step というキーワードが使われています。ここで、**step 2** と書いていることに注目してください。降順（変数 i の値が順に減っていく繰り返し処理）なので、マイナス記号を付けて **step -2** と書かなければならないのでは？　と思った方もいるかもしれませんが、step に指定するのは必ずプラスの値であることを覚えておきましょう。コード 13.8 を実行した結果は次のようになります。

```
5かける9は、45です。
5かける7は、35です。
5かける5は、25です。
5かける3は、15です。
5かける1は、5です。
```

別の書き方で for 文を書くこともできます。それは、until というキーワードを使う方法です。変数 i を 1 から 9 の範囲で変化させるには次のようにします。

コード 13.9

```
val x = 5
for(i in 1 until 10) {
  println("${x}かける${i}は、${x*i}です。")
```

```
}
```

　コード13.9の **1 until 10** という記述に注意してください。これにより、iは1から始まって9まで変化することになります。ただし、iが10になることはありません。**until**キーワードでは、その右側に指定した数値は含まないでループ処理が行われることに注意しましょう。

　次に示すように、**until** と **step** を組み合わせて使うこともできます。

コード 13.10

```
val x = 5
for(i in 1 until 10 step 2) {
  println("${x}かける${i}は、${x*i}です。")
}
```

　ここまでに示したコードを見ると、**until** と **downTo** の書式が同じような形式になっていることが分かりますね。**until** と **downTo** は「対をなしている」ように見えます。ただし、**until** の場合は右側に指定した数値を含まずにループ処理されるのに対して、**downTo** の場合には右側に指定した数値を含んで処理されます。このような微妙な違いは意外とバグの原因になりやすいので注意しましょう。

第14章 while による繰り返し処理

前の章では for を使ったループ処理について考えました。この章では、もう一つの繰り返し処理を行う方法である while キーワードについて取り上げます。まず、次のコードを見てください。

コード 14.1

```
val x = 5
var i = 1

while(i<=9) {
  println("${x}かける${i}は、${x*i}です。")
  i++
}
```

コード 14.1 を実行すると画面に次のように表示されます。

```
5かける1は、5です。
5かける2は、10です。
5かける3は、15です。
5かける4は、20です。
5かける5は、25です。
5かける6は、30です。
5かける7は、35です。
5かける8は、40です。
5かける9は、45です。
```

前の章で出てきた for ループのときと同じような処理をしていることがお分かりになるか

と思います。カラクリとしては、while キーワードの右側の（ ）内に書いてある条件が成立する限り、処理ブロックである { } の中に書かれた処理を行うということになります。

ここでは、(i<=9) というのが while ループの継続条件になります。「i が 9 以下」という意味ですね。i の初期値は 1 で条件を満たすので、{ } ブロック内に書かれた println が実行されます。そして、その後に i++ とあり、i をインクリメント（つまりプラス 1）していますね。その結果、i は 2 になります。これで一回目のループ処理は終わりです。

2 回目のループ処理に入る前に、もう一度 (i<=9) という条件がチェックされます。その時点での変数 i の値は 2 です。2 という数値は 9 以下ですから、(i<=9) という while ループの継続条件を満たしています。そのため、このまま処理が継続されます。

これを繰り返していくと i の値が 1 つずつ増えていって、ついに 10 に達します。この時点で (i<=9) という while ループの継続条件を満たさなくなりますね。その結果、i が 10 の状態では { } 内の処理ブロックのコードが実行されずに、そのままループ処理が終了します。

このように、while 構文では、

（1） まず、while の右側の ( ) 内に書いた継続条件のチェック。
（2） その後に、処理ブロック { } の中に書いた処理の実行。

という順で処理が行われます。(1) → (2) → (1) → (2) → (1) ……という感じになりますね。つまり、先にループの継続条件をチェックしてから、条件が成立した場合のみに処理ブロックを実行するわけです。このため、当然ながら、一回も処理ブロック内のコードが実行されないケースも生じます。たとえば次のようなケースです。

コード 14.2

```
val x = 5
var i = 1000

while(i<=9) {
  println("${x}かける${i}は、${x*i}です。")
  i++
}
```

コード 14.2 では i の初期値が 1000 です。それで、「しょっぱな」から while ループの継

続条件 (i<=9) が成立しません。このような場合、while 文の処理ブロック内に書かれたコードは一度も実行されることがありません。つまり画面には何もメッセージが表示されずに終わります。

しかし、プログラムをしていると、i の初期値がどのような値であれ最低一回は { } 内の処理をして、とりあえず一回だけはメッセージを表示しておきたいという場合もあるかと思います。そのためには、次に示すように while 構文の変化形である do-while 構文を使用します。

コード 14.3

```
val x = 5
var i = 1000

do {
  println("${x}かける${i}は、${x*i}です。")
  i++
} while(i<=9)
```

コード 14.3 を実行すると、一度だけ画面に「5 かける 1000 は、5000 です。」と表示されます。このように、do-while を使うケースではまず処理ブロック内のコードが一度実行されます。その後、while 文のループ継続条件がチェックされ、条件を満たしていれば再度処理ブロックが実行されます。つまり、do-while の場合は次に示す順番で繰り返し処理が行われることになります。

(1) まず、処理ブロック { } の中に書いた処理の実行。
(2) その後に、while の右側の ( ) 内に書いた継続条件のチェック。

このケースでは、i の初期値は 1000 です。その状態で処理ブロック内のコードが実行され、メッセージが表示されます。そして、i はインクリメント（プラス 1）されて 1001 になります。その後、while ループの継続条件 (i<=9) の判定が行われます。1001 という数値は 9 以下ではないので、while ループの継続条件は false になります。よって、続く繰り返し処理は行われません。

この章では while 文と do-while 文の使用方法を説明しました。これらの構文は for 文と

良く似た動作をします。繰り返し処理をする際にはどちらを使っても OK です。一般的には、たとえば Int 型の変数 i が順に一定数だけ増えていくようなケースでは、for 文を使うことの方が多いようです。それ以外の継続条件が少し複雑になったようなケースでは、while 文を使うことが多いようです。もちろん、どちらの方法で繰り返し処理を書くべきかについて厳格な規則はありません。自身がやりやすいと思う方法を使ってください。次の章では、for 文、while 文、do-while 文のそれぞれにおいて、「途中でループを抜ける」方法について紹介します。

第15章 繰り返し処理でのbreakとcontinue

　前の章で取り上げた通り、繰り返し処理を行うwhile文の丸括弧の中には、ループを継続して実行する際の条件を指定することになっていました。もし、その条件としてtrueを指定すると、つまりwhile(true)という書き方をすると、いったいどのような動作になるのでしょうか？　次のコードを見てください。

コード 15.1

```
while(true) {
  val value = Random().nextInt(100)
  println("乱数:${value}")
}
```

　コード 15.1 のwhileループの中では、「乱数」つまりランダムな値を繰り返し表示しています。これは、この章の本題とは直接関係ないのですが、ここでは、Random().nextInt(100)という表記をすると、毎回異なる100未満の数字が取得できるということだけ押さえておいてください。このコードでは、whileループの処理ブロックの繰り返し処理が一回実行されるごとに、valueという変数に乱数が代入されて、それがprintlnでコンソールに表示されるようになっています。

> **Random とは何？**
>
> コード 15.1 で出てきた Random というのは、実は Kotlin の機能ではなくて Java の機能です。この機能を使うには、プログラムの先頭の方に `import java.util.Random` と書いておく必要があります。たったこれだけで Java のライブラリが使えてしまうのですね。Java と Kotlin が「親戚」である証拠です。コード 15.1 のソースコードの全体像は、ダウンロードしたサンプルコードを参照してください。なお、`import` 文の使い方に関しては本書の第 42 章で取り上げます。

さて、ここからが本題です。コード 15.1 の while ループは「永久ループ」になります。while 文の丸括弧内の継続条件が true になっているからです。つまり、このプログラムは果てしなく乱数を表示し続けることになります。理論的には永遠に動き続けます。実際には、Try Kotlin のようなウェブブラウザベースの実行環境などで動作させた場合、このコードを実行するとメモリ不足エラー OutOfMemoryError が発生してしまい、永久に動作するということはありません。しかし、そのような制限がない環境では、while ループの継続条件に true をセットすると「永久ループ」になってしまいます。次に示すのは、メモリの制限がない環境でこのプログラムを実行したときに表示されるメッセージのイメージです。

```
乱数：40
乱数：22
乱数：61
乱数：6
乱数：96
乱数：11
    :
```

さて、プログラムをする際には、この「永久ループ」を意図的に使用する場合もあります。繰り返し処理をする回数の上限が決まっていないような場合です。「基本的には、ずっと処理をし続けるつもりだけど、ある特定の条件が成立したら処理の途中でループを抜けるようにしたい」というようなケースで while(true) というコードを書いたりすることがあります。

この場合、while 文の右横の丸括弧内にループの継続条件を書く代わりに、処理ブロックの波括弧の中に「ある特定の条件」が成立するかどうかを監視するコードを書くことになるで

しょう。そして、その「ある特定の条件」が成立したあかつきには「ループを抜ける」というようにします。この「ループを抜ける」という動作は、Kotlin では **break** キーワードによって実現できます。具体的なコードを見てください。

コード 15.2

```
while(true) {
  val value = Random().nextInt(100)
  println("乱数：${value}")
  if(value<10) break
}
```

　コード 15.1 とコード 15.2 で異なるのは一行だけです。後者のコードには、**while** ループの処理ブロックの最後に **if(value<10) break** というコードが入っています。ここでは、**value** という変数にセットされた値（つまりランダムな値）が 10 未満である場合、**if** 文の処理条件に当てはまり、**break** が実行されます。これが、ループ処理を「ブレークする」、つまり「途中で抜ける」という動作になります。**break** が実行されると、**while** ループの処理は継続されることなくそのまま終了します。結果的に、この **while** ループは「永久ループ」ではなくなります。Try Kotlin のコンソールに表示される実行結果は次のようになります。

```
乱数：75
乱数：94
乱数：34
乱数：82
乱数：36
乱数：5
```

　ここで表示されるのはランダムな値ですから、当然、実行する度に表示される数値や表示される行数は変わります。皆さんがこのプログラムを実行したときは、上記の例とは異なる表示になる可能性が高いです。一番最後に表示されている値は、この例では 5 です。この数字が **println** 関数によって表示された後、**if** 文でその値（つまり変数 **value**）が 10 未満かどうかがチェックされます。5 という値は 10 未満なので **break** 文が実行され、**while** ループの繰り返し処理が終了したわけです。

　while ループの中では、どこでも好きなタイミングで **break** することが可能です。たとえ

ば、コード 15.2 で break を置く位置を変えてみるとどうなるでしょうか？ 次のコードを見てください。

コード 15.3

```
while(true) {
  val value = Random().nextInt(100)
  if(value<10) break
  println("乱数:${value}")
}
```

コード 15.3 を実行すると、コンソールには次のように表示されます。

```
乱数:55
乱数:77
乱数:94
乱数:54
乱数:90
```

　コード 15.2 とコード 15.3 の違いは微妙で分かりにくいかもしれませんが、println が書いてある行と break の処理が書いてある行の順番が入れ替わっています。コード 15.3 の実行結果を見てください。最後に表示された乱数は何でしょうか。ここでは、90 が表示されていますよね。90 は 10 未満の数値ではありません。どうやら、最後に生成された 10 未満の値は画面に表示されないままループを抜けてしまっているようです。どうしてこうなるのでしょうか？

　これは、最後の乱数が生成された後、break が println の前に実行されるからです。この際、次の行の println は実行されません。ループ処理の最後に生成された 10 未満の値は画面に表示されずに終わります。while ループの中で break が呼ばれた場合には、処理ブロック内の続きの処理は一切行われないということを覚えておいてください。

　本章の例では while(true) というような「永久ループ」の中で break キーワードを使う例を示しましたが、while の右横の丸括弧内に別の継続条件を明記した場合でも、処理ブロックの中で break することはもちろん可能です。たとえば、while(x<=5) というような条件付きループの中で乱数が 10 未満の場合は break する、というようなコードを書くと次のようになります。

コード 15.4

```
var x = 0
while(x<5) {
  x++
  val value = Random().nextInt(100)
  println("${x}回目の乱数:${value}")
  if(value<10) break
}
```

　少しややこしいですが、コード 15.4 を書いた場合、基本的には変数 x が 5 になるまでは処理を続けますが、もし処理ブロック内で生成した乱数の値が 10 未満になったら即座にループを抜ける、というような動作になります。変数 x は繰り返し回数の判定で参照され、結果としてこの while ループによる繰り返し処理は最大で 5 回までしか実行されません。5 回目に生成した乱数 value が 10 以上であったとしても、while ループの基本的な継続条件である x<5 を満たさなくなるので、それ以上繰り返し処理が行われることはありません。しかし、もし繰り返し回数が 5 回に達していなくても、乱数の値が 10 未満になるなら、途中でループ処理を離脱します。

　以上は while 構文の中で break キーワードを使う方法に関する説明でした。同じことは for 構文の中でも行うことができます。次に示すコードは、コード 15.4 の while ループを使った処理と全く同じ動作になります。

コード 15.5

```
for(x in 1..5) {
  val value = Random().nextInt(100)
  println("${x}回目の乱数:${value}")
  if(value<10) break
}
```

　コード 15.5 では for(x in 1..5) となっていますので、基本的には、変数 x が 1 から 5 まで順に変化した繰り返し処理が行われるようになっています。しかし、実際には 5 回のループ処理が最後まで行われないケースもたまに生じます。どうしてかは、もうお分かりですよね。for ループの本体ブロックの中で生成された乱数 value が 10 未満になるケースが時々あるからですね。その場合には break が実行されますので、たとえ x が 5 になる前であった

としても繰り返し処理が中断される可能性があるわけです。

　さて、繰り返し処理での break と似て非なる機能を持つのが continue です。break キーワードは、while 構文の中でも for 構文の中でもどちらでも使えます。これまで見てきた通り、break は繰り返し処理自体を即座に中断します。continue 文も break 文と同じように、現在行っている処理をやめる効果があります。ただ、continue は、「一回分」の処理を中断するだけです。繰り返し処理全体の処理はそのままコンティニュー（継続）されます。

　これは、文章で説明すると分かりにくいと思いますので、具体的なコードを比較してください。次に示す二つのコードは、for ループの中で break を使ったサンプルと、同じく for ループの中で continue を使った例です。なお、話を単純にするため、これらのコードの中では乱数を使用せず、何度実行しても同じ結果になるようにしています。

コード 15.6

```
for(x in 1..10) {
  if(x%3==0) break
  println("${x}回目の繰り返し処理")
}
```

コード 15.7

```
for(x in 1..10) {
  if(x%3==0) continue
  println("${x}回目の繰り返し処理")
}
```

　コード 15.6 とコード 15.7 の内容はほとんど同じで、唯一の違いは、コード 15.6 で break している箇所でコード 15.7 では continue しているという点です。Try Kotlin を使って、それぞれのコードを実行してみてください。それぞれ次のような実行結果になるはずです。

コード 15.6 の実行結果

1回目の繰り返し処理
2回目の繰り返し処理

コード 15.7 の実行結果

1回目の繰り返し処理
2回目の繰り返し処理
4回目の繰り返し処理
5回目の繰り返し処理
7回目の繰り返し処理
8回目の繰り返し処理
10回目の繰り返し処理

　コード 15.6 を Try Kotlin で実行すると、println での表示が 2 回しか行われていないことが分かります。for(x in 1..10) というコードに示されている通り、この for ループは

基本10回繰り返し処理がされるはずなのですが、実際には2行分しかメッセージが表示されません。理由は、もうお分かりですよね。変数 x が3になった時点で、`if(x%3==0) break` という if 文の処理が実行されるからです。x%3 という記述は第9章でも少し触れましたが「x を3で割った余り」を表す式です。この式が返す値が0になった時点で break が実行されるので、for ループは即座に中断されるわけですね。

　一方、コード15.7を実行すると、繰り返し処理は10回目までしっかり行われているようです。ただ、実行結果をよく見ると、メッセージの表示がところどころ「歯抜け」状態になっています。そうです、3回目、6回目、9回目のメッセージは表示されていません。これは、コード15.7の中の `if(x%3==0) continue` という行のしわざです。x%3 という式、つまり「x を3で割った余り」が0になった場合、次の行に書いてある println は完全にスキップされるのです。しかし、for ループの処理自体はそのまま続くので、変数 x が10になるまでの繰り返し処理は引き続き行われます。

　このように、ループ処理の中で continue を使うと、繰り返し一回分の続きの処理を丸々スキップすることになります。ここでは for 文を使った例を示しましたが、while 文の中に continue を記述した場合も基本的に同じ動作になります。

第16章 配列（Array）

　プログラムをしているときに同じタイプの変数をまとめて管理したいということはよくあります。これは、多くのプログラミング言語で「**配列**」という仕組みを使って行います。Kotlinでは、配列を Array と呼ばれる機能として扱います。次のコードを見てください。

コード 16.1

```
val a: IntArray = intArrayOf(1000, 1200, 1500, 1800, 2400)
println("1年目の時給は ${a[0]}円です。")
println("2年目の時給は ${a[1]}円です。")
println("3年目の時給は ${a[2]}円です。")
println("4年目の時給は ${a[3]}円です。")
println("5年目の時給は ${a[4]}円です。")
```

　コード 16.1 では、a という名前の変数に配列を代入しています。変数 a の変数型は `IntArray` です。これは、Kotlin であらかじめ定義されている「Int 型の配列」を意味するものです。`intArrayOf` というのは Kotlin であらかじめ準備されている「命令」あるいは「関数」です。いわば Int 型の配列の「工場」のような役割を持っています。`intArrayOf` に整数型の数値をコンマ区切りで複数引き渡すと、Int 型の配列を生成してくれます。それが a という変数に代入されるわけです。コード 16.1 を実行すると、次のように表示されます。

```
1年目の時給は 1000円です。
2年目の時給は 1200円です。
3年目の時給は 1500円です。
4年目の時給は 1800円です。
5年目の時給は 2400円です。
```

「Int型の配列」とは、イメージ的にはInt型を入れる「箱」がまとまってくっついているようなものです。コード16.1では、intArrayOf関数に5種類の数値をパラメータとして渡していますので、5個分の「箱」を連続してくっつけたようなイメージの変数が生成されます。

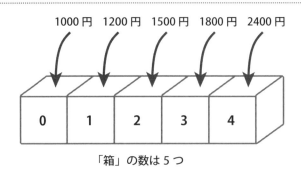

コード16.1の中ではaという名前の変数に配列をセットしています。配列の先頭はa[0]という表記でアクセスできます。この配列の添え字（番号）は「**インデックス**」と呼ばれます。インデックスは「0番始まり」です。「1番始まり」ではありません。私たちの日常生活では「先頭」のことを指して「1番目」などと言うことが多いですが、その言い方と配列のインデックスは一つ分ずれていることに注意してください。また、この例では配列の要素数は五つありますが、最後の配列要素はa[4]です。a[5]ではありません。これは配列を使ったプログラムをするときの「あるある」なのですが、もし次のように書くと、プログラム実行時にエラーが発生してしまいます。

```
println("6年目の時給は ${a[5]}円です。")
```

配列aの要素が5個しかないのにも関わらずこのコードを実行すると、次のような例外が発生します。

```
Exception in thread "main" java.lang.ArrayIndexOutOfBoundsException: 5 at ArraySampleKt.main(ArraySample.kt:8)
```

この英語的な表現の例外「ArrayIndexOutOfBoundsException」を無理やり日本語に直すと、「配列のインデックスが範囲外になってしまってますよ例外」ということになります。5個の要素しかない配列のインデックスの最大値は4です。インデックスが5以上の配列要素

にアクセスすることはできないわけです。配列にアクセスするときには、その配列の要素数を超えないように注意しましょう。

　さて、配列は、第 13 章で扱った for 文と組み合わせて非常に便利に使うことができます。for 文は、順番に同じような処理を繰り返し行うための構文でした。配列は同じようなデータを順番に保管しておくための仕組みです。そのため、配列と for 文は非常に相性が良く、組み合わせて使うとコードを簡潔に書くことができるのです。次の二つのコードを比べてみてください。一つ目は本章の冒頭で出てきたサンプルコードと同じもので、二つ目はそれを for 文で書き換えたコードです。

コード 16.2

```
val a: IntArray = intArrayOf(1000, 1200, 1500, 1800, 2400)
println("1年目の時給は ${a[0]}円です。")
println("2年目の時給は ${a[1]}円です。")
println("3年目の時給は ${a[2]}円です。")
println("4年目の時給は ${a[3]}円です。")
println("5年目の時給は ${a[4]}円です。")
```

コード 16.3

```
val a: IntArray = intArrayOf(1000, 1200, 1500, 1800, 2400)
for(i in 0..4) {
    println("${i+1}年目の時給は ${a[i]}円です。")
}
```

　コード 16.2 では、println が五つも書いてあって、プログラムを書くのが少し面倒です。5 行ぐらいならコピペを繰り返して何とかなりそうですが、もし、「勤続年数による時給の変化を表示する処理を 40 年分書いてくれ」といわれたら、すべてのコードを書いていくのは大変そうですよね。

　コード 16.3 では、直前のコードと全く同じ処理を for 文を使って効率良く書き直してあります。このように、for 文を使うと、配列の各要素にアクセスするコードがとてもシンプルになることが分かりますね。

さて、コード 16.3 には、実はちょっとした「バグの温床」があります。文法的には間違っていないのですが、実は `for(i in 0..4)` という記述は将来問題の原因となり得るのです。というのも、もし将来 `intArrayOf` 関数に引き渡すパラメータの数を五つから四つに減らすという変更をした場合、それに合わせて `for(i in 0..4)` という表記を `for(i in 0..3)` というように変更しなければなりません。でも、プログラマも人間です。そうするのを「うっかり」忘れてしまうことって、ありそうですよね。そうすると、プログラム実行時に前述した `ArrayIndexOutOfBoundsException` が発生してしまいます。これはつまり、このコードがたとえば Android スマホのアプリ内のコードだったとしたら、そのアプリがクラッシュしてしまう可能性があるということを意味しています。そうすると、そのユーザーは Google Play で「星一つ」を付けてしまうかもしれません！

さらに、`intArrayOf` 関数に引き渡すパラメータの数を減らしたときだけでなく、逆に増やした場合にも問題が生じ得ます。たとえば、配列の要素数を 7 個に増やしたとしましょう。その場合、もし `for(i in 0..4)` と書いたままにしておくと、`a[5]` や `a[6]` などの要素は全く無視されてしまい、画面に表示されない……というバグが発生してしまうのです。

コード 16.4（バグがあるコードです！）

```
val a: IntArray = intArrayOf(1000, 1200, 1500, 1800, 2400, 3000, 3800)
for(i in 0..4) {
    println("${i+1}年目の時給は ${a[i]}円です。")
}
```

コード 16.4 では、6 年目の時給である 3,000 円や 7 年目の時給である 3,800 円は画面に表示されません。こういうプログラマの「うっかり」がないようなコードにしておくことは、信頼性の高いアプリを作るために非常に重要です。というわけで、このコードを改善することにしましょう。と言っても、単に `for(i in 0..4)` という記述を `for(i in 0..6)` と修正するだけではあまり芸がないですよね。それでは、将来また同じような問題が発生してしまう可能性を残してしまいます。もっと根本的な解決策を考えましょう。たとえば、次のような感じにするのはどうでしょうか？

コード 16.5（問題解決しましたが、いまいちなコードです。）

```
val a: IntArray = intArrayOf(1000, 1200, 1500, 1800, 2400, 3000, 3800)
for(i in 0..(a.count()-1)) {
  println("${i+1}年目の時給は ${a[i]}円です。")
}
```

コード 16.5 では、`0..4` という記述を `0..6` という記述に直す代わりに、`0..(a.count()-1)` と書き直しています。この記述の中の `a.count()` という記述は配列の要素数を表しています。この場合は 7 になります。なぜならば、1000、1200、1500、1800、2400、3000、3800 という七つの要素がこの配列の中に収められているからです。

`a.count()` の値から 1 を引いた値を `for` 文で扱うべき最後の値としているので、結果的に `for(i in 0..(a.count()-1))` という記述は `for(i in 0..6)` と同じ動作になります。これで問題は解決しました。このようにしておけば、将来、配列の要素数に増減があったとしても、それに応じて `for` 文が実行されるようになりますね。ただ、この `0..(a.count()-1)` という部分の書き方は何とも複雑で、簡潔な記述が特徴の Kotlin らしくありません。はっきり言って、いまいちです。これをもっと Kotlin らしい、シンプルなコードに書き直してみましょう。次のようになります。

コード 16.6（かなりスッキリしたコードになりました！）

```
val a: IntArray = intArrayOf(1000, 1200, 1500, 1800, 2400, 3000, 3800)
for(money in a) {
  println("時給 ${money}円です。")
}
```

だいぶシンプルですっきりしたコードになりました！ コード 16.6 の実行結果は次のようになります。

```
時給 1000円です。
時給 1200円です。
時給 1500円です。
時給 1800円です。
時給 2400円です。
時給 3000円です。
```

時給 3800円です。

　コード 16.6 の表示結果から、変数 money に配列の要素が先頭から順にセットされ、for 文の本体内の処理が繰り返し実行されている様子を確認できるかと思います。さて、コード 16.6 は確かにシンプルにはなりましたが、表示されたメッセージの中には一つ抜けている情報があります。それは「〜年目の」という情報です。本書の冒頭で出てきたコードでは、「1 年目の時給は 1000 円です。」というような記述がされていましたが、for(money in a) というようなシンプルな方法で繰り返し処理を書くと、配列内に格納されている各値は順に参照できるものの、それぞれの値が先頭から何番目のインデックスに入っている値かということが分かりません。では、配列のインデックスとそれに対応する値を両方いっしょに表示するにはどうすれば良いのでしょうか？　次のような書き方ができます。

コード 16.7（これが配列の各要素を for 文で参照する完成形です！）

```
val a: IntArray = intArrayOf(1000, 1200, 1500, 1800, 2400, 3000, 3800)
for((index, money) in a.withIndex()) {
  println("${index+1}年目の時給は ${money}円です。")
}
```

　コード 16.7 のようにすると、繰り返し行うことになっている処理が行われる度、変数 index に配列のインデックスの値がセットされます。同時に変数 money に配列の各要素の値がセットされます。配列を表す変数 a に対して withIndex という命令が呼び出されているのがミソです。この命令を使うと、for 文の先頭に書いた二つの変数（ここでは index と money）の値を更新しながら繰り返し処理が行われることになります。今までの for 文の書き方と少し異なりますが、ここはいったん「こういうものなんだ」と受け入れましょう。ちなみに、インデックスを表す変数は別に index という名前でなくても構いません。たとえば、i や idx など何であれ好きな変数名を使用してください。もちろん、money という変数の名前も自由に変えることができます。コード 16.7 の実行結果は次のようになります。

```
1年目の時給は 1000円です。
2年目の時給は 1200円です。
3年目の時給は 1500円です。
4年目の時給は 1800円です。
5年目の時給は 2400円です。
```

```
  6年目の時給は  3000円です。
  7年目の時給は  3800円です。
```

　コード 16.7 において、長い道のりだった **for** 文の進化の旅が終わりました。これが、配列の各要素を **for** 文によって参照するコードの完成形となります。

　さて、このように配列を作ることができるのは、もちろん **Int** 型だけではありません、その他のタイプの変数についても配列を生成することができます。たとえば次のようにします（この **for** 文では { } ブロックを省略して記述しています）。

コード 16.8

```kotlin
  val a: BooleanArray = booleanArrayOf(true, false, true, true, false)
  val b: ByteArray    = byteArrayOf(2, 4, 8, 16, 32)
  val c: ShortArray   = shortArrayOf(100, 101, 102, 103, 104)
  val d: IntArray     = intArrayOf(1000, 1200, 1500, 1800, 2400)
  val e: LongArray    = longArrayOf(100000, 120000, 150000, 180000, 240000)
  val f: FloatArray   = floatArrayOf(1.0f, 1.1f, 1.2f, 1.3f, 1.4f)
  val g: DoubleArray  = doubleArrayOf(1.0, 10.0, 100.0, 1000.0, 10000.0)

  for(x in a) println("Boolean型の配列の値 = ${x}")
  for(x in b) println("Byte型の配列の値 = ${x}")
  for(x in c) println("Short型の配列の値 = ${x}")
  for(x in d) println("Int型の配列の値 = ${x}")
  for(x in e) println("Long型の配列の値 = ${x}")
  for(x in f) println("Float型の配列の値 = ${x}")
  for(x in g) println("Double型の配列の値 = ${x}")
```

　コード 16.8 を見ると、何となく配列を作るための「命令」、あるいは「関数名」に規則性があることが分かりますね。**Boolean** 型の配列を作るときは **booleanArrayOf** という関数を使い、**Byte** 型の配列を作るときは **byteArrayOf** を使うという感じです。他の変数タイプの配列についても同じ命名ルールで関数が用意されています。では、**String** 型の配列についてはどうでしょうか？　何となく **stringArrayOf** という関数が用意されていることを期待してしまいますが、実はそういう名前の関数はありません。**String** 型の配列は次のようにして生成します。

コード 16.9

```
val h = arrayOf("こんにちは", "Kotlin", "どうぞ", "よろしく", "お願いします!")
for(x in h) println("String型の配列の値 = ${x}")
```

コード 16.9 では、**h** という変数に **String** 型の配列がセットされています。この配列は、**"こんにちは"**、**"Kotlin"**、**"どうぞ"**、**"よろしく"**、**"お願いします!"** という五つの文字列を持っています。それを **for** 文で順に表示していますね。コード 16.9 の実行結果は次の通りです。

```
String型の配列の値 = こんにちは
String型の配列の値 = Kotlin
String型の配列の値 = どうぞ
String型の配列の値 = よろしく
String型の配列の値 = お願いします!
```

これは **String** 型の配列を作成して画面に表示した例ですが、**String** 型に限らず他の変数タイプのオブジェクトに関しても自由に配列を作ることができます。数値以外の変数タイプの配列を作るときは、すべて共通して **arrayOf** という関数を使用してください。

特定の値を指定しないで配列を生成する方法

配列の各要素にセットする値が決まっていない場合、次のように書くことによって指定したサイズの配列を作ることができます。下記は、5 つの「箱」に文字列が何も入っていない状態の配列を作っています。

```
var h: Array<String?> = arrayOfNulls(5)
```

あるいは、次のように書くことも可能です。

```
var h = arrayOfNulls<String?>(5)
```

上記の記述で出てくる **Null** という表現や **<String?>** という記述については、本書の第 32 章や第 41 章で説明しています。

第17章 リスト (List)

　配列 `Array` に似た変数タイプとして、リスト（`List`）という仕組みがあります。この章では、配列とリストは、どこが同じなのか、どこが違うのかという点を取り上げます。また、`List` の「親戚」である、`MutableList` の使い方に関しても説明します。

　まずは、`List` について考えましょう。次に示すコード 17.1 は、前の章でも出てきた `Array` の使用例です。その次のコード 17.2 は `List` の使用例です。両者を比べてみてください。

コード 17.1

```
val a: IntArray = intArrayOf(1000, 1200, 1500)

// インデックスを指定して値を参照
println("1年目の時給は ${a[0]}円です。")
println("2年目の時給は ${a[1]}円です。")
println("3年目の時給は ${a[2]}円です。")

// forループで値を参照
for(money in a) {
  println("時給は ${money}です")
}

// forループでインデックスと値を同時に参照
for((index, money) in a.withIndex()) {
  println("${index+1}年目の時給は ${money}です")
}
```

コード 17.2

```
val a: List<Int> = listOf(1000, 1200, 1500)

// インデックスを指定して値を参照
println("1年目の時給は ${a[0]}円です。")
println("2年目の時給は ${a[1]}円です。")
println("3年目の時給は ${a[2]}円です。")

// forループで値を参照
for(money in a) {
  println("時給は ${money}です")
}

// forループでインデックスと値を同時に参照
for((index, money) in a.withIndex()) {
  println("${index+1}年目の時給は ${money}です")
}
```

　こうして比較してみると、**Array** と **List** はほぼ同じ使い勝手であることが分かるかと思います。実は、これら二つのコードは一行目を除いて完全に一致しています。つまり、値の参照の方法は **Array** も **List** も全く同じであるということが分かります。

　コード 17.1 とコード 17.2 で違うのは、コード 17.1 の変数 **a** の型は **IntArray** と表記されているのに対し、コード 17.2 の方では **List<Int>** となっているという点です。このコードの書き方が本章で扱うリストの定義方法です。ところで、この **List** という表記の右側に **<Int>** と記述する書き方に関してですが、これに関しては本書の第 41 章「ジェネリクス」のところで詳しく説明します。現時点では、**List<Int>** と書けば、**Int** 型のリストを表す変数タイプになるという点だけ押さえておいてください。

　もちろん、次に示すように、**Int** 型以外にも様々なタイプの変数のリストを作成できます。

コード 17.3

```
val a: List<Boolean> = listOf(true, false, true)
val b: List<Byte>    = listOf(2, 4, 8)
val c: List<Short>   = listOf(100, 101, 102)
val d: List<Int>     = listOf(1000, 1200, 1500)
val e: List<Long>    = listOf(100000, 120000, 150000)
```

```
val f: List<Float>   = listOf(1.0f, 1.1f, 1.2f)
val g: List<Double>  = listOf(1.0, 10.0, 100.0)
val h: List<String>  = listOf("こんにちは", "Kotlin", "よろしく")
```

　コード 17.3 を見ると、すべての変数タイプで listOf 関数を使ってリストを作成していることが分かります。Array を生成する場合には、たとえば Byte 型の配列なら byteArrayOf、Int 型の配列なら intArrayOf というように、値として格納する変数のタイプによって専用の関数を使いました。しかし、List の場合にはそのような変数タイプごとの関数は用意されていません。これは、先ほど少し触れたジェネリクスという機能によって可能になります。ジェネリクスとは、いわば「何でも屋さん」を作る仕組みです。listOf 関数は「何でも屋さん」なのです。これについての説明は第 41 章「ジェネリクス」に譲るとして、ここでは listOf 関数一つで様々なタイプのリストを生成可能であると覚えておきましょう。

　他の変数タイプと同じく、List の場合も、変数を定義する際に型の記述を省略できます。コード 17.3 と次のコード 17.4 は「ほぼ」同じ動作になります。

コード 17.4

```
val a = listOf(true, false, true)
val b = listOf(2, 4, 8)
val c = listOf(100, 101, 102)
val d = listOf(1000, 1200, 1500)
val e = listOf(100000L, 120000L, 150000L)
val f = listOf(1.0f, 1.1f, 1.2f)
val g = listOf(1.0, 10.0, 100.0)
val h = listOf("こんにちは", "Kotlin", "よろしく")
```

> **型推論によって決まる変数タイプについて**
>
> 　本文中でコード 17.3 とコード 17.4 の動作が「ほぼ」同じであると述べたのには理由があります。一見、全く同じように動いているように思えるかもしれません。しかし、細かい話をすると少し動作が異なるのです。コード 17.3 では、変数 b が Byte 型の配列、変数 c が Short 型の配列でしたが、コード 17.4 では Int 型の配列として Kotlin のコンパイラに解釈されます。
>
> 　これは、Kotlin の「型推論」の仕様に関係しています。コード 17.3 の中では、変数 b を定義する際に変数タイプが明確に List<Byte> と記述されていました。その場合、変数 b は Byte 型のデータを格納するための List として生成されます。一方、コード 17.4 の中では、変数 b を定義する際の変数タイプの記述が省略されています。この場合、Kotlin は listOf(2, 4, 8) という記述を Int 型の数値 2、4、8 を持つ List を生成する命令と解釈します。そのため、コード 17.4 のリストは Int 型のデータを格納するための List として生成されます。同じ理由で、変数 c も、Short 型ではなくて、Int 型のデータを格納するための List として生成されます。このあたりは、第 3 章で取り上げた「型推論」に関する説明と同じ理屈となります。

　さて、この章の最初に出てきたコード 17.1 とコード 17.2 を見比べてみる限り、Array と List では、その生成方法に違いがあるものの、使い勝手はほぼ同じであるように見えます。ただ、この二つにはいくつかの違いがありますので、その点を確認しておきましょう。まず、最初の大きな違いは、Kotlin の文法上の仕様における違いです。Array の各要素はデータの中身を書き換え可能であるのに対し、List の各要素は文法上のルールとして書き換えをすることができません。たとえば、配列の一番目のデータを 4 に書き換える処理（x[0] = 4）を挿入してみると、次に示すコード 17.5 はコンパイル可能ですが、コード 17.6 はコンパイルエラーとなります。

コード 17.5

```
val x: IntArray = intArrayOf(1, 2, 3)
x[0] = 4 // 配列要素の書き換え可能。
```

コード 17.6

```
val x: List<Int> = listOf(1, 2, 3)
x[0] = 4 // コンパイルエラー発生
```

もう一つ、**Array** と **List** での違いとは、**Array** が「クラス」と呼ばれるものであるのに対して、**List** というのは「インターフェース」というものであるということです。ただ、この違いに関しては、普段はあまり気にする必要はありません。「クラス」というのが何かということについては本書の第 23 章、そして「インターフェース」に関しては本書の第 31 章で詳しく扱います。

Array と **List** には共通する部分もあります。それは「一度要素数を決定したら、それを増やしたり減らしたりすることができない」ということです。たとえば、要素数が 3 のリストを作った後に、あとで要素数を一つ追加して合計で四つの要素を持つリストにするというようなことができません。

でも、一度作ったリストの要素数を増減したいということもきっとありますよね。そのような場合にはどうすれば良いのでしょうか？　それには、**List** の「親戚」の **MutableList** を使います。**Mutable**（ミュータブル）とは、「変わりやすい」「変更可能な」という意味です。**MutableList** を使えば、リストの要素数の増減が可能になります。次のコードを見てください。なお、今回は文字列のリストにしてみました。

コード 17.7

```
val a: MutableList<String> = mutableListOf("こんにちは", "Kotlin", "よろしく")
a.add("どうぞ")
a.add("お願いします")
for((i, x) in a.withIndex()) println("${i} : ${x}")
```

コード 17.7 では、最初に、「こんにちは」「Kotlin」「よろしく」という文字列を持つ、要素数が 3 の **MutableList** を生成し、その後に、「どうぞ」と「お願いします」という文字列を付け加えています。これにより要素数は合計で五つになります。コード 17.7 を実行した結果は次の通りとなります。

```
0 : こんにちは
1 : Kotlin
2 : よろしく
3 : どうぞ
4 : お願いします
```

コード17.7では、**MutableList**の**add**関数を使って、リストの最後尾に要素を付け加えましたが、リストの途中の任意の位置に要素を「ねじ込む」ことも可能です。次のコードを見てください。

コード17.8

```
val a: MutableList<String> = mutableListOf("こんにちは", "Kotlin", "よろしく")
a.add(2, "どうぞ")
a.add(0, "はじめまして!")
for((i, x) in a.withIndex()) println("${i} : ${x}")
```

コード17.8では、**add**関数で要素を追加する際に、第一パラメータでインデックスを指定しています。**add(2, "どうぞ")**というコードは、配列のインデックス2の位置に**"どうぞ"**という文字列を「ねじ込む」感じの動作になります。今までインデックス2の位置にあった**"よろしく"**という要素は押しのけられて、インデックス3の位置に移動します。つまり、次のようになります。

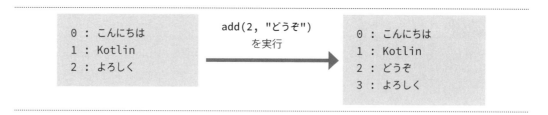

さらに、**add(0, "はじめまして!")**という命令が実行されると、リストのインデックス0の位置、つまり先頭に**"はじめまして!"**というデータが挿入されます。

一度リストに格納したデータを後で削除することも可能です。指定したインデックスの要素

104

を削除する場合は removeAt 関数を使います。次のコードを見てください。

コード 17.9

```
val a: MutableList<String> = mutableListOf("こんにちは", "Kotlin", "どうぞ",
                                                                   "よろしく")
a.removeAt(2)
for((i, x) in a.withIndex()) println("${i} : ${x}")
```

コード 17.9 を実行すると、リストの removeAt 関数を呼んだ時点でリストに次のような変化が生じます。

コード 17.9 は、指定したインデックスの要素を削除する方法でしたが、指定した内容のデータをリストから取り除くことも可能です。その場合は remove 関数を使います。

コード 17.10

```
val a: MutableList<String> = mutableListOf("こんにちは", "Kotlin", "どうぞ",
                                                                   "よろしく")
a.remove("どうぞ")
for((i, x) in a.withIndex()) println("${i} : ${x}")
```

コード 17.10 を実行すると、リストの remove 関数を呼んだ時点でリストに次のような変化が生じます。

`MutableList`には、ここで取り上げた`add`関数や`removeAt`関数、`remove`関数以外にも、リスト内のデータを操作するための関数がいろいろ用意されています。詳しくは Kotlin の API リファレンス

　　`https://kotlinlang.org/api/latest/jvm/stdlib/`
　　　　　　`kotlin.collections/-mutable-list/index.html`

　　（または「Kotlin API MutableList」などのキーワードで検索）

を参照してください。

　ここで、`Array`、`List`、`MutableList`の仕様について表にまとめておきます。

	Array	List	MutableList
インスタンスを生成するための関数	`arrayOf()`	`listOf()`	`mutableListOf()`
要素の書き換え	○	×	○
要素数の増減	×	×	○
実装方法	クラス	インターフェース	インターフェース

　`Array`、`List`、`MutableList`に共通するのは、データをひとまとめに保管しておくことができるということです。そして重要なのは、データを「順序付き」で保管しておけることです。各要素にはデータの順番を表すインデックスが振られています。しかし、プログラムをしていると、時としてデータの順番は関係なしに、とにかく一か所にまとめてデータを放り込んでおきたいというケースもあります。次の章とその次の章では、そのようなケースで使用できる「セット」や「マップ」という機能について取り上げます。

中身が空の MutableList を生成する方法

中身が空の `MutableList` を生成するには、次のように書きます。

`var a: MutableList<String> = mutableListOf()`

あるいは、次のように書くことも可能です。

`var a = mutableListOf<String>()`

第18章 セット (Set)

前の章で取り上げた List は、データをまとめて保管しておくための仕組みでした。このような機能を持つ部品を「**コレクション**」と呼びます。List は順序を保持した状態でデータをまとめるので「**順序付きコレクション**」とも呼ばれます。さて、データを保管する「コレクション」には他にもいろいろあります。その一つが Set と呼ばれるコレクションです。Set も複数のデータをまとめて格納していくことができるという点では List に似ているのですが、大きく異なる点があります。それは、Set はデータの順番を記憶しないということです。Set は、いわば「順序なしコレクション」です。では、具体的に使用例を見ていきましょう。次のコードを見てください。

コード 18.1

```
val s: Set<String> = setOf("あ", "い", "う", "え", "お")
println(s)
```

コード 18.1 を実行した結果は、次の通りです。

```
[あ, い, う, え, お]
```

これは、この s という変数に格納された「セット」に五つの文字が格納されており、それを println がうまい具合に文字列にして表示してくれた結果です。両端にある [ ] や途中にあるコンマは、人間にとって読みやすいように Kotlin が付け加えて表示してくれています。この表示では、データが表示されている順番は、データを追加した順番通りになっていますが、これは「たまたま」そうなっているだけと考えてください。基本的なマップの機能としては、データの順番は記憶しません。Kotlin の実行環境によっては [い, あ, え, お, う] などと表

示されることもあり得ますから、Set を使うのはデータの順番を覚えておく必要がない場合のみにしましょう。データの順序が重要なデータを扱う場合は、Set ではなく List を使う必要があります。

　コード 18.1 の Set には、新たなデータを追加したり、すでに格納されているデータを削除したりすることはできません。そういうことをしたい場合には、MutableSet というコレクションを使います。この Mutable（ミュータブル）という表現はすでに出てきましたよね。そうです、List の要素を書き込み可能にしたのが MutableList だったのと同じように、Set 内のデータを変更可能にしたものが MutableSet ということになります。次の例を見てください。

コード 18.2

```
val s: MutableSet<String> = mutableSetOf("あ", "い", "う", "え", "お")
s.add("か")
s.add("き")
s.add("く")
println(s)
```

コード 18.2 の実行結果は次の通りです。

```
[あ, い, う, え, お, か, き, く]
```

　さて、この Set というコレクションですが、いったいどのような用途で使われるのでしょうか？　単にいくつかの値をまとめて格納するだけなら、List を使っても良いような気がします。List ならデータを追加した順番も記憶できますので、List の方が「多機能」な気がします。そうであれば、「大は小を兼ねる」的な考えで、とりあえずは List を使った方が良いのではないでしょうか？　わざわざ Set というコレクションが存在していることに何か意義があるのでしょうか？　つまり、Set を使用することにどのようなメリットがあるのでしょうか？

　Set の存在意義、あるいはメリットとしては、「値がすでに存在しているかどうかをチェックする際の検索のスピードの速さ」を挙げることができます。List と Set の両方が、特定のデータがコレクション内にすでに存在しているかどうかをチェックする contains という命令、あるいは関数を持っています。それを使ってデータを検索した例を次に示します。

コード 18.3

```
val x = mutableListOf("あ", "い", "う", "え", "お")
println("「あ」は存在する:" +   x.contains("あ"))
println("「い」は存在する:" +   x.contains("い"))
println("「う」は存在する:" +   x.contains("う"))
println("「え」は存在する:" +   x.contains("え"))
println("「お」は存在する:" +   x.contains("お"))
println("「さ」は存在する:" +   x.contains("さ"))
println("「し」は存在する:" +   x.contains("し"))
println("「す」は存在する:" +   x.contains("す"))
```

コード 18.4

```
val x = mutableSetOf("あ", "い", "う", "え", "お")
println("「あ」は存在する:" +   x.contains("あ"))
println("「い」は存在する:" +   x.contains("い"))
println("「う」は存在する:" +   x.contains("う"))
println("「え」は存在する:" +   x.contains("え"))
println("「お」は存在する:" +   x.contains("お"))
println("「さ」は存在する:" +   x.contains("さ"))
println("「し」は存在する:" +   x.contains("し"))
println("「す」は存在する:" +   x.contains("す"))
```

　コード 18.3 とコード 18.4 で異なるのは、最初の一行目だけです。コード 18.3 では **List** を作成し、コード 18.4 では **Set** のインスタンスを使用しています。二行目以降のコードは完全に一致しています。たとえば **x.contains("あ")** という処理は、変数 x に代入されたコレクションの中に「あ」という文字が格納されているかどうかをチェックしています。すでにその文字が存在していれば **true** という結果になり、存在していなければ **false** という結果になります。この例では、両方のコード内のコレクション内に「あ」「い」「う」「え」「お」が存在しているので、**x.contains("あ")** という処理は **true** という値になります。しかし、「さ」「し」「す」という文字は、コレクション内には存在していないので **false** という値になります。それぞれのコードの実行結果は次のように表示されます。

コード 18.3 の実行結果

「あ」は存在する：true
「い」は存在する：true
「う」は存在する：true
「え」は存在する：true
「お」は存在する：true
「さ」は存在する：false
「し」は存在する：false
「す」は存在する：false

コード 18.4 の実行結果

「あ」は存在する：true
「い」は存在する：true
「う」は存在する：true
「え」は存在する：true
「お」は存在する：true
「さ」は存在する：false
「し」は存在する：false
「す」は存在する：false

　この二つの実行結果は完全に一致しています。このように結果だけ見ると、一見同じ動作をしているように見えるのですが、実は一つ重要な違いがあります。ほとんどのケースで、コード 18.4 の動作の方が少し高速になるのです。それは List と Set の内部実装の違いによるものです。

　特定の値を contains 関数で検索するとき、List はデータの先頭から順に見ていくことによって指定された文字を探します。たとえば、List 内から「あ」という文字を検索する場合、その文字はリストの先頭にありますからすぐに見つかります。しかし、「さ」という文字を検索する場合はどうでしょうか？　リストの先頭から順に一つずつ調べるので、まず、インデックス 0 の文字（「あ」）をチェックします。これは「さ」と異なる文字です。次に、インデックス 1 の文字（「い」）をチェックします。これも「さ」ではありません。その次はインデックス 2 の文字をチェック、それでもだめならインデックス 3 をチェック……というように、リストの要素を逐一チェックしていきます。リストの最後尾、つまりインデックス 4 の「お」が検索対象文字と異なっていることを確認して初めて、contains 関数はコレクションの中に「さ」という文字が存在しないことを確認できるわけです。

　このような検索方法を「**シーケンシャルサーチ**」と呼びます。リストの要素数が増えれば増えるほど、検索に時間がかかってしまうことは容易に想像がつきますよね。たとえば、リストの要素数が 1 万、100 万となるような場合には、ある文字列がコレクション内に存在していないことを確認するだけで恐ろしく時間がかかってしまいます。

　一方、Set が持つ contains 関数は、List とは全く異なる方法で指定された文字を検索します。それは、「**ハッシュ**」と呼ばれる仕組みです。特定の文字列など何らかの値を、あるルールに従って別の値にしたものを「**ハッシュ値**」と言います。Set ではデータを格納する際に、そのデータの「ハッシュ値」なるものを求めて記録しておきます。検索するときにも「ハッシュ

値」を求めて、そのハッシュ値がコレクション内にすでに存在しているかどうかをチェックします。ここでは詳しい仕組みに関する説明は省略しますが、とにかくこのような「ハッシュ値」を使ったコレクションを用いると、値を検索する処理時間が大幅に短縮されることを覚えておいてください。（ハッシュという概念は、Kotlin だけの特殊な機能ではなく、一般的に知られている考え方です。興味のある方はぜひ調べてみてください。）

実は、この章に出てきたサンプルでは、コレクションに登録したデータの数が比較的少ないため、List のように先頭からデータを検索しても、Set のように「ハッシュ値」を使った検索をしても、処理速度はさほど変わりません。しかし、コレクションに格納するデータの数が多くなってくると、List と Set ではデータの存在チェックの時間にかなりの差が出てきます。特に繰り返し検索処理を行うようなプログラムを組む場合は、Set を使うのが良いでしょう。

List と Set のもう一つの違いは、重複した値を add したときの動作の違いです。次の二つのコードを見てください。

コード 18.5

```
val x = mutableListOf("あ", "い", "う", "え", "お")
x.add("あ")
x.add("あ")
x.add("あ")
println("コレクション内の要素数：" + x.count())
```

コード 18.6

```
val x = mutableSetOf("あ", "い", "う", "え", "お")
x.add("あ")
x.add("あ")
x.add("あ")
println("コレクション内の要素数：" + x.count())
```

コード 18.5 とコード 18.6 に関しても、異なるのは一番先頭の行のみです。ただ、これらのコードを実行した際に表示される結果は異なります。

コード 18.5 の実行結果	コード 18.6 の実行結果
コレクション内の要素数：8	コレクション内の要素数：5

　この例では、「リスト」も「セット」も最初の時点では両方が「あ」「い」「う」「え」「お」という五つのデータを保管している状態です。これに「あ」を 3 回 **add** した場合、「リスト」では、その三つの「あ」が末尾にそのまま追加されていき、合計で八つのデータを保持するようになります。しかし「セット」の場合には、すでに存在している「あ」を追加しようとした場合、要素数は増えません。結果として「セット」に保管されたデータの数は最初の状態のまま五つとなります。この点も「リスト」と「セット」の違いとして覚えておきましょう。

中身が空の MutableSet を生成する方法

中身が空の `MutableSet` を生成するには、次のように書きます。

```
val x: MutableSet<String> = mutableSetOf()
```

あるいは、次のように書くことも可能です。

```
var x = mutableSetOf<String>()
```

マップ（Map）

前の章で扱った **Set** に似た高速検索機能を持つもので、**Map** というコレクションがあります。**Set** は何らかの値を格納していくためのコレクションでしたが、**Map** ではキーワードと値のペアでデータを格納したり参照したりすることができます。

Map とは、いわば「辞書」のようなデータ構造を指しています。たとえば、「Apple」という語をキーワードとして英語の辞書を調べると、「Apple」という語が何を意味しているかの定義を見つけることができます。この場合、「Apple」というキーワードが「Apple という語の定義」と紐づけされていると考えることができるでしょう。辞書の中には、他にもいろいろな単語が登録されています。「Pen」や「Pineapple」という英単語を調べれば、それぞれの単語の意味をすぐに見つけることができます。

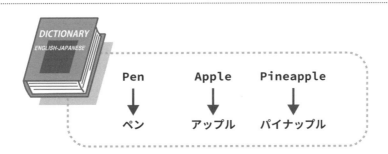

辞書のように、「キーワード」と「キーワードに紐づけされた何か」をペアで保管しておくのに便利なコレクションが **Map** です。次のサンプルコードを参照してください。

コード 19.1

```
val map: Map<String, String> = mapOf("Pen" to "ペン", "Apple" to "アップル",
                                    "Pineapple" to "パイナップル")
```

```
val value1 = map["Pen"]
val value2 = map["Pineapple"]
val value3 = map["Apple"]
val value4 = map["Pen"]
println("${value1}、${value2}、${value3}、${value4}")
```

コード 19.1 を実行すると次のように表示されます。

ペン、パイナップル、アップル、ペン

　変数 `map` の変数タイプは `Map<String, String>` となっています。これは、文字列と文字列のペアを格納する `Map` という意味です。(この `< >` に挟まれた部分の記述に関しては、第 41 章「ジェネリクス」で説明します。) `Map` を生成するには、`mapOf` という命令あるいは関数を使用します。そして、`"Pen" to "ペン"` というように、キーワードと値のペアを `to` を間に入れて指定していきます。複数のデータペアを登録していくときは、コンマ区切りで指定していってください。いくつでも好きなだけデータを追加していくことができます。

　データを参照する方法は、配列のデータを参照するときと似た書き方になっていますが、カッコの中には数字ではなく文字列が指定されていることに注目してください。つまり、`map["Pen"]` という表記は、`"Pen"` というキーワードと紐づいている `"ペン"` という値を返します。配列やリストのように `map[0]` というような書き方はできません。これは、`Map` に保管されているデータにはデータが保管された順序と言う概念が存在しないからです。あくまでキーを指定して、それに紐づいている値を取り出すというイメージになります。ドラえもんが「どこでもドア～」というキーワードを指定しながら、四次元ポケットに手を入れると「値」として「どこでもドアの実体」が出てくるイメージです。四次元ポケットの中で「どこでもドア」が何番目の棚に格納されていたかは分かりません。そもそも四次元ポケットの中がどういう作りになっているかは外部からは良く分からないのですが、とにかく「どこでもドア」というキーワードを指定すると、何らかの検索機能が働いて「どこでもドアの実体」を見つけてくれるわけです。`Map` に関してもそれと同じです。私たちが `Map` の中身の構造を熟知していなくても、とにかくキーワードを指定すると高速で検索が行われ、そのキーワードに紐づけされた値を取り出すことができます。

　ちなみに、プログラマが `Map` に関する説明をするときに、「キーワード」と言う語はあまり使いません。普通は「キー」と言います。本章のこの後の説明でも、「キーワード」の代わり

に「キー」という言葉を使います。

　Mapはコレクション内にキーと値のペアを保管していきます。この際、キーを管理するのにキーの「ハッシュ値」を使います。キーを保管するときだけでなく、特定のキーを検索する際にも同じようにキーの「ハッシュ値」を使います。これは、第18章で扱ったSetで使われていた仕組みと同じものです。この「ハッシュ」という仕組みを使う工夫がされているため、Mapを使ったキーワード検索は非常に高速です。もしかしたら、ドラえもんの四次元ポケットも「ハッシュ」を使って道具を検索しているのかもしれませんね。

　Mapに格納するキーと値には、文字列どうし以外のペアも登録できます。たとえば、次のコードはキーにChar型、値にInt型の値をセットした例です。

コード 19.2

```
val map: Map<Char, Int> = mapOf('a' to 1, 'b' to 2, 'c' to 3, 'z' to 26)
println(map['a'])
println(map['b'])
println(map['c'])
println(map['z'])
```

　コード19.2では、a、b、c、zというそれぞれの文字がアルファベットの何番目であるかということを示すマップを生成しています。map['a']という表記によって、「a」という文字をキーにして値を検索することができます。この場合は、マップの中に値として保管しておいた1というInt型の値が検索結果になり、それが画面に表示されています。同じことを、「b」「c」「z」をそれぞれキーにして行っています。実行結果は次の通りです。

```
1
2
3
26
```

　次に、キーと値の関係を入れ替えてみましょう。Int型の変数をキーにし、Char型の変数を値としてマップに格納してみます。こうすると、先ほどとは逆に数字をキーとして指定して、その数字に対応するアルファベットを値として取り出すことができます。次のサンプルを見てください。

コード 19.3
```
val map: Map<Int, Char> = mapOf(1 to 'a', 2 to 'b', 3 to 'c', 26 to 'z')
println(map[1])
println(map[2])
println(map[3])
println(map[26])
```

コード 19.3 を実行すると次のように表示されます。

```
a
b
c
z
```

　この実行結果を見ると、たとえば、`map[1]` と表記すれば、1 というキーを指定して「a」という値（文字）を取得できることが分かります。このように、`Int` 型をキーとするマップを作ると、値の参照の仕方は配列やリストの参照の仕方にそっくりになります。ただし、この例ではアルファベットの 4 番目から 25 番目まで文字の情報はマップに保管されていません。ということは、その空き番号のデータを格納する分のメモリを確保する必要がないわけです。このように、`Map` というデータ構造は、キーとなるインデックスに空き番号が多い「すかすか」のデータ一覧を保管するのに適しています。逆に、インデックスの 0 番目から順に空き番号がほとんどないデータ一覧を扱いたい場合は、配列やリストを使った方が良いでしょう。用途によって、`Array`、`List`、`Map` をうまく使い分けてください。

　さて、ここまでの部分で説明してきた `Map` は「読み取り専用」です。つまり、最初に作成した後、キーと値のペアを増やしたり減らしたりすることはできません。では、これを「書き込み可能」にしたい場合、たとえば辞書に新たな単語を次々に付け加えていきたいようなケースではどうすれば良いのでしょうか？　それには `MutableMap` という部品を使用します。すでに学んだ通り、`List` の要素を書き込み可能にしたのが `MutableList` で、`Set` を書き込み可能にしたのが `MutableSet` でした。同様に、`Map` 内のデータを変更可能にしたものが `MutableMap` です。次の例を見てください。

コード 19.4

```
val map: MutableMap<String, String> = mutableMapOf("Pen" to "ペン")
map.put("Apple", "アップル")
map.put("Pineapple", "パイナップル")
val value1 = map["Pen"]
val value2 = map["Pineapple"]
val value3 = map["Apple"]
val value4 = map["Pen"]
println("${value1} ${value2} ${value3} ${value4}")
```

コード 19.4 では、最初に `mutableMapOf` という関数を呼び出して `MutableMap` を生成していますが、その時点でマップ内にはデータが一組しか入っていません。キーが `"Pen"` で値が `"ペン"` の組み合わせのデータだけが存在する状態です。その後、`map.put("Apple", "アップル")` という処理によってデータを追加しています。キーに `"Apple"`、値に `"アップル"` ですね。そして、`"Pineapple"` と `"パイナップル"` のペアのデータに関しても同じようにしています。このように、最初に生成したマップにデータを順次付け加えていきたい場合には、`Map` の代わりに `MutableMap` を使用してください。

`MutableMap` を使う場合、一度登録したデータを削除することも可能です。たとえば次のようになります。

コード 19.5

```
val map: MutableMap<String, String> = mutableMapOf("Pen" to "ペン")
map.put("Apple", "アップル")
map.put("Pineapple", "パイナップル")
val value1 = map["Pen"]
val value2 = map["Pineapple"]
val value3 = map["Apple"]
map.remove("Pen") // Penというキーとそれに紐づけされた値をマップから取り除く。
val value4 = map["Pen"]
println("${value1} ${value2} ${value3} ${value4}")
```

コード 19.5 の内、`map.remove("Pen")` という記述で、マップの中から `"Pen"` というキーとそれに対応する値が削除されます。このコードを実行した結果は次の通りです。

ペン パイナップル アップル null

　最初に **"Pen"** というキーを検索したときにはマップにそのキーと値が存在していたため、**value1** という変数には、**"ペン"** という文字がセットされました。しかし、その後マップの中から **"Pen"** というキーとそれに紐づけられた値がなくなってしまったので、**value4** にセットしている `map["Pen"]` が `null` という値を返していることが分かりますね。この `null` というのは **Kotlin** で「何もない」を意味するキーワードです。この点に関しては第 32 章で詳しく取り上げます。現時点では、`null` とはデータが存在しなかったという意味であると理解しておいてください。

　マップ内を特定のキーで検索しても該当データが存在しない場合、`null` ではなくて、別の値を返すようにすることもできます。それには、次のように `getOrDefault` 関数を使います。

```
val value4 = map.getOrDefault("Pen", "キーと値が見つかりません")
```

　このようにすると、マップ内を **"Pen"** というキーで検索して、もしそのキーが見つかれば該当する値を返しますが、もしそのキーが見つからなければ **"キーと値が見つかりません"** という文字列を「デフォルトの値」として返すことになります。コード 19.5 の処理を `getOrDefault` 関数を使用するように書き換えたのが、次に示すコード 19.6 です。

コード 19.6

```
val map: MutableMap<String, String> = mutableMapOf("Pen" to "ペン")
map.put("Apple", "アップル")
map.put("Pineapple", "パイナップル")
val value1 = map.getOrDefault("Pen", "キーと値が見つかりません")
val value2 = map.getOrDefault("Pineapple", "キーと値が見つかりません")
val value3 = map.getOrDefault("Apple", "キーと値が見つかりません")
map.remove("Pen") // Penというキーとそれに紐づけされた値をマップから取り除く。
val value4 = map.getOrDefault("Pen", "キーと値が見つかりません")
println("${value1} ${value2} ${value3} ${value4}")
```

　コード 19.6 の実行結果は次のようになります。

ペン パイナップル アップル キーと値が見つかりません

コード 19.6 では、最初に `MutableMap` を生成した時点で **"Pen"** というキーとそれに対応する **"ペン"** という値が存在しています。そのため、`value1` の値は **"ペン"** になります。しかし、途中で `map.remove("Pen")` という命令を実行しているので、**"Pen"** というキーとそれに対応する **"ペン"** という値は `MutableMap` の中から取り除かれ、存在しなくなります。それで、`value4` の値は **"ペン"** ではなく、**"キーと値が見つかりません"** という文字列となります。なぜなら、`map.getOrDefault` という関数の二番目のパラメータで、指定したキーが存在しない場合に代わりに使われる「デフォルト値」として、その文字列を指定しているからです。

> **中身が空の MutableMap を生成する方法**
>
> 中身が空の `MutableMap` を生成するには、次のように書きます。
>
> `val map: MutableMap<String, String> = mutableMapOf()`
>
> あるいは、次のように書くことも可能です。
>
> `var map = mutableMapOf<String, String>()`

第20章 main関数とパラメータの処理

　この章では、Kotlinの「main関数」について考えます。本書のこれまでの部分で学んだ様々な要素の復習も兼ねています。今まで学んだ内容を踏まえ、Kotlinの全体像を改めて確認していきましょう。

　第1章で扱ったTry Kotlinのサンプルコードをもう一度見てください。Examples ▶ Hello, world! ▶ Simplest version ▶ Simplest version.ktは、次のようなコードになっていましたね。

Simplest version.kt
```
fun main(args: Array<String>) {
  println("Hello, world!")
}
```

　私たちがKotlinで関数を記述する際には、`fun`というキーワードで記述を始めます。上記のような記述全体を指して「**関数の定義**」という言い方をします。`main`というのは「関数」の名前です。よって、このコードは「main関数の定義」です。

　Kotlinの実行環境（正確にはJVM、つまりJavaの実行環境）は、この名前の関数をいわば「起点」としてプログラムを実行します。この`main`という関数の名前を変えることはできません。他の名前に変えてしまうと、Kotlinの実行環境はどこからプログラムの実行を始めてよいか分からなくなってしまいます。プログラムが`main`という名前の関数から実行を始めるというのは、Kotlinにおける仕様です。

　さて、ここで`main`関数が受け取るパラメータの記述方法や使い方について詳しく見てみましょう。Try Kotlinに用意されているサンプルコード、Examples ▶ Hello, world! ▶ Reading a name from the command line ▶ Reading a name from the command line.ktを開いてみてください。次のようなコードになっています。

Try Kotlin に掲載されているサンプルコード

```kotlin
fun main(args: Array<String>) {
    if (args.size == 0) {
        println("Please provide a name as a command-line argument")
        return
    }
    println("Hello, ${args[0]}!")
}
```

　最初の行の丸括弧内に書いてあるのは、**main** 関数が受け取る「**パラメータ**」の記述です。丸括弧内の **args** というのが関数内で使用される変数名で、その直後に **:** を付けています。**Array<String>** という記述は、変数 **args** が **String** 型の配列であるという意味になります。Kotlin の実行環境は、ユーザーが画面上部に入力した文字を **main** 関数のパラメータとして引き渡してきます。

　さて、ここで一回実行してみましょう。どうですか？　画面下のコンソールに「Hello, guest!」と表示されたでしょうか？　これは、Try Kotlin の画面上部の Arguments という欄に「guest」と入力されているためです。Kotlin の実行環境は、この文字列を **main** 関数の **args** パラメータに引き渡すという仕組みになっているわけです。

図 20.1

次に、画面上部のArgumentsというタブの入力欄のguestという文字を消して、代わりに何か別の文字を記入してから再度実行してみてください。たとえば、日本語で「ゲスト」と入力してから実行すると、次のようになります。

```
Hello, ゲスト!
```

では、このmain関数の中身をじっくり見ていきましょう。main関数の最初の部分に次のようなコードがあります。

Reading a name from the command line.kt
```
if (args.size == 0) {
  println("Please provide a name as a command-line argument")
  return
}
```

ここでやろうとしていることは、「もしユーザーが指定したパラメータの数がゼロ個なら、( ) 内に記述されている英文のメッセージを表示してリターンする」という意味になります。args.size というのは、args という文字列の配列にいくつデータが入っているかを示しています。配列のサイズ（つまり要素数）をチェックしているのは、なぜでしょうか？ それは、ArrayIndexOutOfBoundsException が発生するのを防ぐためです。この点は第16章「配列（Array）」で学びましたね。

前述の if 文の条件に当てはまらなかった場合、main 関数の続きの部分、つまり次のコードが実行されます。

Reading a name from the command line.kt
```
println("Hello, ${args[0]}!")
```

このコードでは、println 関数を使ってコンソールに "Hello, ${args[0]}!" と表示しています。この文字列の内、${args[0]} という部分は「**文字テンプレート**」と呼ばれるもので、実行時に args[0] にセットされている内容に置き換わります。この点は第5章で取り上げました。

配列のインデックスはゼロ番始まりでしたよね。配列の先頭要素は `args[1]` ではなく、`args[0]` であることをしっかり覚えておきましょう。この点も第 16 章「配列（Array）」で扱いました。

　ところで、Reading a name from the command line.kt の中に書かれている `println` の記述は、少しごちゃごちゃしていて分かりにくいと感じる方もいるかと思います。この短い表記には Kotlin の文法上のいろいろな要素が詰まっています。そこで、この表記をあえて何行かに分けて記述してみましょう。全く同じことをやるコードを次のように書き換えてみます。左側が 1 行にまとめた場合のコードで、それを 3 行に分けて書いたのが右側のコードです。

コード 20.1
```
println("Hello, ${args[0]}!")
```

コード 20.2
```
val name = args[0]
val message = "Hello, ${name}!"
println(message)
```

　コード 20.1 とコード 20.2 は全く同じことをしています。コード 20.2 の 2 行目で、「文字テンプレート」の機能を使って `message` という変数に `name` という変数を埋め込み、その結果を `message` という変数に代入します。3 行目で、`message` を `println` 関数のパラメータとして引き渡し、画面に表示しています。

　いかがでしょうか？　このように、1 行で書ける文もあえて何行かに分けて書いてみると、コードの構造が分かりやすくなるかもしれません。Kotlin はできるだけ簡潔にコードが書けるよう設計されたプログラム言語です。しかし、その簡潔さゆえに最初は何が書いてあるのかチンプンカンプンに思えることもあります。そのような場合には、まとめて書いてあるコードをあえて何行かに分けて書いてみると、頭を整理するのに役立つ場合があります。今後、文法上よく分からないエラーが出てしまうケースがあった場合には、ぜひそのような方法を試してみてください。

　さて、ここまで Try Kotlin の Reading a name from the command line.kt の内容を見てきましたが、これは `main` 関数で文字列が一つだけのパラメータを受け取って表示するサンプルコードでした。次に、`main` 関数で複数のパラメータを受け取る例を見てみましょう。Try Kotlin に用意されているサンプルコード、Examples ▶ Hello, world! ▶ Reading many names from the command line ▶ Reading many names from the command line.kt を開いてみてください。次のようなコードになっています。

Reading many names from the command line.kt
```
fun main(args: Array<String>) {
  for (name in args)
    println("Hello, $name!")
}
```

Try Kotlin の Arguments の欄に「guest1 guest2 guest3」とスペース区切りの三つの文字列が記入されている状態でこのコードを実行すると、次のようにコンソールに表示されます。

```
Hello, guest1!
Hello, guest2!
Hello, guest3!
```

Arguments の欄に入力されている三つの文字列が `args` という `String` 型の配列に格納されており、それが `for` 文を使って表示されている様子が分かります。配列やリストを `for` 文で参照する方法に関しては、第13章で取り上げましたよね。

この章では、本書のここまでの部分の復習を兼ねて、Kotlin のプログラムが実行される際の「起点」となる `main` 関数の仕様やパラメータの処理などを考えました。Try Kotlin の場合は、ウェブ画面上の Arguments の欄に入力したパラメータが `String` 型の配列として引き渡されてきます。

Windowsのコマンドプロンプト（いわゆる「黒い画面」）などでKotlinのプログラムを実行するときも、JVM（つまりjava.exeというプログラム）にスペース区切りの文字列を指定することによって、外部からmain関数に引き渡すパラメータを指定できます。一方、AndroidのアプリをKotlinで開発する場合、私たち一般のプログラムが自分でmain関数を定義したりすることはありません。Androidでは、端末の「奥深く」のどこかでmain関数に相当するものが呼び出され、Android OS自体が動作を開始します。アプリの開発者は、Androidの「フレームワーク」で決められた規格通りに「アクティビティ」と呼ばれるものを作り上げていきます。それを端末にインストール・実行すると、「アクティビティ」がOS側から呼び出され、アプリとして動作する仕組みになっています。

　さて、本書のここまでの部分では、すべてのプログラムをmain関数の中だけで完結する形で記述してきました。次の章からは、main関数だけの世界から飛び出していきます。まずは、main関数の外部に自分でオリジナルの関数を作成して、それを呼び出しながらプログラムを組んでいく方法を取り上げていきます。ここからが、本格的なKotlinでのプログラムの始まりです。では、どんどん前へ進んでいきましょう！

第21章 関数の定義

　私たち Kotlin プログラマは、Kotlin であらかじめ準備されている標準の命令、あるいは関数を組み合わせてプログラムを組んでいきます。たとえば、`println` という関数を使うとコンソールに文字が表示されるのは、Kotlin という言語を開発したプログラマがあらかじめそのような関数を作っておいてくれたからです。

　便利な関数があると非常に重宝します。その関数を呼び出すコードを一行書くだけで、様々な処理を簡単に行うことができるからです。では、自分がやりたいと思っていることを行う関数が Kotlin で準備されていない場合はどうすれば良いのでしょうか？　その場合には、自分自身でオリジナルの関数を定義することができます。たとえば、「パラメータとして受け取った値を3倍にして計算結果を求める関数」というのは、Kotlin の標準関数の中には存在しません。ここでは、練習としてそのような関数を自分で定義して、それを呼び出してみることにしましょう。次のコードを見てください。

コード 21.1

```
fun main(args: Array<String>) {
  val answer: Int = getThreeTimes(5) // これが関数の呼び出しです。
  println(answer)
}
// 下記が関数の定義です。
fun getThreeTimes(value: Int) : Int {
  return value * 3
}
```

　コード 21.1 の中では二つの関数が定義されています。一つは `main` 関数です。これは Kotlin が実行を開始する特別な関数でしたね。もう一つ定義されている関数は、

getThreeTimesという名前の関数です。これが、今回自前で作成する関数です。

　コード21.1を実行すると、コンソールに15と表示されるはずです。動作を順に追って確認していきましょう。まず、main関数の中ではgetThreeTimes関数が呼び出されています。この関数は、パラメータとして5を受け取って、その計算結果を返します。計算結果はanswerというInt型の変数にセットされ、それがprintln関数によって画面に表示されます。

　このgetThreeTimesという関数は、Kotlinの標準関数ではありません。私たちが独自に定義したオリジナルの関数です。その関数の定義に注目してみましょう。コード21.1の「下記が関数の定義です。」とコメントが書いてある下の部分について箇条書きで説明します。

- 関数の定義はfunという記述で始まる決まりになっています。
- funという記述の後、スペースを空けて「関数名」を記述します。
- getThreeTimesというのが新しく定義したオリジナル関数の名前です。
- 関数名は自由に付けることができます。getThreeTimesをgetSanBaiやcalculateThreeTimesに変えても構いません。
- 関数名は、自分や他のプログラマにとって分かりやすいのが一番です。
- 関数名の付け方として、慣習的に先頭の文字は小文字、単語の先頭文字を大文字にすることが多いですが、これは文法上の規則ではありません。
- 関数名の右側には丸括弧（）を書き、その丸括弧内に関数が受け取るパラメータの定義をします。
- ここで定義した関数が受け取るパラメータは、Int型のvalueという名前の変数です。
- パラメータの変数名は自由に決めることができます。たとえば、valueという変数名の代わりにaやxなどの変数名を使うこともできます。分かりやすい変数名にしましょう。
- パラメータの変数のタイプは、ここではInt型になっていますが、FloatやDoubleなど他の変数タイプにすることも可能です。
- returnという表記に続けて書いた値が、関数の「戻り値」となります。
- 上記では一行目の右側、そして{の左側に書いてある：Intという記述から、整数型の値を「戻り値」として返す関数であることが分かります。
- value * 3という数値がこの関数の「戻り値」となります。valueが5ならば、戻り値は15になります。
- このサンプルコードでは、getThreeTimesの「戻り値」が、呼び出し側であるmain関

数の answer という変数に代入されることになります。よって、この例では変数 answer の値が 15 となります。

関数定義の書式をまとめると次のようになります。

```
fun 関数名(パラメータの変数名： パラメータの型) ： 関数が返す変数の型  {
   return 関数が返す値
}
```

この書式の中で「関数が返す値」という表現が出てきます。プログラムの初心者の中には、この「返す」という言い方に違和感を覚える方も多いようです。この章の冒頭に出てきた getThreeTimes 関数は、パラメータとして受け取った value という値を 3 倍にして「返し」ます。いったい、どこからどこに「返す」のでしょうか？

その計算結果は、getThreeTimes 関数の中から main 関数の中に返されます。main 関数の中では、getThreeTimes 関数を呼び出して、その関数から「返ってきた」計算結果を answer という変数に代入しているわけです。関数を呼び出す際、パラメータとして何らかの値を関数にインプットすると、関数は受け取った値に何らかの計算をして、その関数のアウトプットとなる値を作り出します。関数がアウトプットした値を呼び出し側が受け取る処理を指して、「関数が値を返す」という言い方をします。

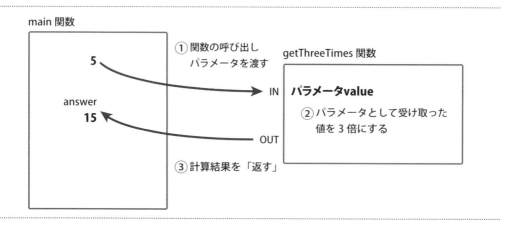

では、ここで再び main 関数の中に注目してください。getThreeTimes 関数の呼び出

し側から関数にパラメータとして引き渡す値は **Int** 型でなければなりません。なぜなら、**getThreeTimes** の定義でパラメータの型として **Int** 型を明示しているからです。そのため、次のようにするとコンパイルエラーになります。

コード21.2

```
fun main(args: Array<String>) {
  val answer: Int = getThreeTimes(5.2) // ここでコンパイルエラーが発生します。
  println(answer)
}
// 下記が関数の定義です。
fun getThreeTimes(value: Int) : Int {
  return value * 3
}
```

コード 21.2 では、**main** 関数の中で、**getThreeTimes** 関数に「5.2」という浮動小数点型のパラメータを引き渡そうとしています。しかし、**getThreeTimes** の定義では変数 **value** は **Int** 型、つまり整数型とされています。それで、コード 21.2 は、コンパイルの際に文法的な誤りがあると判断され、実行することはできません。コンパイラが出力するメッセージは次の通りです。

```
Error:(2, 35) The floating-point literal does not conform to the expected type Int
```

このコンパイルエラーのメッセージは、要するに「整数型（つまり **Int** 型）の値をパラメータとして指定すべきところで、浮動小数点の数を指定していますが、それはダメですよ」と言っています。呼び出し側から引き渡すパラメータと呼び出される側で定義したパラメータの型は、必ず一致していなければならないわけですね。

さらに、関数が結果として返す値のタイプと、その値を受け取る変数のタイプも一致している必要があります。**getThreeTimes** は、関数として **Int** 型を返すものとして定義されています。そのため、**main** 関数の中で計算結果を受け取る **answer** という変数も、やはり **Int** 型でなければなりません。次のコード 21.3 では、変数 **answer** を **Double** 型として宣言しています。しかし、**getThreeTimes** は **Int** 型を返すように定義されています。それで、このコードもやはりコンパイルエラーになります。

コード 21.3

```
fun main(args: Array<String>) {
  val answer: Double = getThreeTimes(5) // ここでコンパイルエラーが発生します。
  println(answer)
}
// 下記が関数の定義です。
fun getThreeTimes(value: Int) : Int {
  return value * 3
}
```

コード 21.3 のコンパイルエラーの内容は次の通りです。

```
Error:(2, 24) Type mismatch: inferred type is Int but Double was expected
```

このコンパイルエラーのメッセージは、「**Double** 型の変数に、**Int** 型の値（つまり **getThreeTimes** が返す値）を代入しようとしていますが、それはダメですよ。」と言っています。

さて、Kotlin という言語の特徴として、なるべく簡潔なコードを書ける仕組みになっていることはすでに説明しました。これは関数の定義にも当てはまります。上記の **getThreeTimes** 関数は、もっと簡潔に書くことができます。次のコードを見てください。

コード 21.4

```
fun main(args: Array<String>) {
  val answer: Int = getThreeTimes(5)
  println(answer)
}
// 下記が関数の定義です。
fun getThreeTimes(value: Int) : Int = value * 3
```

なんと、今まで 3 行に分かれていた **getThreeTimes** 関数の定義部分が、1 行にまとまってしまいました。ここでまず気づくのは、コード 21.4 では、関数の本体部分のブロックを表す **{ }** がなくなったということです。その代わり **=** が追加されて、その右側に **value**

* 3 と書いてあります。return キーワードも消えてなくなりました。かなり簡潔な記述になりましたが、コード 21.1 とコード 21.4 は完全に同じ動作になります。あらためて getThreeTimes の定義部分だけを並べて、両者を比較してみましょう。

コード 21.1 の関数定義

```
fun getThreeTimes(value: Int) : Int {
  return value * 3
}
```

コード 21.4 の関数定義

```
fun getThreeTimes(value: Int) : Int = value * 3
```

コード 21.4 の関数定義の書式をまとめると次のようになります。

```
fun 関数名(パラメータの変数名: パラメータの型) = 関数が返す値
```

この書式で書くと、関数の記述はかなり簡潔になります。しかし、これよりさらに文字をタイプする量を減らすこともできます。コード 21.4 の記述をさらに簡略化したものを次に示します。

コード 21.5

```
fun getThreeTimes(value: Int) = value * 3
```

コード 21.5 では、関数が返す値のタイプを示す : Int という記述が消え去りました。なぜこういうことができるかと言うと、Kotlin の「型推論」の機能が働いているからです。value * 3 という計算結果は明らかに Int 型です。なぜかというと、まず、value という変数が Int 型です。それに掛けている 3 という数字も整数です。そうであれば、計算結果も Int 型になる。その値を return しているからには、getThreeTimes 関数が返す値は Int 型に違いないと、Kotlin のコンパイラが推論できるからです。

> コード 21.5 では、関数が返す型を明示する必要がないことが示されています。コンパイラにとって明らかに分かることに関しては、わざわざプログラマが文字をタイプする手間を掛けなくても良いというのは、Kotlin の良いところです。ただし、私たち人間がコード 21.5 のようなコードを見たときは、この getThreeTimes という関数が返す値は Int 型であることを、私たち自身も「推論」しなければなりません。コードを打ち込むときの手間を省く分、コードの読み手に負担が生じるわけです。この辺りは、Kotlin の簡潔な記述との「トレードオフ」と言えるかもしれません。

さて、ここまでは一つの値を受け取って、一つの値を返す関数の例を考えました。今度は、二つの値を受け取って一つの値を返す関数の例について考えてみたいと思います。関数名は何でも良いのですが、getTimes とでもしておきましょう。まずは基本形を次に示します。

コード 21.6

```
fun main(args: Array<String>) {
  val answer: Int = getTimes(2, 3) // これが関数の呼び出しです。
  println(answer)
}
// 下記が関数の定義です。
fun getTimes(x: Int, y: Int) : Int {
  return x * y
}
```

コード 21.6 の getTimes 関数の定義部分を見てください。この関数は、二つのパラメータを受け取るようになっています。コンマで区切られて記述されています。変数 x と変数 y ですね。パラメータの変数は両方とも Int 型です。そして、getTimes メソッドが結果として返す値は、x と y を掛け算した値です。この戻り値もやはり Int 型になりますね。このコードを実行した際に画面に表示される値は 6 です。

では、先ほどと同じように、getTimes 関数の定義を簡潔な形式に直してみましょう。次のようになります。

コード 21.7

```
fun getTimes(x: Int, y: Int) : Int = x * y
```

一行にまとまりました。そして、ここから戻り値の型を省略して、さらに簡潔な記述にしたのが次のコードです。

コード 21.8

```
fun getTimes(x: Int, y: Int) = x * y
```

この例では、関数が受け取るパラメータの数は二つでした。しかし、パラメータの数は三つでも四つでも好きなだけ増やすことができます。コンマ区切りでどんどん記述していけば良いのです。次のコード 21.9 は、パラメータを三つにした場合の例です。

コード 21.9

```
fun getTimes(x: Int, y: Int, z: Int) : Int {
  return x * y * z
}
```

さて、この章のこれまでのサンプルコードでは、パラメータを受け取って何らかの計算結果を返すだけの単純な関数を取り上げました。しかし、関数はそのような単純なものだけでなく、関数を呼び出すといろいろな処理をまとめて行うような機能を持たせることができます。たとえば次のサンプルコードでは、`getTimes` という関数を呼ぶと、計算結果を返すだけでなくいろいろなメッセージを表示するようになっています。

コード 21.10

```
fun main(args: Array<String>) {
  val answer = getTimes(2, 3, 4) // これが関数の呼び出しです。
  println("変数 answerの値:" + answer)
}
// 下記が関数の定義です。
fun getTimes(x: Int, y: Int, z: Int) : Int {
  println("パラメータとして、${x} と ${y} と ${z} を受け取りました。")
  val result = x * y * z
```

第 21 章 関数の定義

```
    println("これらの値を全部掛け算した答えは ${result} です。")
    if(result<=100) {
      println("この値は100以下です。")
    } else {
      println("この値は100より大きいです。")
    }
    return x * y * z
}
```

コード 21.10 を実行すると画面に次のように表示されます。

```
パラメータとして、2 と 3 と 4 を受け取りました。
これらの値を全部掛け算した答えは 24 です。
この値は100以下です。
変数 answerの値:24
```

この実行結果の最初の 3 行は、コード 21.10 の getTimes 関数内で表示されたメッセージです。最後の「変数 answerの値:24」というのは、main 関数内で表示されたメッセージです。これらのメッセージが表示される順番から、プログラムがどういう「流れ」で処理をしているのか一行一行確認しておいてください。

もし、呼び出し側に計算結果を返す必要がないとプログラマのあなたが判断した場合、わざわざ関数内に return というキーワードを入れる必要はありません。例として、getTimes という関数を何の値も返さない関数に改造してみましょう。中の処理も少し簡略化して次のようにします。

コード 21.11

```
fun getTimes(x: Int, y: Int, z: Int) : Unit {
  println("パラメータとして、${x} と ${y} と ${z} を受け取りました。")
  println("これらの値を全部掛け算した答えは ${x * y * z} です。")
}
```

コード 21.11 の最初の行を見てください。関数の返す値のタイプが Int 型から Unit 型に置き換わりました。これは「何も値を返さない」という意味です。それに伴い、関数の最後の

方に書いてあった return 文もなくなっています。これにより、この getTimes という関数は、計算結果を何も返さずに、単にメッセージを表示するだけの関数に生まれ変わりました。

> **Unit と Nothing**
>
> Kotlin では、Unit に似て非なるものとして、Nothing という型があります。Unit は「何も値を返さない」という意味ですが、それに対して Nothing という関数は「そもそも値を返すことはない」という意味になります。たとえば、無限ループで絶対処理が終わらないことが分かっている関数の定義をする場合や、第 22 章で考える「例外」をわざと引き起こすための関数を書く場合などには、この関数は「絶対正常終了することはないよ」という意味で、Nothing という型の関数を定義することがあります。

値を何も返さない関数を定義する場合、コード 21.11 のように Unit という型を記述するわけですが、実はこの表記は省略可能です。もっとも、普通、Kotlin でプログラムするときに Unit という記述を書くことはほとんどありません。書かなくても良い記述をわざわざ書くのは面倒ですし、型が明記されていなければ「何も値を返さない」ということは、Kotlin のコンパイラにも人間のプログラマにも明白ですから。それで、普通は次のような記述になります。

コード 21.12

```
fun getTimes(x: Int, y: Int, z: Int) {
  println("パラメータとして、${x} と ${y} と ${z} を受け取りました。")
  println("これらの値を全部掛け算した答えは ${x * y * z} です。")
}
```

さて、これで三つの値をパラメータとして渡すと、それに応じたメッセージを表示する関数が完成しました。せっかくなので、その動作に合わせて、関数名をより分かりやすい適切な名前に変更してみましょう。掛け算の結果を表示する関数の名前として、getTimes というのはあまりしっくりきません。Kotlin の文法的には問題ないのでコンパイラは文句を言いませんが、関数名の命名の仕方としてはあまり適切ではないようにも思えます。というのも、呼び出し側ではこの関数から値を「ゲット」しないからです。もっと実際の動作に合った関数名にしてみ

ましょう。たとえば、`printTimes` という名前にするのはどうでしょうか？　これなら、実際の動作と関数名が合致します。そのようにした場合のコードは次の通りです。

コード 21.13

```
fun main(args: Array<String>) {
  printTimes(2, 3, 4)    // 関数の呼び出し1回目。
  printTimes(5, 10, 8)   // 関数の呼び出し2回目。
  printTimes(1, 2, 100)  // 関数の呼び出し3回目。
}
// 下記が関数の定義です
fun printTimes(x: Int, y: Int, z: Int) {
  println("-------------------------------------------")
  println("パラメータとして、${x} と ${y} と ${z} を受け取りました。")
  println("これらの値を全部掛け算した答えは ${x * y * z} です。")
  println("-------------------------------------------")
}
```

コード 21.13 の実行結果は次の通りです。名前を変更したついでに、この関数が連続して呼ばれた場合にも見やすいように、区切り線を表示するようにしてみました。

```
-------------------------------------------
パラメータとして、2 と 3 と 4 を受け取りました。
これらの値を全部掛け算した答えは 24 です。
-------------------------------------------
-------------------------------------------
パラメータとして、5 と 10 と 8 を受け取りました。
これらの値を全部掛け算した答えは 400 です。
-------------------------------------------
-------------------------------------------
パラメータとして、1 と 2 と 100 を受け取りました。
これらの値を全部掛け算した答えは 200 です。
-------------------------------------------
```

　この章のサンプルコードでは、独自に定義した関数が受け取るパラメータの数は最大三つでした。変数 x、y、z というような感じです。では、関数が受け取るパラメータの数をもう一つ増やして、四つの変数を掛け算する関数を作る場合はどうすれば良いでしょうか？　もちろ

ん、関数が受け取る `Int` 型の変数を四つにすれば良いですよね。では、パラメータを五つにしたい場合は？　さらに、六つになったらどうでしょうか？　このように、パラメータの数だけが異なる同じような関数をいちいち書いていくのは大変そうです。もっと簡単に複数のパラメータを受け取る関数を定義できないのでしょうか？

　できます。パラメータを「**可変長引数**」として定義すれば良いのです。Kotlin では、パラメータとなる変数名の前に `vararg` というキーワードを書くことによって、その変数を「可変長引数」として扱います。たとえば次のコードのようになります。

コード 21.14

```kotlin
fun main(args: Array<String>) {
  printTimes(2, 3)
  printTimes(5, 10, 20)
  printTimes(1, 10, 100, 1000)
  printTimes(2, 2, 2, 2, 2, 2, 2, 2)
}
// 下記が関数の定義です
fun printTimes(vararg numbers: Int) {
 var result = 1
 for(x in numbers) result *= x
 println("すべての数値を掛け算した結果:$result")
}
```

　コード 21.14 で定義されている `printTimes` 関数は、`numbers` という変数名で複数の `Int` 型を受け取っています。これは、実際には `Int` 型の配列となります。この例では、`for` 文の中で受け取った配列の各要素の値を掛け算しています。

　上記のような関数を一つ作っておくだけで、呼び出し側でパラメータをいくつでも好きなだけ指定できるようになります。コード 21.14 の中の `main` 関数内では、`printTimes` が 4 回呼び出されていますね。パラメータの数はまちまちです。しかし、一つの関数の定義で、これらすべての `printTimes` 関数の呼び出しに対応しているわけです。コード 21.14 の実行結果は次のようになります。

```
すべての数値を掛け算した結果:6
すべての数値を掛け算した結果:1000
すべての数値を掛け算した結果:1000000
```

すべての数値を掛け算した結果：256

　ここまでは関数に引き渡すパラメータの数を複数にする方法に関しての説明でしたが、関数が返す値を複数にするにはどうすれば良いでしょうか？　実は、Kotlinでは、そうすることはできません。Kotlin以外のプログラミング言語でも、関数は一つだけの「戻り値」しか返せない仕様になっているのが普通です。

　でも、実際のところ、複数の値を返したいというケースもありそうですよね。たとえば、割り算をする関数を作って、割り算の答えと余りの値を両方返したいといった場合です。関数の戻り値としてそのようなケースに対応するには工夫が必要です。たとえば、関数の戻り値のタイプを`Int`型の配列にして、関数内で計算した結果を配列にセットし、それを呼び出し側に返すというのも一つの方法です。あるいは、答えを返す「器」となるデータ用のクラスを定義しておいて、そのクラス内に複数の値を格納し、それを関数の戻り値として返すという方法もあります（クラスに関しては本書の第23章で扱います）。

第22章 例外とtry-catch構文

　第8章「変数の型変換」や第16章「配列（Array）」では、「実行時例外」と呼ばれるエラーが発生するケースについて触れました。プログラムの実行中に、Kotlinが扱いきれないエラーを検知したとき、この「**例外**」というものが発生します。Androidのスマホを使っているときに、アプリがクラッシュしてしまう場合、たいていはプログラムの中でこの「例外」と呼ばれるものが発生しています。たとえば次のようなコードがあなたの作ったプログラム内に存在すると、アプリがクラッシュしてしまうかもしれません。

コード 22.1

```
fun main(args: Array<String>) {
  val text = "あいうえお"
  val number = text.toInt() // ここで「例外」が発生します！
  println("number = ${number}")
}
```

　コード22.1をTry Kotlinで実行してみましょう。Try Kotlinにログインした上で、画面左側に表示されているMy programsをクリックし、ファイルを新規作成してください。ここでは、Test.ktというファイルを作成してみます。そして、その中にサンプルコードを書いて実行します。そうすると、画面下部のコンソールに何やら赤い色の文字がダラダラと表示されると思います。これは、この「例外のスタックトレース」と呼ばれるエラー情報です。

図 22.1

　Try Kotlin で実行した場合は、このような実行時例外が起きてもブラウザごと落ちてしまうというようなことはありません。しかし、これと同じようなことがたとえば Android アプリの中で起きると、アプリそのものがクラッシュします。アプリがクラッシュするとユーザーがイライラして、Google Play の評価で星一つを付けてしまうかもしれません。ですから、このようなエラーが起きないように、あるいはこのようなエラーが起きてもアプリがクラッシュしないようにしておくことは非常に重要です。この章では、その方法について考えます。

　プログラム実行時に例外が発生する場合、まずエラーが起きる原因を知ることが重要です。原因を把握すれば、それに応じた対策を取ることができるからです。例外が発生する理由を解析するのに非常に重要な情報は、「例外のスタックトレース」の中にはっきりと示されています。それで、ここでは「例外のスタックトレース」におけるエラー表示の読み方を確認しておきましょう。

Kotlin のプログラムをしていくうち、読者の皆さんもきっと「例外のスタックトレース」を何度も目にされることでしょう。どうやら、プログラムの初心者の方の中には、この例外のスタックトレースを読むのを無意識のうちに避けてしまう人が多いようです。ダラダラと赤い文字で書いてあるので、本能的に「あ〜、めんどくさっ！」と思ってしまうのですね。英語的な表現で書いてあることも、私たち日本人にとっては、ついつい読み飛ばしてしまう要因となっているようです。

　いずれにしても、問題の真の原因を確認せずに、よく分からないまま手当たりしだいでコードを修正してしまうと、ドツボにハマってしまいがちです。問題が生じた際に想像や妄想で対策を取ろうとするのは良くありません。そうこうしている内に心が折れてしまいます。「例外のスタックトレース」には問題解決のために必要な情報がしっかり書いてありますから、そのログ情報をきちんと読んで、そして少しだけ立ち止まって考えましょう。実際にコードに手を入れ始めるのはその後です。

　この章で学ぶ例外のスタックトレースの読み方を知っていれば、きっと問題を解決する方法を見つけるに違いありません。これは、プログラム言語の学習の途中で挫折してしまわないために非常に重要です。

　次に示すのは、この章の冒頭で出てきたコードを Try Kotlin の Test.kt というコードに記載してから実行した際にコンソールに表示された結果です。

```
Exception in thread "main" java.lang.NumberFormatException: For input string: "あいうえお"
    at java.lang.NumberFormatException.forInputString(NumberFormatException.java:65)
    at java.lang.Integer.parseInt(Integer.java:580)
    at java.lang.Integer.parseInt(Integer.java:615)
    at TestKt.main(Test.kt:3)
```

　まず、一番上に問題が「何」であるかが示されています。この場合は、`NumberFormatException` という例外が発生しています。第 7 章「変数の型変換」で考えたように、これは「ナンバー・フォーマット・エクセプション」つまり「数値の書式が変ですよ例外」ということでしたね。ひらがなの「あいうえお」という文字を数値に変換しろと言われても、Kotlin には（Java には）そんなことはできないので、「例外」が発生してしまったということ

になります。この「例外のスタックトレース」の中にところどころjavaという単語が出てくるのは、KotlinのプログラムがじつはJavaのプログラムとして動作しているからです。いずれにしても、Kotlinのコードをコンパイルした時点では何もエラーが検出されなかったのですが、JVM（Java Virtual Machine）上で実行した時点でエラーが起きたわけです。コンパイル時に出る文法上のエラーなどではなく、実行時に発生する例外的な状況なので、このようなエラーは「**実行時例外**」と呼ばれます。

「例外のスタックトレース」は、「何」が問題かということを示すだけでなく、「どこ」で問題が起きたかという情報も示しています。それは、「例外のスタックトレース」の2行目以降を見ると分かります。各行が、英語の「どこ」を意味するatで始まっており、これが複数行にわたって記述されています。これらの行は時系列的には下から上に進行しているので、一番下の行が一番古く、一番上の行が一番新しい情報となります。ですから、「例外のスタックトレース」を解析するときは下から上に向かって見ていくのが良いでしょう。今回の場合、一番下の行は次のようになっていますね。

```
at TestKt.main(Test.kt:3)
```

これは、Test.ktの`main`というメソッド内で問題が生じたことを示しています。右側のカッコ内に記載してあるのは、ファイル名とそのファイル内における行番号です。この例では、`(Test.kt:3)`と書いてありますから、Test.ktというファイルの上から3行目でエラーが生じたことが分かります。Try Kotlinでは、この`(Test.kt:3)`という部分に下線が引かれ、クリックできるようになっています。その部分をマウスでクリックすると、テキストエディタ内の3行目にカーソルがジャンプします。3行目のコードは次のようになっています。

```
val number = text.toInt()
```

これで、どのコードが例外を引き起こしているかが分かりました。この行が実行される際、`Integer`クラスの`parseInt`という関数が内部で呼び出されます。例外のスタックトレースの下から2行目を見ると、`Integer.java`の615行目が実行されることが分かります。ファイルの拡張子が`kt`ではなくて、`java`になっていますね。ここからも、Kotlinで書いたプログラムは実際にはJavaのバイトコードに変換されて動作していることが分かります。この`Integer.java`と言うのは、私たちのような一般のプログラマが書いたコードではなくて、

Kotlin が動作している Java の実行環境（JVM）に組み込まれている Java のコードです。

　さて、さらにスタックトレースを下から上の順に上りながら追っていきましょう。`Integer.java` の 580 行目を通り、最後に `NumberFormatException.java:65` で例外が「投げられた」ことが分かります。この場合、最終的に例外を「投げた」ところが悪いのではありません。`NumberFormatException.java` の 65 行目は、例外的な状況が発生したことを報告しているだけです。真の問題となっているのは、そのコードが実行されるより時系列的に前に呼ばれた Test.kt の 3 行目のコードです。あるいは、Test.kt の 3 行目よりも前に行われたその他の何らかの処理が影響した結果、その行で問題が表面化している可能性もあります。今回の場合、問題の根本原因はズバリ、Test.kt の 2 行目の次の記述です。

```
val text = "あいうえお"
```

　ここで、変数 `text` に代入しているのが数字ではない、というのが問題の根本原因です。ではこの変数の値を `"12345"` というような文字列に置き換えてみましょう。全体のコードは次のようになります。

コード 22.2

```kotlin
fun main(args: Array<String>) {
  val text = "12345"
  val number = text.toInt()
  println("number = ${number}")
}
```

　コード 22.2 のように修正すると、例外は発生しなくなります。この例ではプログラム中の変数を直接書き換えることで対策としましたが、実際のアプリ開発などでは、問題を解決するにあたって他にもいろいろ考えなければなりません。

　たとえば、計算機の機能を持つ Android アプリを開発しているケースを考えてみましょう。そのアプリには、画面上に文字を入力するエリアがあって、ユーザーがそこをタップすると、ソフトウェアキーボードが表示され、自由にテキストを入力できるようになっているとします。アプリの開発者としては、画面上のテキスト入力エリアに数字だけを入力されることを期待してプログラムを作っているかもしれません。計算機にわざわざ「あいうえお」を入力するユーザーがいるとは思いもしないのです。でも実際には、ユーザーが数字以外の文字を入力してしまうということも普通に起こり得ます。そうすると、プログラム内でその文字を数値に変

換しようとしたところで **NumberFormatException** が生じてしまいます。悪夢のアプリクラッシュ！　星一つです！

　この場合の解決策にはいろいろな方法が考えられますが、一つ簡単にできるのは、テキスト入力エリアに数字しか入力できないようにしておくことです。Android には **EditText** という文字入力用の部品があるのですが、それにはユーザーがキーボードで入力できる文字の種類を数字だけに限定するという機能が備わっています。入力エリアをユーザーがクリックすると、数字や小数点しか入力できないソフトウェアキーボードが表示されるように設定しておくことができます。このように、そもそも数字以外の文字列をユーザーが入力できないようにしておくなど対策をとっておけば、**NumberFormatException** が生じないようにすることができます。

　さて、例外が発生した場合に原因を探り、その対策を講じる方法について考えましたが、プログラマがしっかり対策を講じたつもりだったとしても、やはり意図せず実行時例外が発生してしまうということはあり得ます。たとえば、Android で計算機アプリを作る場合、**EditText** という文字入力用の部品に入力できる文字の種類を限定する対策を先ほど紹介しました。そのようにしてもやはり **NumberFormatException** が生じてしまうケースもあり得ます。たとえば、ユーザーが数字を入力する際にマイナス記号を二つ連続して入力してしまうといった場合です。"-123456" という文字列は数字に変換できますが、"--123456" という文字列は数字に変換できません。プログラマが自分の作ったアプリをテストする際、**EditText** にマイナス記号を二つ入力できてしまうことに気づくことができれば対策の取りようがあるのですが、プログラマも普通の人間ですから、プログラムしている時点で起こり得る事態を完全に想定することはできないのです。もしそれができるのであれば、世の中からクラッシュするアプリがなくなるはずですが、実際にはそんなことはありません。完璧な人はいませんから。

　そこで、仮に不測の事態が起きてもアプリが落ちないようにしておく方法を覚えておきましょう。それには、**try-catch** 構文を使って次のようにします。

コード 22.3

```
fun main(args: Array<String>) {
  val text = "あいうえお"
  try {
    val number = text.toInt()
    println("number = ${number}")
  } catch (e: NumberFormatException) {
    println("「${text}」という文字は数字に変換できません。")
```

```
    }
}
```

　コード 22.3 を実行すると、実行時に `NumberFormatException` が発生するのですが、それに伴う「例外のスタックトレース」は表示されません。その代わりに次のようなメッセージが画面に表示されます。

> 「あいうえお」という文字は数字に変換できません。

　このカラクリはどうなっているのでしょうか？　まず、`text.toInt()` という処理が実行された時点で、`NumberFormatException` が発生します。その場合、続く `println("number = ${number}")` と言うコードは一切実行されません。その代わりに、`catch (e: NumberFormatException)` という記述に続くブロック内に処理がジャンプします。発生した例外がそこで「キャッチ」されるのです。そして、その `catch` ブロック内の `println` 関数を呼び出すコードが実行されます。その結果、コンソールに `"「あいうえお」という文字は数字に変換できません。"` という文字列が表示されることになります。

　このように、`try-catch` 構文を使うと、例外が発生したときにそれを捕捉して、独自のエラー処理を書くことができます。もちろん、適切なエラー処理を書いておかなければ、その後のアプリの動作がおかしくなってしまうということも十分に起こり得ます。ただ、こうすれば少なくともアプリがクラッシュしてしまうことはなくなります。

　コード 22.3 の例では、`NumberFormatException` が発生したときにそれをキャッチしていますが、実行時に発生する可能性のある例外はこれだけではありません。たとえば、コード 22.3 のコードを `main` 関数が受け取ったパラメータの文字を数値に変換するように改造したとしましょう。そうすると、第 16 章で取り上げた `ArrayIndexOutOfBoundsException` が発生する可能性が出てきます。Try Kotlin で Arguments 欄に文字列を入れないで実行したようなケースですね。では、その例外もキャッチするようにコードを追記してみましょう。次のようになります。

コード 22.4
```
fun main(args: Array<String>) {
  try {
    val number: Int = args[0].toInt()
```

```
      println("number = ${number}")
    } catch (e: NumberFormatException) {
      println("「${args[0]}」という文字は数字に変換できません。")
    } catch (e: ArrayIndexOutOfBoundsException) {
      println("文字を入力してください。")
    }
  }
```

このように、catch節は続けて何個でも書いていくことができます。でも、ちょっと待ってください。ここでキャッチしている **NumberFormatException** と **ArrayIndexOutOfBoundsException** 以外の例外が生じる場合もあり得るのではないでしょうか？　その通りです。不測の事態はいつでも起こり得ます。確かに、今、私たちはこれ以外に発生し得る例外を思いつかないかもしれません。しかし、念のため、その他の例外が発生したケースの対策も考えておきましょう。次のようにすることが可能です。

コード 22.5

```
fun main(args: Array<String>) {
  try {
    val number: Int = args[0].toInt()
    println("number = ${number}")
  } catch (e: NumberFormatException) {
    println("「${args[0]}」という文字は数字に変換できません。")
  } catch (e: ArrayIndexOutOfBoundsException) {
    println("文字を入力してください。")
  } catch (e: Exception) {
    println("想定外の何かが発生しました。")
  }
}
```

一番下に書き足した catch 節では、**Exception** というものをキャッチしています。これはすべての例外の「基底クラス」です（ここではすべての例外の「親玉」みたいなものだと考えてください。詳しくは第 27 章で扱います）。このコードが実行される際に、万が一 **NumberFormatException** と **ArrayIndexOutOfBoundsException** 以外の例外が発生した場合には、「想定外の何かが発生しました。」と表示されます。

例外が発生すると、その後に続けて書いてある処理はすべてスキップされます。たとえば、コード 22.5 で例外が発生した場合、`println("number = ${number}")` という処理は行われません。ただ、例外が発生してもしなくても確実に実行しておきたい処理があるとしましょう。たとえば、何があってもユーザーには、とにかく「ありがとう」と言いたいとします。その場合、`finally` 節を付け加えて、その中にその処理を書くことができます。次の通りです。

コード 22.6

```
fun main(args: Array<String>) {
  try {
    val number: Int = args[0].toInt()
    println("number = ${number}")
  } catch (e: NumberFormatException) {
    println("「${args[0]}」という文字は数字に変換できません。")
  } catch (e: ArrayIndexOutOfBoundsException) {
    println("文字を入力してください。")
  } catch (e: Exception) {
    println("想定外の何かが発生しました。")
  } finally {
    println("ありがとう")
  }
}
```

コード 22.6 を実行する際、Try Kotlin の Arguments 欄に「あいうえお」などと数字以外の値を入力してみてください。実行結果は次のようになります。

```
「あいうえお」という文字は数字に変換できません。
ありがとう
```

このように、`try-catch` 構文の一番最後に書いてある `finally` 節の中のコードは、例外が生じても生じなくても必ず実行されます。ですから、どんなケースでも確実にやっておきたい処理は `finally` 節の中に書くことにしましょう。

時々、特定の例外に関しては、その発生個所で処理するのではなくて、プログラムの呼び出

し側に処理を任せたいというケースがあります。その場合には **throw** という命令を使用します。次に示すのは、**NumberFormatException** が生じた場合は、その例外をいったんキャッチした後、そのまま呼び出し側に例外を「再投入」するサンプルコードです。

コード 22.7

```
fun main(args: Array<String>) {
  try {
    val number: Int = args[0].toInt()
    println("number = ${number}")
  } catch (e: NumberFormatException) {
    throw e
  } catch (e: ArrayIndexOutOfBoundsException) {
    println("文字を入力してください。")
  } catch (e: Exception) {
    println("想定外の何かが発生しました。")
  } finally {
    println("ありがとう")
  }
}
```

Arguments 欄に「あいうおえ」と数字以外の値を入力してからコード 22.7 を実行した結果、コンソールには次のように表示されます。

```
ありがとう

Exception in thread "main" java.lang.NumberFormatException: For input string: "あいうえお"
  at java.lang.NumberFormatException.forInputString(NumberFormatException.java:65)
  at java.lang.Integer.parseInt(Integer.java:580) at java.lang.Integer.parseInt(Integer.java:615)
  at Simplest_versionKt.main(Simplest version.kt:3)
```

finally 文の中で表示しているメッセージ「ありがとう」が表示された後、呼び出し側に例外が再投入されていることが分かりますね。この場合、このプログラムはクラッシュします。そして、Try Kotlin のサーバーは、**main** 関数のところでキャッチされなかった例外のス

タックトレースをコンソールに表示しているわけです。ウェブアプリとしての Try Kotlin では、例外を `main` 関数の上のレベルに投げてもブラウザそのものが落ちてしまうというようなことはありません。しかし、Android アプリを開発している場合、もしキャッチした例外を再投入する場合には、その処理を呼び出している一段上のコードの側でも try-catch 構文を書いて、例外を補足するなどしなくてはなりません。

第23章 クラスとオブジェクト

　Kotlin は、「**オブジェクト指向言語**」の一つです。オブジェクト指向言語の最大の特徴は、「**クラス**」と「**オブジェクト**」という概念があることです。これは、プログラムの初心者の多くが「なんだかよく分からないなあ」と感じるポイントでもありますが、最初から完全に理解する必要はありません。だいたいの考え方が分かるだけで良いので、この章の概念的な説明は、気楽に読み進めてください。プログラムの経験を重ねていくうちに、オブジェクト指向がいったい何なのか「体得」できるので大丈夫です。

　さて、「クラス」とは何でしょうか？　よく言われるのは「クラスは設計図です」という説明です。でも、いきなりそのような抽象的な言い方をされてもやっぱりよく分かりませんよね。もっと具体的な言い方をすると、クラスとは「変数」と「関数」をひとまとめに書いたコードと言えます。それだけです。本書の中で、変数の扱い方についてはすでに学びました。そして、関数についても学びました。両方とも別に難しい概念ではありません。クラスというのは、それら変数と関数をひとまとめにしただけのものです。分かってしまえばとても簡単です。恐れることはありません。

　では、実際にクラスを定義するコードを Try Kotlin 上で書いてみましょう。Try Kotlin を開いて、ファイルを一つ作成してください。ファイル名は何でも良いのですが、ここでは Sample.kt とします。ファイルを作成する場合には、事前に Try Kotlin にログインしておく必要がありますね。ウェブページ画面の左側には、My programs というフォルダが表示されていると思います。そのフォルダの中に新しくファイルを作ってみましょう。そのためには、フォルダ名の右側にあるプラスマークが付いたアイコンをクリックします。

　Try Kotlin 上でファイルを新規作成すると、あらかじめ、中身が空っぽの `main` 関数が定義されています。これはそのまま残しておいてください。今回は、`main` 関数の定義の下に `Person` という名前のクラス定義を書き記していきます。`main` 関数の定義ブロックの内側で

はなく、外側に記述するようにしてください。次のようになります。

コード 23.1

```
fun main(args: Array<String>) {
}

class Person {
}
```

コード 23.1 の中で、main 関数の下に追記した 2 行に注目してください。これで、Person という名前のクラスを定義したことになります。中身は空っぽではありますが、これでも立派なクラスです。まず最初に class というキーワードを書いて、その後に Person というクラス名を記述します。このクラス名は任意に決めることができるものです。今回は、例として英語で「人」という意味の Person という名前にしてみました。クラス名は大文字で始めるのが多くのプログラマの習慣になっていますが、別に小文字で始めても文法上の規則に反するわけではありません。何であれ、クラスを作る目的やそのクラスが果たすべき役割にふさわしい、分かりやすい名前を付けてください。

この例では、クラス名 Person の後に、{ } が 2 行に分けて書いてあります。この { と } の間、つまり「ブロック」の内側に、このクラスに持たせたい変数や関数を記入していくことになります。現時点では、この Person クラスの中身は空っぽですね。では、早速このクラスに変数を持たせてみましょう。次のようになります。

コード 23.2

```
fun main(args: Array<String>) {
}

class Person {
  var name = ""
  var age = 0
}
```

コード 23.2 では、Person クラスのブロック内に変数 name と age が追加されました。これで、Person クラスは名前と年齢の情報を内部に保管できるようになりました。このような

クラス内にある変数を「**プロパティ**」あるいは「**プロパティ変数**」と呼びます。「**フィールド変数**」という言い方をする人もいます。すべてが正しい言い方です。この例では、変数 name の初期値はダブルクォーテーションが二つ連続した「空文字」です。つまり、文字数ゼロの状態の文字列です。変数 age の初期値はゼロにしてあります。

　次に、このクラスに関数（あるいは「**メソッド**」とも呼ばれる）を追加してみます。たとえば、この Person に挨拶ができる機能を追加してみましょう。このために、追加する関数名（メソッド名）は何でもよいのですが、ここでは英語で「挨拶する」を意味する greet という名前にしてみます。

コード 23.3

```
fun main(args: Array<String>) {
}

class Person {
  var name: String = ""
  var age: Int = 0
  fun greet() {
    println("こんにちは、私の名前は ${name}です。年齢は ${age}才です。")
  }
}
```

　関数の書き方は、これまでの章で習ったのと同じ方法ですね。最初に fun と書いて、その後に関数の名前が続きます。今回はパラメータなしの関数を追加しましたので、関数名 greet の右側に書いてある ( ) の中には何も記入されていません。関数の本体ブロックの中では、println メソッドによるメッセージの表示が行われています。

　Person クラスが持つ変数、関数の両方とも、Person クラスの定義ブロック中に記述されていることに注目してください。変数や関数を Person クラスの定義ブロックの外に書いてしまうと、Person クラスとは縁もゆかりもない独立した変数や関数になってします。

　さて、これで Person というクラスの定義が一通り終わりました。しかし、現状このプログラムを実行しても何も起きません。単に Person というクラスの「設計図」ができたにすぎないからです。たとえば、何かの機械の「設計図」を書いただけで、その機械が急に世の中に存在するようになるわけではありません。工場で「設計図」を元にした機械を作成して初めて物として存在するようになります。同じように、プログラマが Person というクラスを書いただけ

では、そのPersonが存在するようになるわけではありません。Personクラスという「設計図」を元に、Kotlinの中で実体をいわば「製造」する必要があるのです。では、main関数の中でPersonを「製造」してみましょう。コード23.3のmain関数を書き替えたものが次のコードとなります。

コード23.4
```
fun main(args: Array<String>) {
  val p = Person()
}
class Person {
  var name: String = ""
  var age: Int = 0
  fun greet() {
    println("こんにちは、私の名前は ${name}です。年齢は ${age}才です。")
  }
}
```

これで、main関数の中で、Personが一人「製造」されました。プログラマの多くはこれを「Personが生成された」という言い方で表現します。val p = Person()というコードが実行されるときに具体的に起きるのは、コンピュータのメモリ上にPersonクラスのデータを保管するためのメモリが確保され、各変数の値が初期化されるということです。そして、そのメモリ領域を参照するための情報がpという変数にセットされます。

さて、実はこのコードを実行しても画面上にはまだ何も表示されません。一見何も起きていないように思えます。しかし、コンピュータの中ではあることが起きています。前述のように、このプログラムを動かしているコンピュータがPersonというクラスの情報を保管するためのメモリ領域を確保するのです。今まで単なる「設計図」だったPersonが、それが生成された結果、「実体」としてコンピュータのメモリの中に存在するようになったのです。機械の設計図を参照しつつ、機械の実体を作るのと同じように、クラスを参照しつつ、クラスの実体を作ったわけです。

> **変数名は自由です**
>
> この Person クラスの「実体」を参照するための変数の名前は、ここでは p となっていますが、もっと分かりやすい他の名前に置き換えても構いません。たとえば、単に一文字で p と書く代わりに person というような名前にしても OK です。その場合には、クラス名の Person と変数名の person の違いを Kotlin が見分けられるように変数名の方の先頭は小文字で始めてください。

この「実体」という語は、英語的な表現で「**オブジェクト**」または「**インスタンス**」など言います。val p = Person() というコードがやっていることを指して、「オブジェクトを生成した」、「クラスをインスタンス化した」などと表現します。プログラムをする人たちはこういう独特の表現を当たり前のように使うので、初心者は面食らってしまうことがあるのですが、実は彼らが言っていることはたいして難しいことではないのです。「ここで Person クラスをインスタンス化して……」と言われたら、「ああ、ここで val p = Person() というようなコードを書けば良いのだな」と理解してください。

> **言い方が違うだけでみんな同じ意味です！**
>
> 「クラスを実体化する」
> 「クラスをインスタンス化する」
> 「オブジェクトを生成する」

さて、この Person をインスタンス化した p という変数は、main メソッドの中では全く使用されていません。そしてこの main メソッドは一瞬で終了します。その結果、p という変数が指しているメモリ領域はどこからも参照されなくなります。Kotlin の実行環境は（正確には JVM、つまり Java Virtual Machine は）、このような使われる見込みがないメモリ領域を「使用済み」として開放します。同じメモリ領域がその後、プログラムの他の箇所から再利用できるようになります。この一連の処理を、使用済みのごみをリサイクルのために集めることになぞらえて「**ガベージコレクション**」と呼びます。いずれにしても、現状の main メソッドの記

述では、ほんの一瞬だけ Person クラスのためのメモリ領域が確保され、その直後に破棄されるだけの意味のないプログラムになってしまっています。

では、この main メソッド内でもう少し意味のあることをしてみましょう。まずは、インスタンス化した Person に人の名前と年齢をセットするコードを書き足します。そして、あらかじめ用意しておいた greet 関数を呼び出して、実際に挨拶をさせてみましょう。プログラムは次のようになります。

コード 23.5

```
fun main(args: Array<String>) {
  val p = Person()
  p.name = "タケシ"
  p.age = 5
  p.greet()
}
class Person {
  var name: String = ""
  var age: Int = 0
  fun greet() {
    println("こんにちは、私の名前は ${name}です。年齢は ${age}才です。")
  }
}
```

コード 23.5 では、Person をインスタンス化したあと、p という変数を介して name と age という二つのプロパティ変数それぞれに値がセットされました。よく見ると、p と name、そして p と age の間にはドット . が入っていますね。このドットは、日本語で言うところの「の」に置き換えて考えると分かりやすいです。この例では、「p の name」に「タケシ」という文字列をセットしています。そして、「p の age」に 5 という数値をセットしています。これでコンピュータ内にバーチャル人間、タケシ君 5 才が存在するようになりました。そして、このタケシ君に挨拶をさせているのが、p.greet() という関数呼び出しです。いわば、Person クラスのインスタンスである p に対して、「greet しなさい！」と命令しているわけですね。あるいは、「p の greet 関数を呼び出している」と言うこともできます。このプログラムの実行結果は次の通りです。

```
こんにちは、私の名前は タケシです。年齢は 5才です。
```

このように、オブジェクト指向のプログラムの中では、設計図である「クラス」に様々な「プロパティ変数」を持たせ、そのクラスを「インスタンス化」します。そして、インスタンス化したものに対して、様々な命令をしていく（つまり関数を呼び出していく）という処理を行っていくことになります。クラスの持っている「関数」は、別の言い方で「メソッド」とも言われます。たとえば、コード 23.5 の main 関数内でやっている p.greet() という処理は、「Person クラスのインスタンス p に対して greet メソッドを呼び出す」というような言い方で表現されます。

さて、ここでもう一度 Person クラスの greet 関数に注目してください。次のようになっています。

```
fun greet() {
    println("こんにちは、私の名前は ${name}です。年齢は ${age}才です。")
}
```

このコードを見ていると、name という変数と age という変数を画面に表示していますよね。でも、この greet 関数自体は、name や age などというパラメータを受け取っていません。関数の中で宣言してもいません。では、この name や age はどこからやってきたのでしょうか？ そうです。もうお分かりですね。これらは Person クラスの「プロパティ」あるいは「フィールド変数」として定義してある変数を指しているわけです。Person クラスの中で定義した関数内では、そのクラスが持つプロパティを自由に参照することができるのです。これが、冒頭で述べた「クラスとは変数と関数をまとめて書いたコード」という文の意味するところです。

さて、一つのクラスに対して、インスタンス、つまり実体はいくつでも作ることができます。設計図が一つあれば、同じ構造、同じ品質の製品をいくつでも作ることができるのと同じです。もちろん、コンピュータのメモリには上限がありますので、実際にはどこかに量的な限界があるのですが、仮にメモリに限界がないのなら、インスタンスを好きな数だけ生成できます。次は、Person クラスのインスタンスを三つ作った例です。

コード 23.6

```
fun main(args: Array<String>) {
    val p1 = Person()
    p1.name = "タケシ"
    p1.age = 5
```

```
    val p2 = Person()
    p2.name = "ケンタ"
    p2.age = 6

    val p3 = Person()
    p3.name = "ユミ"
    p3.age = 8

    p1.greet()
    p2.greet()
    p3.greet()
}
```

コード 23.6 を実行した結果は次のとおりです。

```
こんにちは、私の名前は タケシです。年齢は 5才です。
こんにちは、私の名前は ケンタです。年齢は 6才です。
こんにちは、私の名前は ユミです。年齢は 8才です。
```

コード 23.6 では、Person クラスのインスタンスが、それぞれ p1、p2、p3 という変数に代入されています。それぞれのインスタンスのプロパティをセットした後、最後に三つのインスタンスに対して、greet 関数を呼び出しています。こうすると、あたかも三人の別々の人物が存在しているように、それぞれの Person に挨拶をさせることができるわけです。コンピュータの中にいわば三人の「バーチャル人間」が存在しており、みな基本的に同じようなことができるわけですが、それぞれが独立した存在で、個性があります。名前も違えば年齢も違います。それぞれに自己紹介をしてもらうことができるようになっているわけです。このように、オブジェクトを生成してそれに情報を格納したり命令を出したり（つまり関数を呼び出したり）する手法でプログラムを組んでいくのが、「オブジェクト指向プログラミング」です。

この章で学んだことを次にまとめてみます。

- クラスは「設計図」。あるいは「変数と関数をまとめたもの」とも言える。
- クラスには変数を定義できる。それを「プロパティ」あるいは「フィールド変数」と呼ぶ。
- クラスには関数を定義できる。

- クラスをメモリ上に存在させるようにしたものを「実体」と呼ぶ。
- クラスをメモリ上に存在させるようにしたものを「インスタンス」と呼ぶ。
- クラスをメモリ上に存在させるようにしたものを「オブジェクト」と呼ぶ。
- 要するに「実体」、「インスタンス」、「オブジェクト」は全部同義語。
- クラスをメモリ上の実体として存在させる処理を指して、「インスタンス化する」または「生成する」と言う。
- 「クラス」を定義して「オブジェクト」を生成し、それに対して命令をしていく、つまり関数（メソッド）を呼んでいくコードを書くことが「オブジェクト指向プログラム」である。

第24章 クラスのプロパティ

　前の章でPersonクラスを作成しました。そのクラスには、人の名前や年齢を保管する変数を定義しました。これらのPersonクラスが持つ変数は「**プロパティ**」と呼ばれます。この章では、プロパティ変数をクラスの内外から操作する方法を取り上げます。次に示すのは、前の章でも取り上げた「人」を表すPersonクラスのコード例です。

コード 24.1

```
fun main(args: Array<String>) {
val p = Person()
  p.name = "タケシ"    // プロパティ name に値を代入。
  p.age =  5          // プロパティ age  に値を代入。
  p.greet()
  val n = p.name      // プロパティ name の値を変数 n に代入。
  val a = p.age       // プロパティ age  の値を変数 a に代入。
  println("変数n の値: ${n}")
  println("変数a の値: ${a}")
}
class Person {
  var name: String = ""
  var age: Int = 0
  fun greet() {
   println(" ${name}です。${age}才です。")
  }
}
```

　コード24.1のmain関数の中では、Personクラスをインスタンス化して、プロパティ変数に値をセットしてから「あいさつ」をさせているのでしたよね。さて、このコードで p.name = "タケシ" や p.age = 5 というコードを見ると、Personクラス内の変数に直接値を代入

しているように見えます。でも実はこれ、記述が省略されているだけで、本当は「関数の呼び出し」が行われているのです。いわば、Kotlin が裏で勝手に作った「見えない関数」とも言えるものが自動的に `Person` クラス内に定義されており、それが `main` 関数から呼び出されているのです。

このような、クラス内の特定の変数に値をセットしたり、その変数の値を参照したりする関数は「**アクセサ**」（Accessor）と呼ばれます。コード 24.1 で定義した `Person` クラスには、アクセサが明記されていません。その場合、Kotlin が裏方の仕事として自動的にアクセサを作ってくれます。では、この「見えない関数」でもあるアクセサを Kotlin 任せにする代わりに自分で実装してみましょう。Kotlin が裏で自動的に書いてくれていたコードを自分で書き足すと次のようになります。

コード 24.2

```
fun main(args: Array<String>) {
  val p = Person()
  p.name = "タケシ"    // 実はここで、プロパティ nameの set関数が呼ばれている。
  p.age = 5           // 実はここで、プロパティ age の set関数が呼ばれている。
  p.greet()
  val n = p.name      // 実はここで、プロパティ nameの get関数が呼ばれている。
  val a = p.age       // 実はここで、プロパティ age の get関数が呼ばれている。
  println("変数n の値: ${n}")
  println("変数a の値: ${a}")
}
class Person {
  var name: String = ""
    get() {
      return field
    }
    set(value) {
      field = value
    }

  var age: Int = 0
    get() {
      return field
    }
    set(value) {
      field = value
```

```
  }
  fun greet() {
    println("こんにちは、私の名前は ${name}です。年齢は ${age}才です。")
  }
}
```

　コード 24.1 とコード 24.2 の動作は全く同じです。でも、コード 24.2 の記述はだいぶ長くなりましたね。Kotlin が裏方で書いてくれていたアクセサに関するコードを自分で書き足すと、これだけ長くなってしまいます。

　コード 24.2 の `main` 関数の中身に注目してください。`Person` クラスをインスタンス化して `p` という変数に設定した後、`p.name = "タケシ"` という処理をしています。これは、一見すると `p.name` という変数に値を代入しているように見えますが（そして実際そういう結果になるのですが）、正確には `name` というプロパティの `set` という関数を呼び出しているのです。同様に、`p.age = 5` という表記も、実は `age` というプロパティの `set` 関数を呼び出しているということになります。

　では、`val n = p.name` という命令はどうでしょうか？　これも正確には「`p.name` という変数の値を `n` という変数に代入している」というよりは、「`name` というプロパティの `get` 関数を呼び出して、その関数が返す値を `n` という変数に代入している」ということになります。同様に、`val a = p.age` という命令は、「`age` というプロパティの `get` 関数を呼び出して、その関数が返す値を `a` という変数に代入している」ということです。

　ここで、プロパティ `name` に関するコードだけを次に抜き出してみます。

```
var name: String = ""
  get() {
    return field
  }
  set(value) {
    field = value
  }
```

　このコードには `get` と `set` というアクセサが出てきます。これらはプロパティの値を返したり受け取ったりする関数です。関数なのに `fun` というキーワードが先頭に付いていません。これは、Kotlin の「いろいろ察してくれる」機能が利いているからです。Kotlin は、プロパティ

第 24 章　クラスのプロパティ

名の直後に get や set が出てきたら、これらはアクセサ関数に関する記述であると判断してくれるのです。

　2種類のアクセサの内、get は「**ゲッター**」と呼ばれます。クラスのインスタンス内に蓄えてある値をゲットするための関数です。続いて、return field と書いてありますね。おお、いきなり出てきた field というこのキーワードはいったい何なのでしょうか？　変数 name の直後の get 内で field と記述されている場合、それはプロパティ変数 name の値を指します。一方、変数 age の直後の get 内に field と記述されている場合は、プロパティ変数 age の値を指します。このように field というキーワードは直前に出てくる変数の値を指しています。同じ field というキーワードですが、出てくる文脈によってそれが指しているものが異なっているわけですね。

　もう一つのアクセサ、set は「**セッター**」と呼ばれます。get と同様、set の場合も、field は直前に書かれたプロパティを指します。コード 24.2 の場合、呼び出し側に p.name = "タケシ" という記述がありますが、これは、実は name プロパティに関連付けられた set 関数を呼び出しています。set 関数が呼び出されるとき、パラメータ変数 value には "タケシ" という文字列が引き渡されます。set 関数の中では何をしているでしょうか？　field に value の値を代入しています。この field というものは、実はプロパティ name が格納されている場所を指しているのですね。この field というキーワードで表されているもの、つまり、セッターを介して最終的にデータが格納される先を「**バッキングフィールド**」と呼びます。

---

set 関数のパラメータ型は何？

　set 関数のパラメータ value には、変数の型が明示されていません。これはどうしてだか、お察しのことと思います。たとえば、String 型の name のセッターであるならば、パラメータとして渡されてくる value という変数も当然 String であるということが Kotlin には分かるのです。このケースでもやはり、分かりきったことはわざわざプログラマがタイプしなくても良いようになっているわけですね。

　この例では、セッターが受け取る変数名が value となっていますが、この表記は任意に変えることができます。たとえば、value と5文字タイプするのが面倒ならば v 一文字にしてしまっても良いです。

さて、クラス内に定義したプロパティ変数には、Kotlin が自動的にゲッターやセッターといったアクセサを作ってくれるわけですが、それではどのような場合に、プログラマは自分でセッターやゲッターを書こうと思うのでしょうか？

一つには、「ゲッターやセッターが呼ばれたと同時に、ついでに何かやりたい」という場合があります。たとえば次の例、コード 24.3 では、**Person** クラスに新たなプロパティ **age** が追加されています。**age** は **Int** 型の変数で、初期値は 20（才）です。**age** の値が変更される度に（つまり **age** プロパティの **set** 関数が呼ばれる度に）、それに合わせたメッセージが表示される仕組みになっています。

コード 24.3

```
fun main(args: Array<String>) {
  val p = Person()
  p.age = 30
  p.age = 25
  p.age = 80
  p.age = 10
}
class Person {
  var age: Int = 20
    set(value) {
      print("${field}才から ${value}才になりました。")
      if(value<field) println(" -> なんと！若返りましたよ！")
      else if(value>field) println(" -> ああ、年を取るのは、いやだなあ。")
      field = value
    }
}
```

コード 24.3 で、プロパティ **age** セッターが呼ばれた直後には、**field** という変数には変更前の値が入っています。その値とパラメータとして引き渡された変数 **value** の数値を比較し、年齢が減った場合と年齢が増えた場合によってメッセージを切り替えて表示しているわけですね。実行するとコンソールに次のように表示されます。

```
20才から 30才になりました。  -> ああ、年を取るのは、いやだなあ。
30才から 25才になりました。  -> なんと！若返りましたよ！
25才から 80才になりました。  -> ああ、年を取るのは、いやだなあ。
```

80才から 10才になりました。 -> なんと！若返りましたよ！

> **println と print の違い**
>
> 　コード 24.3 で、「～才から～才になりました」というメッセージの後に改行していないのは、print 関数を使って文字列を表示しているからです。println 関数（print line の略）は文字列を表示した後に改行しますが、print 関数は改行しません。

> **セッターやゲッターをデバッグに活用する**
>
> 　セッターやゲッターにコードを追記する手法は、プログラムをデバッグするとき（問題を発見・修正するとき）にも活用できます。たとえば、皆さんが何かのウェブシステムを作っている場合、「なぜか顧客の年齢が時々若返ってしまうバグ」が発生したとしましょう。その場合、プロパティ変数 age のセッター内で、年齢が若返ってしまったケースを if 文で見分けることができるようにしておくというのも一つの手です。Person クラスのプロパティ変数 age を書き換える際には、必ずこのセッターを通ることになるため、プログラム内のどのタイミングで不正に年齢を書き換えてしまっているかを監視できるようになります。

　プログラマが自分でセッターやゲッターを書きたいと思うもう一つのケースは、「クラス内に変数として実在していないものも、クラスのプロパティとして扱いたい」という場合です。たとえば、これまで考えてきた Person クラスには、名前と年齢を保持する name や age という変数が存在していますが、これらの情報を合わせて「自己紹介のメッセージ」にしたいとしましょう。これまでも greet 関数の中でそのような文字列を作っていましたが、それは人間向けのメッセージとして画面に表示するだけで、どんなあいさつの文字列が表示されたかは、プログラム内の greet 関数の呼び出し側では把握できませんでした。これを「自己紹介のメッセージ」というプロパティとして、いつでもプログラム内で参照できるようにしてみます。

コード 24.4

```
fun main(args: Array<String>) {
  val p = Person()
  p.name = "タケシ"
  p.age = 5
  println(p.message)
}

class Person {
  var name: String = ""
  var age: Int = 0
  val message: String
    get() {
      return "${name}です。${age}才です。"
    }
}
```

　コード 24.4 の内、main メソッドの中の一番最後の行を見てください。println(p.message) という記述は、p.message という変数を直接参照しているように見えないでしょうか？　でも、この Person クラスの定義を見ると、p.message という変数の値はどこにもありません。p.message という変数をそのまま println で表示しているように見えますが、実際には message プロパティのゲッター関数を呼び出しているのです。そして、ゲッター関数が変数 name や age の値を組み合わせた文字列を「**動的に**」生成して値としているのです。この「動的に」という言い方は、このプロパティが参照されるタイミングによって動作が変わることを意味しています。

　ここで、message プロパティが val で定義されていることに注目してください。val とは、最初に一度値を決めたら、絶対値が変わらない変数を定義するものだったはずです。でも、この message というプロパティは値が変わる可能性があるのです。変数 name や age に何らかの変化が生じた後に message プロパティを参照すると、その値には変化が生じます。試しに、コード 24.4 内の main 関数の中身を次のように書き換えて実行してみてください。

コード 24.5

```
fun main(args: Array<String>) {
  val p = Person()
```

```
    p.name = "タケシ"
    p.age = 5
    println(p.message)
    p.age = 6
    println(p.message)
    p.age = 100
    println(p.message)
}
```

コード 24.5 を実行すると、画面には次のように表示されます。

```
タケシです。5才です。
タケシです。6才です。
タケシです。100才です。
```

この実行結果を見ると、Person クラス内で val で宣言された message というプロパティの値が「動的に」変わる、つまり、参照されるタイミングによって変わるということが分かりますね。age の値が変われば、それに応じて message の値も変化するわけです。

アクセサ get の記述は、もっと簡潔にすることもできます。次のコード 24.6 を簡略化したのがそのあとに続くコード 24.7 です。

コード 24.6

```
class Person {
  var name: String = ""
  var age: Int = 0
  val message: String
    get() {
      return "${name}です。${age}才です。"
    }
}
```

コード 24.7

```
class Person {
  var name: String = ""
  var age: Int = 0
```

```
    val message: String
      get() = "${name}です。${age}才です。"
}
```

コード 24.6 では get に続けて波括弧 { } のブロックがありますが、コード 24.7 ではその波括弧 { } を取り除いて代わりに = を付け、ゲッターが返す値を記述しています。

次に、ちょっと面白いセッターを取り上げます。まずは次の例を見てください。

コード 24.8

```
fun main(args: Array<String>) {
  val p = Person()
  p.name = "タケシ"
  p.age = 5
  println("p.age の値：${p.age}")
  p.textAge = "30"
  println("p.age の値：${p.age}")
}

class Person {
  var name: String = ""
  var age: Int = 0
  var textAge: String
    set(value) {
      age = value.toInt()
    }
    get() {
      return age.toString()
    }
}
```

コード 24.8 で、**textAge** というプロパティが新たに追加したプロパティです。この場合、**textAge** というのは単なる出入口であり、データが格納される先の領域（実体）はどこにも存在していません。このプロパティは、年齢を文字列として扱えるようにしたものです。このコードでは **p.textAge = "30"** という命令によって、**"30"** という文字列を **textAge** プロパティに関連付けられた **set** 関数に渡しています。この **textAge** プロパティの **set** 関数に

文字列が渡されると、`value.toInt()` という処理によって、`String` 型の値を `Int` 型の値に変換した上で、`age` という実体がある `Int` 型の変数に格納します。

　そして、`p.textAge` という記述は、`textAge` プロパティに関連付けられた `get` 関数の呼び出しを意味しています。`get` 関数が呼ばれた際には、`age.toString()` という処理で `Int` 型の値を `String` 型に変換してから呼び出し側に `return` しています。

　今一度注目してほしいのは、`textAge` という文字列の実体、つまりバッキングフィールドは `Person` クラスの中には存在していないということです。でも、`textAge` プロパティのセッター、ゲッターが呼ばれるたびに、`age` というプロパティに間接的にアクセスしているわけですね。

　何でわざわざこのような回りくどいことをするのでしょうか？　それは、文字列の情報を `age` という `Int` 型の変数に値をセットする際に、少しだけ便利になるからです。たとえば、皆さんが何かのウェブアプリを作っていて、ユーザーに年齢を入力してもらうとします。このユーザーが入力した値は、プログラム内では単なる「文字」です。つまり、`Int` 型ではなく `String` 型です。この `String` 型として入力された値を `age` に代入するには、まずは `Int` 型に変換しなければなりません。皆さんが、そういう処理を毎回毎回コーディングするのって面倒だなあ……と思ったとしましょう。その場合、`textAge` というプロパティを事前に一つ作っておけば良いのです。あとは `textAge` に文字をセットしてしまえば、そのプロパティを経由して、簡単に `Int` 型の `age` というプロパティに値をセットすることができるようになるというわけです。

第25章 コンストラクタ

　前の章では Person というクラスを定義したり使用したりする方法について考えました。この章では、クラスに「**コンストラクタ**」を実装する方法を紹介します。コンストラクタとは、クラスがインスタンス化される際に呼び出される特別な関数のようなものです。次に示すコード 25.1 は、前の章で取り上げたのとほぼ同じコードです。

コード 25.1

```
fun main(args: Array<String>) {
  val p = Person()
  p.name = "タケシ"
  p.age = 5
  p.greet()
}
class Person {
  var name: String = ""
  var age: Int = 0
  fun greet() {
   println(" ${name}です。${age}才です。")
  }
}
```

　コード 25.1 の Person クラスは、name と age というプロパティ変数二つ、そして greet という関数一つを内部に持っています。これと同じことをコンストラクタを使って定義すると次のようになります。

コード 25.2

```
fun main(args: Array<String>) {
  val p = Person("タケシ", 5)
  p.greet()
}

class Person constructor(var name: String = "", var age: Int = 0) {
  fun greet() {
    println(" ${name}です。${age}才です。")
  }
}
```

　コード 25.1 とコード 25.2 を見比べてみてください。これらは同じことをしているのですが、後者の方が少し記述が簡潔になっていますよね。コード 25.2 の **main** 関数の中では、**Person** クラスのインスタンス化と名前、年齢を設定する処理が 1 行にまとまりました。コード 25.1 では 3 行だったので、だいぶ簡潔になりました。これは、**Person** クラスのコンストラクタを作ったことによって可能になったのです。

　コード 25.2 の **Person** クラスの定義に注目してください。「プロパティ」を定義する位置が変わっています。今までは、**Person** クラスの定義ブロックの中に入っていた変数の定義が、クラス名 **Person** の右側に書いてある **constructor** という表記の右側の ( ) の中に移動しました。二つの変数の定義がコンマ区切りで記述されています。**constructor** とは、カタカナでは「コンストラクタ」で、英語では「建築する人」という意味です。

　constructor と書かれた右側にある ( ) 内の記述は二つの役割を持ちます。一つはプロパティの定義です。プロパティ変数の定義の記述が、**Person** クラス本体のブロック内から飛び出して、この ( ) の中に納まりました。

　もう一つの役割は、**constructor** と書かれた右側にある ( ) の記述で、このクラスのインスタンス化とパラメータの初期値の設定を同時にできるようになるということです。コンストラクタは、クラスをインスタンス化するのと同時に呼ばれる特別な関数です。**Person** クラスをインスタンス化した際に、このコンストラクタが呼ばれて、**Person** の持っている変数の値を初期化したりする処理などを同時に行うことができます。

　main 関数の中の **Person("タケシ", 5)** という記述は、実はコンストラクタを呼び出しているのです。この記述によって、**Person** クラスをインスタンス化と、名前と年齢をセットす

る処理との両方が同時に行われているわけですね。

　クラス名の右横にある **constructor** という記述は省略することが可能です。むしろ、普通は省略します。わざわざ Kotlin コンパイラにもプログラマにも分かりきったことを書く必要はありません。それで、次のようにコンストラクタの定義を書いても全く動作は変わりません。

コード 25.3

```
class Person(var name: String = "", var age: Int = 0) {
  fun greet() {
    println(" ${name}です。${age}才です。")
  }
}
```

　コンストラクタでプロパティを定義する場合、変数宣言のキーワード **var** を **val** に変更することが可能です。こうすることにより、コンストラクタでセットされた変数は二度と内容を書き換えることができなくなります。たとえば、次の記述は **name** という変数を **val** キーワードで宣言しています。一方、**age** という変数は **var** で定義されたままになっています。コード 25.3 とコード 25.4 の違いはたった一文字だけ（**r** が **l** に変わっただけ）ですが、これにより変数 **name** は最初に値が決まったらその後一切変更できなくなるという違いが生じます。

コード 25.4

```
class Person(val name: String = "", var age: Int = 0) {
  fun greet() {
    println(" ${name}です。${age}才です。")
  }
}
```

　コード 25.4 で、この **Person** クラスを設計するにあたって「名前は変わらないもの」という前提で考えることにします。実社会では結婚したりして名前が変わることはあり得るのですが、このプログラムではそこは考えに入れないで設計します。値の変更があり得ない場合、ひとたびコンストラクタでその変数を初期化した後は、あとで不用意に文字列が置き換わらないように固定しておくのが良いでしょう。そうすれば、不用意に名前を書き換えてしまうことによるプログラムのバグを未然に防ぐことができるからです。そのため、変数 **name** はここでは

val として定義することにしました。

一方、年齢は時間と共に変化するので、今回は必要なタイミングで自由に書き換えることができるようにしておきたいと思います。それで、変数 age は var キーワードでの宣言になっています。

もちろん、クラス内のプロパティ変数を var で定義するか val で定義するかはプログラマの自由です。後から変更可能な変数にしておきたいなら var にしておけば良いですし、変更する可能性がなければ val にしておくのが無難です。

さて、ここまではクラスとそのコンストラクタの定義方法を見てきました。ここからはコンストラクタの呼び出し方について考えていきます。コンストラクタは様々な方法で呼び出すことができます。たとえば、次の例を見てください。

コード 25.5
```
val p = Person(name = "タケシ", age = 5)
```

コード 25.5 では、コンストラクタに引き渡すパラメータの変数名を明示しています。「変数名 = 値」で指定しています。これでは、文字をタイプする量が増えてしまっただけであまり意味がないように思えるかもしれません。確かにその通りです。ただ、これはこれでどの名前の変数にどんな値をセットしたかが呼び出し側のコードを一目見ただけで分かるというメリットがあります。また、Person クラスのコンストラクタに引き渡すパラメータの順番を好きなように変えられるというメリットもあります。たとえば次のように書くこともできます。

コード 25.6
```
val p = Person(age = 5, name = "タケシ")
```

コード 25.5 とコード 25.6 では、Person クラスに引き渡すパラメータ age と name の順番が変わりました。これでも問題なくコンパイルできます。今回のコンストラクタでは二つしかパラメータを指定する必要はありませんが、もし大量のパラメータを受け取るコンストラクタがある場合、いちいちパラメータの順番を覚えていなくても変数名を指定すれば良いので結構便利ですよね。あと、次のような書き方もできます。

```
val = Person(name = "タケシ")
```

この例では変数 age の指定を省略してしまいました。この場合、Kotlin は呼び出し側から明示されていない変数 age に 0 をセットします。なぜなら、Person クラスのコンストラクタの定義が次のようになっているからです。

```
class Person(var name: String = "", var age: Int = 0) {
```

　この記述の中の `var age: Int = 0` という部分で age という変数のデフォルト値を規定しているので、コンストラクタの呼び出し時に age の指定を省略すると 0 才が設定されるわけです。もし、上記のようなコンストラクタの定義を次のように書き換えるとどうなるでしょうか？

```
class Person(var name: String = "", var age: Int = 20) {
```

　このように定義されたコンストラクタを `Person(name = "タケシ")` というように呼び出すと、省略された age という変数の値は 20 にセットされます。
　このようなデフォルト値の設定は、age だけでなく、name という変数にも同じことが当てはまります。上記の例では、name の初期値は "" つまり空の文字列です。しかし、name の初期値を次のように指定することもできます。

```
class Person(var name: String = "名無しさん", var age: Int = 20) {
```

　このようなコンストラクタの定義にした変数 name のデフォルト値は **"名無しさん"** となります。さて、ここで次のようなコードを実行すると、どんな結果が表示されるか考えてみてください。

コード 25.7

```
fun main(args: Array<String>) {
  val p1 = Person()
  val p2 = Person(name = "タケシ")
  val p3 = Person(age = 7)
  p1.greet()
  p2.greet()
  p3.greet()
}

class Person(val name: String = "名無しさん", var age: Int = 20) {
  fun greet() {
```

```
        println("${name}です。${age}才です。")
    }
}
```

コード 25.7 の実行結果は次の通りです。

```
名無しさんです。20才です。
タケシです。20才です。
名無しさんです。7才です。
```

どうでしょうか？ 表示されるメッセージの内容は予想された通りでしたか？ コンストラクタの呼び出しでは、変数名を指定せずに、かつ一部のパラメータ指定を省略することもできます。たとえば次のような感じです。

```
Person("タケシ")
```

これは、`Person(name = "タケシ")` と書いたのと全く同じ動作になります。Person クラスのコンストラクタで最初に記述されているパラメータは、String 型の name という変数です。それで、Kotlin は、変数名が明示されていない場合でも **"タケシ"** という文字列が name という変数にセットされるべきものであることが分かるわけです。

では、変数 age だけをコンストラクタに指定する場合はどうでしょうか？ その場合には、`Person(7)` というように書くことはできません。Person クラスのコンストラクタの最初の変数が String 型なのに、それとマッチしない 7 という整数型を指定しているからです。年齢だけを指定して、名前の指定を省略する場合には、age という変数名を明示して `Person(age = 7)` と書かなければなりません。

> **パラメータのデフォルト値はすべての関数定義に使用可能**
>
> このようなパラメータのデフォルト値の指定やパラメータの名前指定は、コンストラクタだけでなく通常の関数のパラメータでも同じように行うことが可能です。たとえば、次のような関数を書くと関数の呼び出し時にパラメータを省略することができます。
>
> ```
> fun main(args: Array<String>) {
>   test()
>   test(name = "タケシ")
>   test(age = 7)
> }
>
> fun test(name: String = "名無しさん", age: Int = 20) {
>   println("${name} は ${age}才です")
> }
> ```

プロパティ変数の定義をする際に、デフォルト値の記述を省略することもできます。次のようになります。

コード 25.8

```
fun main(args: Array<String>) {
  val p1 = Person("タケシ", 7)
  val p2 = Person(name = "タケシ", age = 7)
  val p3 = Person(age = 7, name = "タケシ")
  p1.greet()
  p2.greet()
  p3.greet()
}

class Person(val name: String, var age: Int) {
  fun greet() {
    println("${name}です。${age}才です。")
  }
}
```

コード 25.8 の場合、**Person** クラスのコンストラクタでは、**name** と **age** のデフォルト値が指定されていないので、コンストラクタを呼ぶときはそれらの変数を明示する必要があります。具体的には、次の左側の 3 種類の呼び方のどれかにしなければなりません。一方、右側のコードのような記述だと、文法上のエラーが発生するため、コンパイルできません。**name** か **age** の両方、あるいはどちらか片方が明示されていないので、コード 25.8 で定義されている **Person** クラスのコンストラクタを呼び出すことができません。

OK な例

```
Person("タケシ", 7)
Person(name = "タケシ", age = 7)
Person(age = 7, name = "タケシ")
```

ダメな例

```
Person()
Person("タケシ")
Person(name = "タケシ")
Person(age = 7)
Person(7)
```

ここまでの部分では、プロパティ変数とコンストラクタを同時に定義する方法について扱いました。しかし、コンストラクタの中には、他にもいろいろな処理を含めることができます。次のコードを見てください。

コード 25.9

```
fun main(args: Array<String>) {
  val p1 = Person("タケシ", 7)
}
class Person(val name: String, var age: Int) {
  init {
    println("コンストラクタのイニシャライザが呼ばれました。")
    greet()
  }
  fun greet() {
    println("${name}です。${age}才です。")
  }
}
```

コード 25.9 にある、**init** という記述で始まり波括弧 { } で挟まれた部分を「**イニシャライザブロック**」と言います。この記述があると、コンストラクタが呼ばれたと同時にイニシャ

ライザブロック内に記載した処理が同時に行われます。正確に言うと、プロパティ変数の初期化が終わった直後に、イニシャライザブロック内のコードが実行されます。

　コード 25.9 の例では、イニシャライザブロックの中で、`println` 関数を呼んで「コンストラクタのイニシャライザが呼ばれました」というメッセージを表示した後、自分自身の `greet` 関数を呼んでいます。いわば、インスタンスが生成されるのと同時に必ずあいさつするような Person クラスの設計になっています。たとえば、`Person("タケシ", 7)` というコンストラクタの呼び出しが行われると、画面には次のように表示されます。

```
コンストラクタのイニシャライザが呼ばれました。
タケシです。7才です。
```

　さて、ここまでで取り上げてきたコンストラクタのことを「**プライマリコンストラクタ**」と言います。次の章では「セカンダリコンストラクタ」について取り上げます。

第26章 セカンダリコンストラクタ

　前の章では「プライマリコンストラクタ」について取り上げました。これは「主要なコンストラクタ」という意味です。「主要な」ものがあるということは、「主要ではない」ものもあるということでしょうか？　そのとおりです。「二次的なコンストラクタ」あるいは「**セカンダリコンストラクタ**」と呼ばれているものがあります。複数の種類のコンストラクタが必要な場合、セカンダリコンストラクタを追記することができます。

> 　この章ではセカンダリコンストラクタの定義方法や使いどころについて説明していますが、説明が少しややこしいです。セカンダリコンストラクタは、クラスを定義する際に絶対に必要なものというわけではないので、今のところ必要ないと思われる方は、この章を読み飛ばしていただいても全く問題ありません。

　次に示すのは、セカンダリコンストラクタの実装例です。この章の内容と直接関係ない greet 関数の記述は Person クラス内から削除しました。

コード 26.1

```
fun main(args: Array<String>) {
  val p = Person(7)
}

class Person(val name: String, var age: Int) {
  // 下記がプライマリコンストラクタのイニシャライザです。
  init {
    println("プライマリコンストラクタのイニシャライザが呼ばれました。")
```

```
        println("指定されたパラメータは ${name} と ${age} です。")
    }
    // 下記がセカンダリコンストラクタです。
    constructor (age: Int) : this("名無しさん", age)
}
```

 コード 26.1 の内、下の方にある constructor (age: Int) : this("名無しさん", age) という部分が、今回追加されたセカンダリコンストラクタの定義となります。前の章で見たコード 25.8 では、プライマリコンストラクタの最初の変数は String 型の名前であるため、それとマッチしない 7 という整数型だけをコンストラクタに指定するような記述はできないと説明しました。つまり、val p = Person(7) というような書き方はできなかったわけです。しかし、このコードでは、それができるようになっています。なぜなら、年齢だけを指定するセカンダリコンストラクタを新たに追加してあるからです。次に示すのは、コード 26.1 からセカンダリコンストラクタが定義されている行だけを抜き出したものです。

```
constructor (age: Int) : this("名無しさん", age)
```

 この行は constructor というキーワードで始まっています。プライマリコンストラクタのときは、constructor という表記は省略可能でしたが、セカンダリコンストラクタを定義する場合は、必ず constructor という記述で始めなければなりません。
 constructor という記述のすぐ右にある ( ) の中で、このセカンダリコンストラクタが受け取るべきパラメータ変数を指定しています。ここでは age という変数を一つだけを受け取るようにしています。変数 age の定義には val や var といったキーワードが付かないことに注意してください。その右に : が付いて、さらに this というキーワードが続いています。この this というキーワードは、ここではプライマリコンストラクタを表しています。
 この一行で定義していることは、次の通りです。

(1) セカンダリコンストラクタは、age という変数を呼び出し側から受け取る。
(2) それを同じ Person クラスのプライマリコンストラクタ（つまり this）にそのまま引き渡す。
(3) プライマリコンストラクタは age だけでなく、name という変数も受け取るように定義されているので、そこには、何らかの文字列を指定する必要がある。ここでは、とりあえず "名無しさん" という文字列を引き渡している。

このように、セカンダリコンストラクタを付けておくことによって、前の章のサンプルコードでは実現できなかった **Person(7)** という呼び出し、つまり「年齢だけを指定するコンストラクタ」の呼び出しが新たにできるようになりました。

セカンダリコンストラクタにもイニシャライザブロックを書くことができます。セカンダリコンストラクタが呼ばれた際に、パラメータを受け取るだけでなく何らかの特定の処理を実行したい場合、**{ }** を続けて書いてそのブロック内に実行したい処理を記述します。セカンダリコンストラクタのイニシャライザブロックの定義には、**init** と書く必要はありません。次のコードを見てください。

コード 26.2

```
fun main(args: Array<String>) {
  val p = Person(7)
}

class Person(val name: String, var age: Int) {
  // 下記がプライマリコンストラクタのイニシャライザです。
  init {
    println("プライマリコンストラクタのイニシャライザが呼ばれました。")
    println("指定されたパラメータは ${name} と ${age} です。")
  }
  // 下記がセカンダリコンストラクタです。
  constructor (age: Int) : this("名無しさん", age) {
    println("年齢だけを指定するセカンダリコンストラクタのイニシャライザが呼ばれました。")
  }
}
```

コード 26.2 を実行すると画面にどのような表示がされるのでしょうか？ 次のようになります。

```
プライマリコンストラクタのイニシャライザが呼ばれました。
指定されたパラメータは 名無しさん と 7 です。
年齢だけを指定するセカンダリコンストラクタのイニシャライザが呼ばれました。
```

少しややこしいですが、上記のメッセージの出力結果から、セカンダリコンストラクタを

使って Person クラスがインスタンス化される際に、どのような順番で処理が行われるかを推測できます。Person(7) というコードを書くと、次の順番で処理が行われます。

(1)　セカンダリコンストラクタの呼び出し。
(2)　プライマリコンストラクタ（つまり this）の呼び出し。
(3)　プライマリコンストラクタのイニシャライザの処理。
(4)　セカンダリコンストラクタのイニシャライザの処理。

セカンダリコンストラクタは複数定義できます。たとえば、ここでは別のセカンダリコンストラクタとして、苗字と名前を受け取るタイプのものを追記してみましょう。次のようなコードになります。

```
constructor (last_name: String, first_name: String) : this("$last_name $first_name",2 0) {
  println("苗字と名前を指定するセカンダリコンストラクタが呼ばれました")
}
```

ここでは String 型の二つの変数、last_name と first_name を受け取っています。その二つの文字列の間に空白を一つ入れて合成し、それをプライマリコンストラクタに引き渡していますね。年齢には 20 才にセットしています。ここで、このセカンダリコンストラクタを追記したコード全体を見てください。

コード 26.3

```
fun main(args: Array<String>) {
  val p = Person("鈴木", "タロウ")
}

class Person(val name: String, var age: Int) {

  // 下記はプライマリコンストラクタの定義です。

  init {
    println("プライマリコンストラクタのイニシャライザが呼ばれました。")
    println("指定されたパラメータは ${name} と ${age} です。")
  }
```

```
    // 下記はセカンダリコンストラクタの定義です。

    constructor (age: Int) : this("名無しさん", age) {
        println("年齢だけを指定するセカンダリコンストラクタのイニシャライザが呼ばれました。")
    }

    // 下記はもう一つのセカンダリコンストラクタの定義です。

    constructor (last_name: String, first_name: String) : this("$last_name $first_name", 20) {
        println("苗字と名前を指定するセカンダリコンストラクタのイニシャライザが呼ばれました。")
    }
}
```

　コード 26.3 では、`Person` クラスに全部で三つのコンストラクタが定義されています。プライマリコンストラクタが一つと、セカンダリコンストラクタが二つですね。そして、この例の `main` 関数の内部では、苗字と名前を指定するタイプの方のセカンダリコンストラクタを呼び出しています。このコードを実行した結果、次のように表示されます。

```
プライマリコンストラクタのイニシャライザが呼ばれました。
指定されたパラメータは 鈴木 タロウ と 20 です。
苗字と名前を指定するセカンダリコンストラクタのイニシャライザが呼ばれました。
```

　この実行結果を見ると、年齢だけをパラメータとして受け取る方のセカンダリコンストラクタは一切実行されていないことが分かります。このように、セカンダリコンストラクタはクラスのインスタンス生成の際に呼ばれないケースもあります。一方、プライマリコンストラクタはクラスのインスタンス生成時には必ず呼び出されます。なぜなら、Kotlin の文法上の規則で、プライマリコンストラクタが存在している場合、セカンダリコンストラクタからは必ずプライマリコンストラクタを呼び出すようにすることが強制されているからです。

　「強制されている」というとネガティブに聞こえますが、これは言い換えると、プライマリコンストラクタは必ず実行されることが「保証されている」ということでもあります。それで、プライマリコンストラクタには、そのクラスがインスタンス化される際に必ず処理したい共通の処理を記述しておくのが良いでしょう。セカンダリコンストラクタには状況に応じて個別に必要になる処理を別途記述するようにしてください。

第27章 クラスの継承

　「オブジェクト指向言語」の特徴である「クラス」と「オブジェクト」という概念については、すでに第23章で考えました。クラスが「設計図」で、オブジェクトはその設計図を元に作り出した「実体」ということでしたよね。たとえば、車の設計図を一つ作っておくと、それを元に工場内で複数の車を作ることができるように、クラスを一つ作っておくと、複数のオブジェクトをコンピュータのメモリ内に作り出していくことができるようになります。

　さて、ここで読者の皆さんが車の設計図を書くように頼まれたとしましょう。それは結構大変な作業です。ゼロから車の設計図を書きあげていくというのは、かなりの知識と経験、そして膨大な時間と労力を要します。しかし、仮に完成した車の設計図がすでに存在していて、あなたにはその設計図がそのまま手渡され、それに少し手を加えるだけで良い、と言われたらどうでしょうか？　設計図に書いてある車のボディの色や、ハンドルの形、アンテナの位置などを、あなたのセンスを生かして少しカスタマイズするだけで良いのです。それなら、何となくできそうな感じがしませんか？

　「オブジェクト指向言語」のプログラムでは、まさにこれと同じようなことをします。つまり、どこかの誰かが作った既存のクラスをベースにして、私たちが少し手を加えて新しいクラスに作り変えます。Kotlinを作ったプログラマたちや世界中の他のプログラマたちが便利なクラスを事前に作ってくれています。私たちプログラマはそれらの既存のクラスをベースに少しの変更を加え、自分専用にカスタマイズされた新たなクラスを作ることができるのです。オブジェクト指向では、このようなことを指して**「クラスの継承」**と呼んでいます。

　クラスの継承は、他人が作った設計図に手を加えるためだけではなく、自分が作ったクラスを自分自身で再利用するためにも使用します。これも例えで説明すれば、ワードやエクセルなどで同じような文書を大量に作る場合、事前に共通の書式の文書（「テンプレート」などと呼びます）を自分で一つ作っておくことに似ています。

　「テンプレート」をベースに複数の文書を作っていくことには、いくつかのメリットがあり

ます。一つは労力の削減です。同じような文書を作るために、タイトル、本文等で使う文字の
フォントや色を、毎回ゼロから設定していく必要はありません。ある程度体裁が整ったテンプ
レート文書をコピーして、それをベースに文字や写真を付け加えていけば良いのです。

「テンプレート」を作っておくもう一つのメリットは、すべての文書が統一された見た目、
フォーマットになるということです。各文書に書いてある細かな内容はそれぞれ異なります
が、文書の見た目や書式が皆一緒なので、統一感が出ます。

クラスの継承も同じようなメリットがあります。同じようなコードを何度も書く代わりに、
基本となるコードを一度だけ書いて、あとはそれを再利用することによってプログラムを記述
する労力を削減するのです。そして、ある特定のクラスを継承して作った様々なクラスには共
通の特徴があるので、それらのクラスは皆、統一した方法で扱うことができるようになりま
す。

では、「クラスの継承」に関する概念的な説明はこれぐらいにして、ここから先は具体的な
例を見ていきましょう。まずは「テンプレート」となるクラスを一つ作ってみます。車を表す
「Car」というクラスです。

コード 27.1

```
open class Car() {
  var distance = 0.0
  open fun drive(d: Double) {
    distance = distance + d
    println("車が ${d}km 走りました。")
    println("マイレージは ${distance}キロになりました。")
  }
}
```

コード 27.1 に記述されている Car クラスの定義がこれまでの章で出てきたクラスの定義と
違うのは、**open** という新しいキーワードが出てきていることだけです（これについては後ほ
ど説明します）。それ以外は、基本的にこれまで本書で出てきたクラス定義の書き方と同じで
す。

Car クラスの中にはプロパティ変数が一つだけ定義されています。走行距離を表す
`distance` です。そして、車を走らせるという動作をバーチャルに表す `drive` という関数が
定義されています。この `drive` 関数は、車を走らせる距離をパラメータとして受け取るよう

になっています。drive 関数が呼ばれた際には、プロパティ変数 distance にパラメータとして指定された d の値がプラスされます。この distance というプロパティの値が、マイレージ（つまり、この車のこれまでのトータルの走行距離）を表しています。

さて、これで「テンプレート」となるクラスの設計が完了しました。このクラス自体、インスタンス化してから「走らせる」ことができますので、動作確認してみましょう。試しに次のようにしてみます。

コード 27.2

```
fun main(args: Array<String>) {
  val car = Car()
  car.drive(5.0)  // 車を5キロ走らせる。
  car.drive(10.0) // 車を10キロ走らせる。
}
```

コード 27.2 では、まず車をインスタンス化し、その後 5 キロ走らせています。そして、さらにその後 10 キロ走行させます。このコードの実行結果は次のようになります。

```
車が  5.0km  走りました。
その結果、マイレージは  5.0キロになりました。
車が  10.0km  走りました。
その結果、マイレージは  15.0キロになりました。
```

これで「テンプレート」となるクラスの定義とその動作確認が完了しました。後は、このクラスを継承し、カスタマイズしたクラスを作成していきたいと思います。ただ、その前に一点だけ、まだ説明していなかった open キーワードについて解説します。この Car クラスの定義で、一行目の最初に書いてある open というキーワードは、このクラスが「継承可能」であることを示します。クラス定義の前に open と付け加えることによって、このクラスが、後々「テンプレート」として使うことができるということを示すわけですね。Kotlin ではこの open というキーワードが付いていないクラスは、他のクラスから継承することができません。

> **openの反対語はfinal**
>
> openというキーワードの反対の意味を持つキーワードはfinalです。このキーワードを指定したクラスは、他のクラスの継承元として使うことはできなくなります。ただし、Kotlinでは、クラスを定義すると、すべてデフォルトでfinal扱いになります。明示的にopenと書かなければ自動的にfinal扱いとなりますので、わざわざfinalと記述する必要はありません。

　では、いよいよこのCarクラスを継承して、別のクラスを実装する具体的な方法を見てください。例として、スポーツカーの代表とも言える「フェラーリ」を表すクラスを設計してみましょう。クラス名はFerrariとします。Carクラスを継承したFerrariクラスの定義を次に示します。

コード27.3

```
class Ferrari () : Car()
```

　このクラスの定義はたった1行だけの非常にあっけないものですが、右側の: Car()という記述はCarクラスのコンストラクタを表しており、これを記述することにより、FerrariクラスがCarクラスをベースにしたものであることを示しています。これだけで、FerrariクラスはCarクラスが持っている機能をすべて引き継いだことになります。全部そのまま、そっくり引き継いだのです。この場合、「FerrariクラスはCarクラスを継承している」という言い方をします。あるいは、「CarクラスはFerrariクラスの**基底クラス**である」という言い方をすることもあります。

　このケースでは、FerrariクラスとCarクラスは実質的に全く同じものです。単にクラス名が変わっただけで、全く同じ設計のコードと言うことになります。ただ、Ferrariクラスの実装がたったの1行で終わっていることは注目に値します。たったこれだけのコードで、Carクラスの設計をそっくりそのまま引き継ぐことができたわけです。では、ここでFerrariクラスをインスタンス化させて動作させてみましょう。

コード 27.4
```
fun main(args: Array<String>) {
  val car = Ferrari() // 「フェラーリ」をインスタンス化
  car.drive(5.0)   // 車を5キロ走らせる。
  car.drive(10.0)  // 車を10キロ走らせる。
}
```

コード 27.4 では、`val car = Ferrari ()` というコードで Ferrari クラスをインスタンス化しています。このコードは、Car クラスをインスタンス化して実行したときと全く同じ結果になります。

Ferrari クラスの定義はたった 1 行です。Ferrari クラスには distance などのプロパティ変数や drive という関数などは一切定義されていません。しかし、上記の main 関数内のコードが、そのまま動作するわけです。これは Ferrari クラスが、Car クラスを継承することにより、その機能を全部引き継いでいる証拠です。

さて、もう一度基底クラスである Car に注目してください。今までのところ、Car クラスにはパラメータを引き渡す形のプライマリコンストラクタが記述されていませんでした。そしてそれは、Car クラスを継承した Ferrari クラスでも同じでした。ここでは、Car クラスや Ferrari クラスにパラメータ付きのコンストラクタを実装する方法について考えてみましょう。まずは、Car クラスにプライマリコンストラクタを実装してみます。ここでは、車のボディの色を文字列で引き渡すようにしています。

コード 27.5
```
fun main(args: Array<String>) {
  val car = Ferrari("赤") // 「フェラーリ」をインスタンス化
  car.drive(5.0)   // 車を5キロ走らせる。
  car.drive(10.0)  // 車を10キロ走らせる。
}

open class Car(val color: String) {
  var distance = 0.0
  open fun drive(d: Double) {
    distance = distance + d
    println("${color}の車が ${d}km 走りました。")
    println("その結果、マイレージは ${distance}キロになりました。")
```

```
    }
}
class Ferrari(color: String) : Car(color)
```

　コード 27.5 の **Car** クラスの定義では、プライマリコンストラクタへ渡すパラメータを **val color: String** と定義しています。以前の章で学んだように、この記述はプロパティ変数の定義も兼ね備えているのでした。

　基底クラスである **Car** にプライマリコンストラクタを実装したことに伴い、それを継承した **Ferrari** クラスの実装も変更する必要が生じます。**Ferrari** クラスの定義は次のように変更されています。

```
class Ferrari(color: String) : Car(color)
```

　Ferrari クラスもプライマリコンストラクタで **color** という **String** 型の変数を受け取るようになっています。そして、その変数は基底クラスのコンストラクタにそのまま「スルーパス」されているイメージです。**Ferrari** クラスのコンストラクタの変数を定義する際、**val** や **var** といったキーワードが付かないことに注意してください。

　この章では、クラスの継承の概念と、基底クラスや継承先のクラスの実装方法について考えました。しかし、この章では、せっかく新しく実装した **Ferrari** クラスも、実質的には **Car** クラスと同じ動作をするにすぎません。クラスを継承することのメリットの一つは、基底クラスの機能を引き継ぎつつ、独自のカスタマイズを施していくことであったはずです。次の章では、**Ferrari** クラスに **Car** クラスとの「違い」あるいは「差分」を実装して、フェラーリならではの機能を持たせていく方法を考えていきます。

第28章 メソッドのオーバーライド

　前の章では、Carクラスを継承したFerrariクラスを設計しました。ただ、設計というほどのことではなく、単にCarクラスをそのまま継承しただけだったので、実質的には両者が同じものになったままでしたね。この章では、Ferrariクラスに「フェラーリ」ならではの独自機能を付け加えていく方法を考えていきたいと思います。まずはFerrariクラスに独自機能を付け加えていくための場所、つまり定義ブロックを準備します。次のコード28.1は前の章のサンプルコードで示したのと同じFerrariクラスの定義です。そしてコード28.2は、それに定義ブロックを追加したものです。

コード 28.1
```
class Ferrari (color: String) : Car(color)
```

コード 28.2
```
class Ferrari (color: String) : Car(color) {
}
```

　コード28.2では、Ferrariクラスに波括弧二つが追加されています。これがFerrariクラスの定義ブロックです。今はまだ中身は空っぽですが、これからこの中にFerrariならではの独自機能を追加していきたいと思います。
　ところで、一般的な車とフェラーリの違いって何でしょうか？　もちろん、「カッコよさ」、「加速の良さ」、「最高速度」などいろいろあると思いますが、ここでは、単純にサンプルプログラム的に表現しやすいという理由で、走っているときの「エンジン音」に注目したいと思います。
　前の章で作成したCarクラスには、driveという関数が実装されていました。そのメソッ

ドが呼ばれたときに表示するメッセージを変更し、フェラーリっぽいものに変えてみましょう。次のコードを見てください。

コード 28.3

```
class Ferrari (color: String) : Car(color) {
  override fun drive(d: Double) {
    distance = distance + d
    println("${color}のフェラーリが走っています！ブウォォーン！")
    println("おおっ、かっこいい！！！")
    println("マイレージは ${distance}キロになったぜい！")
  }
}
```

　コード 28.3 では、前の章のサンプルコードで Car クラスに定義されていた drive という関数を「上書き」して、Ferrari クラス独自の drive 関数に置き換えています。このように、継承したクラスの関数を独自の物に置き換えたい場合、override キーワードを付ける必要があります。ここで、Car クラスの drive 関数には open というキーワードが付いていたことを思い出してください。基底クラスで open が付いている関数は、それを継承したクラスでも書き換えが可能なものとして「公開」されています。それで、継承した側のクラスでは override と付けることによって、基底クラスに存在している同名の関数を「上書き」することができるわけです。この Ferrari クラス独自の drive 関数の中では、表示するメッセージを Car クラスのものとは若干変えています。

　さて、新しく改造された Ferrari を走らせてみましょう。試しに、main 関数のコードを次のようにして実行して見ます。

コード 28.4

```
fun main(args: Array<String>) {
  val car = Ferrari("赤") // 「フェラーリ」をインスタンス化
  car.drive(100.0)   // 「フェラーリ」を100キロ走らせる。
}
```

　コード 28.4 を実行した結果は次のようになります。

```
赤のフェラーリが走っています！ブウォォーン！
おおっ、かっこいい！！！
マイレージは 100.0キロになったぜい！
```

　この動作を見ると、元々 Car クラスの中に定義されていた drive 関数の内容は全く実行されなくなったことが分かると思います。その代わりに、Ferrari クラスの中に実装されている drive 関数の内容が実行されています。これが「drive 関数が上書きされた」ということです。あるいは、「drive 関数がオーバーライドされた」という言い方をします。

　では、ここで Car クラスを継承した別のクラスを実装してみたいと思います。先ほどはフェラーリでしたが、今度はトヨタのプリウス（Prius）にしてみましょう。プリウスの特徴は音が静かであるということですね。その点を考慮に入れた Prius クラスの実装例は次のような感じになります。表示されるメッセージの内容を少し変えてみました。

コード 28.5

```kotlin
class Prius(color: String) : Car(color) {
  override fun drive(d: Double) {
    distance = distance + d
    println("${color}のプリウスが走っています！スィーン！")
    println("すごい静かですね！")
    println("マイレージは ${distance}キロです。")
    println("トヨタの車はいっぱい走ってもなかなか故障しません！")
  }
}
```

　コード 28.5 で定義された Prius クラスを「走らせる」ための呼び出し側のコード例は次の通りです。今までのサンプルコードとほぼ同じですが、car という変数に、Prius クラスがインスタンス化されて代入されているという違いがあります。

コード 28.6

```kotlin
fun main(args: Array<String>) {
  val car = Prius("グレー")   // 「プリウス」をインスタンス化
  car.drive(500.0)    // 「プリウス」を500キロ走らせる。
}
```

コード 28.6 の実行結果は、次の通りです。

> グレーのプリウスが走っています！スィーン！
> すごい静かですね！
> マイレージは 500.0 キロです。
> トヨタの車はいっぱい走ってもなかなか故障しません！

　このように、継承した先のクラスに関数を記述すると、既存のクラスの同名の関数の動作を書き換えることができます。このような記述を指して「**関数のオーバーライド**」あるいは「**メソッドのオーバーライド**」と言います。基底クラスの動作を一部変更したいというときには、継承した側のクラスに同名で同じパラメータを持つ関数を override キーワードを使って再定義しましょう。これはちょうど、「テンプレート」として作成したワードファイルの既存のページを一部だけ置き換えるようなものです。

　もちろん、継承した側のクラスでは、継承元である基底クラスには存在しない関数やプロパティを新たに追加することも可能です。その場合には、第 23 章で考えたクラス内へのプロパティや関数の定義と同じ方法で、継承した側のクラスに好きなだけ新しい機能を付け加えていってください。これは、ちょうど「テンプレート」として作成したワードファイルに新たなページを追加するようなものです。

　オブジェクト指向のプログラムでは、基底クラスの既存の関数やプロパティを書き換えたり、新規に付け加えていったりすることが非常に多くなります。すでにだいたい完成しているクラスをほぼそのまま使うのですが、継承した側のクラスで元の基底クラスとの「差分」となる機能だけを書き替えていくわけですね。特に Android などのフレームワークではこの考え方を多用するので、この章で考えた基底クラスの機能をオーバーライドする方法は、しっかりマスターしておきましょう。

第29章 ポリモーフィズム（多様性）

　ここまでの章では、元となる特定のクラス（基底クラス）を継承し、継承した先のクラスで関数をオーバーライドしたり、追加したりする方法について考えました。第27章で説明した通り、クラスの継承を行うことには、基底クラスのコードをいわば「テンプレート」として再利用するというメリットがあります。しかし、クラスを継承させるメリットはそれだけではありません。オブジェクト指向のプログラミングでもう一つ重要な概念、「**ポリモーフィズム**」あるいは「**多様性**」という考え方を活用できるというのも大きなメリットです。この章では、その点について取り上げます。

　「ポリモーフィズム」や「多様性」などという聞きなれない言葉が出てくると、難しく感じる方もいるかもしれません。ただ、これも考え方が分かってしまえば、たいしたことではありません。まずは、「ポリモーフィズム」がなぜ必要なのか、それを使うと何がうれしいのかというところを確認しましょう。

　「ポリモーフィズム」の考え方を応用すると、プログラムをする際の「ちょっと困ったこと」あるいは「ちょっと面倒なこと」を解決する助けになります。次に示すのは、「ポリモーフィズム」を使って**いない**コード例です。このコードで、いったい何が「困ったこと」なのか考えてみてください。

コード 29.1

```
fun main(args: Array<String>) {
  val car1 = Ferrari("赤")
  val car2 = Prius("グレー")
  driveByFerrari(car1)
  driveByPrius(car2)
}

fun driveByFerrari(car: Ferrari) {
```

```
    car.drive(100.0)
}

fun driveByPrius(car: Prius) {
    car.drive(100.0)
}

open class Car(val color: String) {
    var distance = 0.0
    open fun drive(d: Double) {
        distance = distance + d
        println("${color}の車が ${d}km 走りました。")
        println("その結果、マイレージは ${distance}キロになりました。")
    }
}

class Ferrari(color: String) : Car(color) {
    override fun drive(d: Double) {
        distance = distance + d
        println("${color}のフェラーリが走っています！ブウォォーン！")
        println("おおっ、かっこいい！！！")
        println("マイレージは ${distance}キロになったぜい！")
    }
}

class Prius(color: String) : Car(color) {
    override fun drive(d: Double) {
        distance = distance + d
        println("${color}のプリウスが走っています！スィーン！")
        println("すごい静かですね！")
        println("マイレージは ${distance}キロです。トヨタの車はいっぱい走ってもなかなか故障しません！")
    }
}
```

　さて、コード 29.1 では、前の章までで扱った **Ferrari** クラスと **Prius** クラスをインスタンス化し、それぞれ専用の関数にパラメータとして引き渡しています。**driveByFerrari** という関数と、**driveByPrius** という関数ですね。両方とも車を 100 km 走行させています。

　コード 29.1 は文法的に間違っていませんし、正常に動作しますが、少し長ったらしく

感じます。いったい何が悪いのでしょうか？　一つの問題は、**driveByFerrari** 関数と **driveByPrius** 関数の定義がほぼ同じ内容であることです。似たような名前の、似通ったコードがほぼ重複して記述されています。これを解決してみましょう。まず、二つの関数の名前が微妙に違うので、すっきりさせるため関数名を完璧に揃えてみます。次の左側が元のコード、右側が変更後のコードです。

コード 29.2
```
fun main(args: Array<String>) {
  val car1 = Ferrari("赤")
  val car2 = Prius("グレー")
  driveByFerrari(car1)
  driveByPrius(car2)
}

fun driveByFerrari(car: Ferrari) {
  car.drive(100.0)
}

fun driveByPrius(car: Prius) {
  car.drive(100.0)
}
    ⋮
```

コード 29.3
```
fun main(args: Array<String>) {
  val car1 = Ferrari("赤")
  val car2 = Prius("グレー")
  driveByCar(car1)
  driveByCar(car2)
}

fun driveByCar(car: Ferrari) {
  car.drive(100.0)
}

fun driveByCar(car: Prius) {
  car.drive(100.0)
}
    ⋮
```

　コード 29.2 は、最初のコード 29.1 と完全に同じ内容です。コード 29.3 では、二つの関数の名前が少し変更されました。それぞれの関数名の最後に付いていた **ByFerrari** や **ByPrius** という記述が取り除かれ、その代わりに **ByCar** という文字が付いた関数名に統一されました。つまり **driveByCar** という全く同じ名前の関数が二つ存在する状態になっています。これら二つの関数の異なる点はパラメータの型だけで、一方は **Ferrari** 型、もう一方は **Prius** 型の変数を受け取っています。こうすると、関数名が同じでもパラメータの型が異なるので、それぞれ独立した別々の関数として扱われます。コード 29.3 の **main** 関数の中で次のようにしていますが、呼び出し側の記述だけを見ると、一見同じ関数を呼んでいるように見えますよね。

```
driveByCar(car1)  // ここではFerrari型をパラメータとして受け取る方の関数が呼ばれる。
driveByCar(car2)  // ここではPrius型をパラメータとして受け取る方の関数が呼ばれる。
```

　このコードでは、全く同じ関数を呼んでいるように見えて、実は別々の関数が呼ばれています。1行目は、Ferrari型をパラメータとして受け取る方の関数の呼び出しです。なぜなら、car1という変数がFerrari型だからです。2行目はPrius型をパラメータとして受け取る方の関数が呼ばれています。なぜなら、car2という変数がPrius型だからです。このように、同じ名前でパラメータの型やパラメータの数が違う関数を作ることを「**関数のオーバーロード**」と言います。

「オーバーライド」と「オーバーロード」

　前の章で出てきた「オーバーライド」と、この章の本文中で出てきた「オーバーロード」という言い方は、非常に似ている言い方でややこしいかもしれません。次にまとめておくので確認してください。

　　オーバーライド（override）とは……「上書き」のこと。関数名とパラメータが完全に一致するよう継承元の関数を継承先で「上書き」すること。
　　オーバーロード（overload）とは……「多重定義」のこと。関数名は完全に一致しているが、関数が受け取るパラメータを異なるものにすることによって、別バージョンの関数を作ること。

　さて、main関数を見ると、二つの関数の名前が揃って少しすっきりしたものの、まだ「コードが長ったらしい感」は残っています。それは、二つのdriveByCar関数の中身がほぼ一緒だからです。同じようなコードを何度も書くのはスマートではありません。この問題も何とかしたいですよね。そのために活用できるのが、この章の本題である「ポリモーフィズム」の考え方です。これには、FerrariクラスとPriusクラスの両方が共通してCarクラスを継承しているという事実を利用します。次の左右のコードを見比べてみてください。左側がコード29.3と全く同じ内容のコードで、それを「ポリモーフィズム」の考え方を応用して書き換えたものが右側のコードです。

コード 29.4
```
fun main(args: Array<String>) {
  val car1 = Ferrari("赤")
  val car2 = Prius("グレー")
  driveByCar(car1)
  driveByCar(car2)
}

fun driveByCar(car: Ferrari) {
  car.drive(100.0)
}

fun driveByCar(car: Prius) {
  car.drive(100.0)
}

    ⋮
```

コード 29.5
```
fun main(args: Array<String>) {
  val car1 = Ferrari("赤")
  val car2 = Prius("グレー")
  driveByCar(car1)
  driveByCar(car2)
}

fun driveByCar(car: Car) {
  car.drive(100.0)
}

    ⋮
```

　コード 29.4 では driveByCar という関数が二つ定義されていましたが、コード 29.5 では一つだけしか定義されていません。コード 29.5 の driveByCar が受け取るパラメータの型は Car です。これは、Ferrari クラスと Prius クラスの共通の「祖先」あるいは「継承元」でしたよね。このようにすることで、コード 29.4 の二つの関数と同じことが、一つの関数を記述するだけで実現できてしまうのです。

　コード 29.5 で、main 関数の中から driveByCar 関数が呼び出される際の動作をイメージしてみてください。main 関数の中で 1 回目に driveByCar が呼び出されるとき、car1 という変数がパラメータとして引き渡されます。これは Ferrari 型の変数です。2 回目に driveByCar が呼び出されるとき、car2 という変数がパラメータとして引き渡されます。これは Prius 型の変数です。

　driveByCar 関数の 2 回の呼び出しにおいて、この関数の中に処理が移った時点では、パラメータは car という名前の変数として受け取られます。1 回目の呼び出し時の car の実体は「赤のフェラーリ」です。2 回目の呼び出し時の car の実体は「グレーのプリウス」です。しかし、driveByCar 関数の中のコードでは、car の実体が何であるかは、いっさい気にしていません。パラメータとして渡されてきたインスタンスは、Ferrari か Prius か、はたまた Car を継承した別のクラスか分からないものの、とにかく Car であることは明らかです。

パラメータとして関数に渡されてくる`Car`の種類には「多様性」があるものの、「共通項」もあるというわけです。`driveByCar`にどんな実体のパラメータが渡されてくるにせよ、すべては`Car`クラスを継承したクラスであると言えます。つまり、`Ferrari`も`Prius`も「一種の`Car`」と考えることができるわけです。

　`Car`のインスタンスであれば、必ず`drive`という関数が存在します。基底クラスの`Car`に宣言されていますから当然です。`Car`を継承したクラスでは、`drive`という関数は`Car`クラスから引き継いだそのままの状態かもしれませんし、オーバーライドされて動作が変更されているかもしれません。いずれにしても、とにかく`drive`という関数が存在することは確実ですから、それを呼び出すことも絶対にできます。それで、`driveByCar`関数の中では、`car`の実体が何であるかは全く気にすることなく、`car.drive(100.0)`というような関数呼び出しが可能であることが保証されているのです。

　以上が、「ポリモーフィズム」あるいは「多様性」の考え方です。要するに、`driveByCar`関数がパラメータとして受け取った`Car`型の`car`という変数の実体は「多様」なのです。しかし、多様な形態のどんなタイプがやって来ても必ず「共通した部分」があります。それは、すべてが`Car`クラスを継承したクラスのインスタンスであるということです。そのため、すべて`Car`として処理できます。これを応用すれば、様々なタイプのインスタンスを受け取る関数の定義を一つ書くだけで用が足ります。「ポリモーフィズム」を応用すれば、同じような処理をするコードを何度も書く必要がなくなるというわけです。

第30章 抽象クラス

　前章までのサンプルコード内に度々出てきた Car クラス、Ferrari クラス、Prius クラスですが、クラスの継承関係は次のようになっていました。

図 30.1

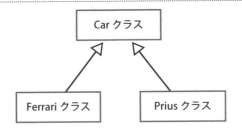

　Ferrari クラスと Prius クラスが Car クラスを継承しています。これにより、その二つのクラスが Car クラスの機能をそのまま引き継ぐことができるのでした。つまり、Car クラスは、一種の「テンプレート」でした。

クラスの継承関係を示す矢印の向きが逆？

　図 30.1 では、Car クラスを継承したものが、Ferrari クラスと Prius クラスなので、一見矢印の向きが逆ではないかと感じる方もいるかもしれません。ただ、一般的に、このような「継承図」あるいは「クラス図」と呼ばれるものを書くときには、継承先から継承元へ向かう矢印を書くのが普通です。この機会に覚えておきましょう。

第 28 章でも考えましたが、たとえば、エクセルの表であらかじめ基本的な体裁のテンプレートを作って、それをベースに様々な書類を作るということがあるかと思います。でも、そのテンプレートのファイルそのものを「完成品」として紙に印刷し、みんなに配るということは意図していないことが多いでしょう。テンプレートはあくまでテンプレートなので、それそのものを「実体化」するために準備されているわけではありません。

　さて、これを Car クラスに当てはめて考えてみましょう。Car クラスというのは、あくまで「テンプレート」です。いわば一般的な車の概念を表しただけのものです。それ自体をインスタンス化して使用することは意図されていません。Car クラスを継承した Ferrari クラスや Prius クラスを実体化して使用することは意図した通りの使い方ですが、その継承元である Car クラスを作った設計者（プログラマ）は、Car クラスそのものをインスタンス化して使用してもらおうと考えていたわけではありません。もし、Car クラスのインスタンスを作成するコードを書くプログラマがいたら、そのプログラマに対して一言注意したいと思うことでしょう。「私はこのクラスをあくまでテンプレートとして準備しました。ですから、そのまま使ったりしないでください。あなたがこのクラスを継承したクラスを新たに書き、それに必要なコードを書き足してから使うようにしてほしいです。」このような場合、Car クラスを書いたプログラマは Car を「**抽象クラス**」として定義しておくことによって、そのような「設計者の意図」を他のプログラマに伝えることができます。

　あるクラスを「抽象クラス」にする方法は、とても簡単です。単に、クラス宣言に **abstract** というキーワードを付けるだけです。次のコード 30.1 は Car クラスをインスタンス化可能な一般的なクラスとして宣言したコード、コード 30.2 は Car クラスを抽象クラスとして宣言したコードです。（ここでは Ferrari クラスと Prius クラスの本体の定義の記述を省略していますが、両方とも Car クラスを継承したクラスとして実装されているものと考えてください。）

コード 30.1

```
fun main(args: Array<String>) {
  val car1 = Ferrari("赤")
  val car2 = Prius("グレー")
  val car3 = Car("黒")
  car1.drive(10.0)
  car2.drive(10.0)
  car3.drive(10.0)
}
```

```
open class Car(val color: String) {
  var distance = 0.0
  open fun drive(d: Double) {
    distance = distance + d
    println("${color}の車が ${d}km 走りました。")
    println("その結果、マイレージは ${distance}キロになりました。")
  }
}
```

コード 30.2

```
fun main(args: Array<String>) {
  val car1 = Ferrari("赤")
  val car2 = Prius("グレー")
  car1.drive(10.0)
  car2.drive(10.0)
}

abstract class Car(val color: String) {
  var distance = 0.0
  abstract fun drive(d: Double)
}
```

　これら二つのコードを比較してみましょう。まず、それぞれの **Car** クラスの宣言部分を見ます。コード 30.1 の **Car** クラスの宣言は見慣れたものだと思います。クラスの宣言に **open** キーワードが付いていますから、このクラスを継承させたいクラスがあれば、そうすることができるわけですね。一方、コード 30.2 の **Car** クラスの宣言は **abstract** という記述で始まっています。これは、**Car** クラスが「抽象クラス」として宣言されたことを意味します。これにより、**Car** クラスそのものをインスタンス化することはできなくなりました。コード 30.2 の **Car** クラスはあくまで「抽象的」なもので、「具体化」はできないのです。コード 30.1 の **main** 関数の中にあった **val car3 = Car("黒")** というコードがコード 30.2 から削除されたのはそれが理由です。もし、そのようなコードを入れたままにしておくとコンパイルエラーになります。

　もう一つ、コード 30.2 の **Car** クラスの中身がとてもシンプルになりました。**drive** 関数の宣言が **abstract** の記述で始まっており、関数の中身の記述がごっそりなくなっています

ね。これは、`drive` 関数が「**抽象関数**」として宣言されていることを意味しています。関数がどういう動作をするかは `Car` クラスの中ではあえて記述しないようになってるのです。ここではただ単に `drive` という関数が存在しているという事実だけを宣言しています。これにより、`Car` クラスを継承した先のクラスでは `drive` という関数を書くことが強制されます。もし、`Car` クラスを継承した先のクラスで `drive` 関数の定義を怠るとコンパイルエラーが生じます。逆に言うと、`Car` クラスを継承したクラスは、コンパイルが成功した時点で、`drive` 関数が存在していることが保証されているわけです。そのため、前の章で学んだ「ポリモーフィズム」を応用して、`Car` クラスの継承先のすべてのクラスのインスタンスに対して、確実に `drive` 関数を呼ぶことができるようになります。なお、抽象クラス内に定義する関数は、必ずしも抽象関数にする必要はありません。これまでの章で考えたように、抽象クラス内に「普通の関数」を記載することももちろん可能です。

　抽象クラスや抽象関数（抽象メソッドとも言う）には、わざわざ `open` キーワードをつける必要はありません。なぜなら、`abstract` で宣言されているクラスや関数は当然、他のクラスに継承してもらうことが前提になっているからです。

　この章で取り上げた通り、「テンプレート」の役割を持つ継承元クラスでは、その設計者（プログラマ）の判断で、関数やプロパティの仕様を規定しておくことが可能です。あるクラスを抽象クラスにすべきかどうかの判断は、その設計者（プログラマ）にゆだねられています。純粋に「テンプレート」として使うクラスであれば、抽象クラスにするのが良いでしょう。しかし、「テンプレート」ともなり得るけど、そのクラス自体をインスタンス化して使用するケースも考えられるのなら、抽象クラスとしてではなく、`abstract` が付かない「普通のクラス」として定義してください。

第31章 インターフェース

　前の章で考えた「抽象クラス」と似て非なる機能を持つのが「インターフェース」です。この章では、インターフェースとは何なのか、どんなケースで使うと便利なのかを考えます。

　クラスの継承を行う利点の一つは、「ポリモーフィズム」つまり「多様性」の考え方をプログラム内で応用できることでした。Car というクラスを継承したクラスは皆「一種の Car」なので、たとえば、ある関数のパラメータとして Car を受け取る形にしておけば、呼び出し側ではその関数のパラメータとして Ferrari でも Prius でも自由に引き渡すことができるようになるのでしたよね。

　さて、クラスの継承に関しては、一つ重要なことを言い忘れていました。それは、「あるクラスが複数のクラスを継承することはできない」という Kotlin のルールです。たとえば、本書のこれまでのサンプルプログラムで出てきた Car クラスと Person クラスを思い起こしてください。これらの二つのクラス両方を継承した新たなクラスを定義するということは、Kotlin の言語仕様上できません。あるクラスが複数の親クラスを持つというのは「**多重継承**」と呼ばれる概念ですが、たいていのオブジェクト指向言語ではそれができないようになっています。同様に Kotlin でも、クラスの多重継承をすることはできません。

Kotlin を含めて、たいていのオブジェクト指向言語で「多重継承」を許していないのはなぜでしょうか？　一言で言うと、「それを許してしまうと、いろいろややこしくなるから」です。たとえば、「車であり、人間でもある」ものの設計図を作れと言われても困ってしまうでしょう。人並外れて想像力が豊かな人なら何とかなるかもしれませんが、やはり「車人間」の設計図を書くとなるといろいろ悩みどころが出てきそうですよね。同じ理由で、Kotlin では、Car クラスと Person クラスの両方を継承したクラスを定義するというようなことは、ややこしくなってしまうので、あえてできないように言語仕様として定められています。Kotlin では、「単一継承」のみが可能です。

図 31.1　単一継承（Kotlin の仕様的に OK）

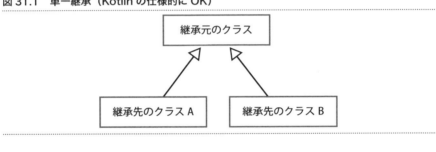

図 31.2　多重継承（Kotlin の仕様的に NG）

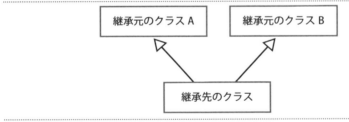

　さて、「多重継承」ができないのは Kotlin の言語仕様として受け入れるとして、それだけだと少し困ることがあります。それは、複数の異なるクラスに「共通項」を持たせることができないということです。たとえば、Person クラスと Car クラスを継承したそれぞれのクラスに共通の機能を組み込みたいケースについて考えてみてください。仮に、両方のクラスに「空を飛べる」という機能を追加したいとします。「空飛ぶ人間」と「空飛ぶ車」というクラスを新たに設計するわけですね。次の二つのコードは、Person クラスと Car クラスの両方にそ

れぞれ fly という関数を実装した例です。なお、説明を簡単にするため、基底クラスとなる Car クラスと Person クラスは本書のこれまでのサンプルよりかなり簡潔なコードにしています。それぞれ一行に収まっていますが、これでも立派なクラスの定義です。

コード 31.1

```
// Personクラスの定義
open class Person(val name: String, val age: Int)
// Personクラスを継承したFlyingPersonの定義。
class FlyingPerson(name: String, age: Int): Person(name, age) {
  fun fly() {
    println("まさか！人間が空を飛んでいます。")
  }
}
```

コード 31.2

```
// Carクラスの定義
open class Car(val color: String)
// Carクラスを継承したFlyingCarの定義。
class FlyingCar(color: String) : Car(color) {
  fun fly() {
    println("すごい！車が空を飛んでいます。")
  }
}
```

　コード 31.1 は、基底クラスである Person クラスとそれを継承した FlyingPerson クラスの定義です。コード 31.2 は、基底クラスである Car クラスとそれを継承した FlyingCar クラスの定義です。両方のクラスに fly という関数が備わっています。さて、この FlyingPerson クラスと FlyingCar クラスは、それぞれ縁もゆかりもない完全に独立したクラスです。しかし、たまたま fly という同じ名前の関数を持っていますね。一方は「人間」、もう一方は「車」という全く異質のものですが、両方とも共通して「空を飛べる」という機能、つまり fly というメソッドを持っています。全く異質のもの同士が「空を飛べる」という共通項を持っているわけです。このような場合、「空を飛べる」という点だけに注目すると、二つの異質のクラスを同じように扱えるような気がします。ここで「**インターフェース**」の登場です。この「共通項」をくくり出して「インターフェース」として事前に定義しておくのです。

具体的なコードを見ていきましょう。次に示すのは、「空を飛べる」という機能を表現したインターフェースのコード例です。

コード 31.3

```
interface Flyable {
  fun fly()
}
```

このコードを見て分かる通り、インターフェースの定義は `interface` という記述で始まります。あとは、`{ }`で挟まれた本体部分に関数を定義します。ただ、`fly` 関数の本体は記述されていません。これは抽象関数の定義と非常によく似ています。

これで「共通項」を定義した「インターフェース」の準備は終わりです。あとは、これを前述の `FlyingPerson` クラスと `FlyingCar` クラスの両方に「実装」させてみましょう。次のようになります。ちなみに、Flyable は英語で「飛べる」という意味になります。

コード 31.4

```
// Flyableインターフェースの定義。
interface Flyable {
  fun fly()
}
// Personクラスの定義
open class Person(val name: String, val age: Int)
// Personクラスを継承したFlyingPersonの定義。
class FlyingPerson(name: String, age: Int) : Person(name, age), Flyable {
  override fun fly() {
    println("まさか！人間が空を飛んでいます。")
  }
}
// Carクラスの定義
open class Car(val color: String)
// Carクラスを継承したFlyingCarの定義。
class FlyingCar(color: String) : Car(color), Flyable {
  override fun fly() {
    println("すごい！車が空を飛んでいます。")
  }
}
```

コード 31.4 では、FlyingPerson クラスと FlyingCar クラスにそれぞれ Flyable インターフェースが実装されています。FlyingPerson のクラス定義を見てください。通常のクラス定義とほとんど同じですが、最後の方にコンマ区切りの後、Flyable というインターフェース名が記述されています。これで、FlyingPerson クラスは Flyable インターフェースを実装したことになります。FlyingCar クラスにも同様に Flyable インターフェースが実装されています。

　ただ、まだやるべきことがあります。それは、両方のクラスに Flyable インターフェースで規定されている条件を満たすことです。その条件とは、fly という関数を持っているということです。両方のクラスにはもともと fly という関数が実装されていました。これは Flyable インターフェースの中で定義されていた fly という関数名と一致するので、今回はそれをそのまま使えます。ただし、関数の定義には override という記述を付けて、インターフェースで規定されている関数をオーバーライドしていることを明示しましょう。これによって、FlyingPerson クラスと FlyingCar クラスは Flyable になりました。両方とも「空を飛べる」という共通項を持つことが明確になったのです。

　さて、これら二つのクラスの両方に Flyable インターフェースを実装して「共通項」を持たせると、何がうれしいのでしょうか？　それは、第 29 章で考えた「ポリモーフィズム」、つまり「多様性」の考え方ができるようになるということです。たとえば、コード 31.4 のように FlyingPerson クラスと FlyingCar クラスが定義されている場合、次のコードのような使い方ができるようになります。

コード 31.5

```
fun main(args: Array<String>) {
  val person = FlyingPerson("タケシ", 5)
  val car = FlyingCar("赤")
  makeItFly(person)
  makeItFly(car)
}
fun makeItFly(a: Flyable) {
  a.fly()
}
```

　ここでは省略していますが、実際には FlyingPerson クラスと FlyingCar クラスの本

体の定義が同じファイル内に記載されているものと考えてください。注目してほしいのは、`makeItFly`関数が受け取っているパラメータの型です。そうです。`Flyable`型ですね。そうです。インターフェースはそのまま「変数の型」として扱えるわけです。この関数が受け取ったパラメータは、変数aです。このaの実体が何であるかは、この関数の中では特に気にしていません。しかし、`Flyable`型であるということは、このパラメータとして受け取ったものの実体が`Flyable`インターフェースを実装していることを保証しています。つまり、変数aは絶対に`fly`関数を持っているので、何のためらいもなく`a.fly()`という関数呼び出しができるわけです。

　呼び出し側（この場合は`main`関数の中）でパラメータとして引き渡しているものの実体は、1回目が`FlyingPerson`のインスタンスで、2回目が`FlyingCar`のインスタンスです。これらは完全に異質のものですが、「空を飛べる」という点では共通しているので、`makeItFly`関数は、パラメータとして受け取った変数aの実体が何であろうと気にせずに`fly`関数を呼ぶことができるわけですね。「おまえ、何者か知らないけど、とにかく飛べ〜」と言っているかのようです。第29章で考えた「ポリモーフィズム」、つまり「多様性」の考え方が応用されているわけです。

　上記で実装した`Flyable`インターフェースには、`fly`という関数が定義されていました。この関数は、関数の存在だけが定義されており、その関数がどのように動作するということは明記されていません。抽象クラス内の抽象関数と同じような扱いですね。ただ、もし「デフォルト」の動作をインターフェースに記述しておきたければそうすることも可能です。具体的なコードは次のようになります。

コード 31.6

```
interface Flyable{
  fun fly() {
    println("未確認飛行物体です！")
  }
}
```

　`Flyable`インターフェースをコード31.6のように規定した場合、これを実装した`FlyingPerson`クラスと`FlyingCar`クラスでは、`fly`関数の記述を省略することも可能です。それぞれ次のように書いてもコンパイルエラーにはなりません。

コード 31.7

```
// Personクラスの定義
open class Person(val name: String, val age: Int)
// Personクラスを継承したFlyingPersonの定義。
class FlyingPerson(name: String, age: Int): Person(name, age), Flyable
// Carクラスの定義
open class Car(val color: String)
// Carクラスを継承したFlyingCarの定義。
class FlyingCar(color: String) : Car(color), Flyable
```

　コード 31.7 では、`FlyingPerson` と `FlyingCar` の両方に `Flyable` インターフェースを実装したクラスを作成していますが、`fly` 関数の記述は省略されています。しかし、`fly` 関数のデフォルト実装がインターフェースに含まれていますので、これはこれで問題ありません。それぞれのクラスの `fly` 関数を呼んだ際には、デフォルトの実装のコードが実行され、コンソールに「未確認飛行物体です！」と表示されます。

　この章で考えたインターフェースは、前の章で考えた抽象クラスと非常によく似た機能を持っていることにお気づきになったのではないかと思います。では、この二つの違いは何でしょうか？　それは主に、多重継承ができるかできないかということです。クラスを定義する際、複数の「親クラス」を持つことはできません。インターフェースであれば、いくつでも自由に実装することができます。さらに、抽象クラスであればプロパティを定義することができますが、インターフェースではプロパティの定義はできません。あくまで関数だけの定義となります。

このように、抽象クラスとインターフェースは似て非なるものです。どのように使い分ければ良いのでしょうか？　たいていの場合、「本質的に同じ系統のもの」は、クラスの継承関係で実装していきます。たとえば `Ferrari` も `Prius` も本質的に車なので、両方とも `Car` クラスを継承するのは適切であると言えます。しかし、「本来は異質なものだけど、一部の特定機能だけに注目した場合、共通項が存在するもの」は、インターフェースでひとまとめに扱えるようにするのが得策でしょう。この章の例では、人と車という異質なものを「空を飛べる」という機能に限って注目し、共通の方法で扱えるようにしたのが、`FlyingPerson` と `FlyingCar` ということでしたね。それぞれの特徴をよく考えて、クラス、インターフェースの設計を行っていきましょう。

図 31.3

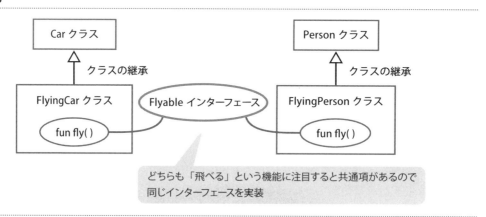

第32章 null 許容型の変数

　Androidアプリがクラッシュしてしまう原因の多くは、プログラム内で様々な「例外」と呼ばれる問題が発生していることです。とりわけ `NullPointerException` と呼ばれる例外は、かなりの頻度で発生し、アプリの品質や人気を下げてしまう要因となっています。これは、現時点ではAndroid用のアプリのほとんどがJava言語を使って作成されたものであることに起因しています。Java言語の場合、その仕様的に `NullPointerException` が起きるようなコードを簡単に書けてしまうのです。結果としてプログラムを書いた時点では気づかなかった潜在的な問題が、ユーザーが自分のスマホでアプリを使用している最中に表面化してしまいます。

　Kotlinの場合、言語仕様として `NullPointerException` を防ぐための仕組みが用意されています。Kotlinの文法上の仕様で、「コンパイル時」に問題を発見できるようにすることにより、「実行時」にまで問題が持ち越されるのを未然に防ぐことができるようになりました。

　ところで、そもそもこの `NullPointerException` とはいったい何なのでしょうか？　それは、変数の値に「何もない」という状態がセットされているのに、それに対して何かの命令を実行しようとしたときに生じるエラーです。「ここにいない人、手を挙げてくださ～い」と言っているようなものです。そんなことはできないので、Kotlinが（正確にはJava）が「それ、ムリッ！」と悲鳴を上げるのが、`NullPointerException` と言う例外です。

　これを理解するため、まずは、この「例外」の名前の一部になっている null とはいったい何なのかを考えておきましょう。null とは、Kotlinで用意されている特別なキーワードで、「何もない」という状態を意味しています。（Java言語でも全く同じ意味で null というキーワードが使われます。）

> nullという語は、「何もない」、「無効の」、「ゼロの」という意味の英語です。日本語では「ヌル」と発音されます。英語での発音ではどちらかというと「ナル」と言った方が近いような気がしますが、日本人のプログラマはほぼ全員「ヌル」と発音します。

たとえば、`String`型の変数`text`に`"あいうえお"`という文字が代入されていたとします。この状態で`text = null`と書くと、`text`という変数が上書きされて`"あいうえお"`という文字は`text`という変数とは「切り離され」ます。その状態での`text`の値は「何もない」という状態です。これは「カラ文字」でも「文字数ゼロの文字列」でもありません。`Kotlin`ではダブルクォーテーションを二つ連続して書くと「文字数ゼロの文字列」を作ることができますが、`null`というのは、それとは異なり、本当に何もデータがない状態を指します。

さて、値が`null`の変数に対して文字列の文字数を返す`length`というプロパティを呼ぶといったいどうなるのでしょうか？　それを確認するため、上記の説明文でしていることを無理やりKotlinのコードで書いてみることにしましょう。次はコンパイルが成功しないKotlinのコードです。

コード 32.1

```
var text: String = "あいうえお"
text = null // ここでコンパイルエラーが発生！
println("文字列「${text}」の長さ = " + text.length) // ここでもコンパイルエラーが発生！
```

試しに、コード 32.1 を Try Kotlin にコピー＆ペーストして実行してみてください。実行ボタンを押してコンパイルしようとしても、Kotlinのコンパイラが文法エラーを検出し、実行することはできません。まず、2行目の`text = null`というコードがエラーになります。3行目の`text.length`というコードもコンパイルエラーとして認識されます。

Javaなどの他のプログラミング言語では、2行目でやっているような、特定の変数に`null`を代入するコードは文法上のエラーとして認識されません。その結果、プログラムは普通にコンパイルされ、ユーザーの元にリリースされるということが起こり得ます。そして、3行目のような処理が実行されてしまいます。ここでは`null`がセットされた`text`という変数にアクセスし、文字数を求めようとしています。この瞬間、`NullPointerException`が発生して

しまうのです。ああ、アプリがクラッシュしてしまいます！

すでに述べた通り、文字列の変数の値が null というのは、「カラ文字」あるいは「文字数ゼロの文字列」ということではありません。本当に「何もない」状態です。その何もない文字の文字数を求めようとしても、求めることができません。ちょうど、「ここにいない人、手を挙げてくださ〜い！」と言っているようなものだからです。それは無理なのです。ダメなのです。「ぬるぽ」なのです。しかし、Java 言語では、そういうダメなプログラムコードがごく簡単に書けてしまうのです。

> **「ぬるぽ」とは？**
>
> 「ぬるぽ」とは、以前に某巨大掲示板で広まった言葉で、NullPointerException の略語です。

Kotlin の場合、文法的な決まりをある程度厳しくすることによって、そのような潜在的に問題のあるコードを簡単には書けない仕組みになっています。前述のようなコードを書くとコンパイルエラーになり、実行すらできないので、プログラマは強制的に修正を迫られるわけです。もちろん、やりようによっては、ある特定の変数に null をセットするようにすること自体は可能です。ただ、デフォルトでは変数に null を代入できない仕様になっています。これにより、できるだけ NullPointerException が起きないコードを書くようにプログラマをうまく誘導しているわけですね。

繰り返しますが、Kotlin では変数に null をセットすることが一切できないというわけではありません。プログラムをしていると、状況によっては「何もない」という状態を変数にセットできた方が便利な場合があるからです。ここで、Kotlin で意図的に null を使う方法について具体的に見ていきましょう。さきほどのコードを少し編集して、text という変数に null をセットできるように書き換えてみます。次のようになります。

コード 32.2

```
var text: String? = "あいうえお"
text = null
println("文字列「${text}」の長さ = " + text?.length)
```

コード 32.2 の一行目の変数 text の変数タイプに注目してください。String ではなく、最後にクエスチョンマークが付いて String? となっていますね。このクエスチョンマークを変数タイプに続けて書くことによって、text という変数を null をセットすることが可能なものとして宣言しています。このような変数を「null 許容型」と言います。この例では、変数 text の初期値は "あいうえお" です。しかし、2 行目ではその同じ変数 text に null をセットしています。以前のコードではここでコンパイルエラーになっていましたが、今回はコンパイルが正常に行われます。なぜかというと、1 行目で String? と変数タイプを宣言することにより、この text という変数を「null 許容型」として宣言しているからです。

では、このまま 3 行目のコードが実行されると何が起こるのでしょうか？ Java など言語の場合、ここで変数 text が null だと、NullPointerException が発生してしまいます。しかし、Kotlin でコード 32.2 を実行した場合には、そうなりません。例外が発生することなく、text?.length というプロパティは単に null という値になります。ここで注目すべきは、text?.length という記述です。変数名 text の後にクエスチョンマークが付いていますね。そしてその後にドットを付けて length プロパティを参照しています。少しややこしいですが、これは「null 許容型の変数が null でなければ、普通に文字数を返し、null の場合は null を返す」という動作になります。たとえて言えば、学校の先生が「鈴木君、もしここにいたら手を挙げて〜」と言った場合、他の生徒が「鈴木君はいませーん。null でーす。」と答えてくれるようなものです。鈴木君がいないので（つまり null なので）、鈴木君が手を挙げるというアクションもいっさいなし（つまり null）となるというイメージです。上記のコードの実行結果は次のようになります。

```
文字列「null」の長さ = null
```

表示されるメッセージが、読む人にとっては分かりにくくなってしまいましたね。実際の業務などでプログラムするときには、たとえば text が null の場合には、if 文で処理を分岐して、「文字数はゼロです」、「文字が指定されていません」といったメッセージを表示するようにした方が良いかもしれません。ただ、この例ではとりあえず、このコードでは実行時に NullPointerException が発生することはない、という点に注目してください。このように、変数名の後に ?. を付けて関数やプロパティを参照する方法は、「**セーフコール**」あるいは「**安全呼び出し**」と呼ばれます。

さて、ここまでのサンプルコードでは、変数 text に "あいうえお" をセットした直後に null 値をセットしなおすという、あまり意味のないコードになっていました。普通はこのようなことはしません。また、変数 text に null をセットした直後に text?.length というプロパティ参照をするというのも、実用的にはほとんど意味のないコードです。Kotlin において、変数に null を許容するかしないかを区別する機能が威力を発揮するのは、ある変数への値の代入と、その変数への参照がコード上の離れた位置に記述されているケースです。

たとえば、あなたが勤めている会社で、上司からある関数のプログラムを任されたとしましょう。その関数はどこからどのように呼び出されるか、あなた自身ははっきりとは分かりません。その関数を呼び出すコードは同僚のプログラマが書いています。同僚のプログラマがうっかり null という値をパラメータとしてあなたの関数へ引き渡してくるかもしれません。そうなると、あなたが書いた関数の中で NullPointerException が起こり、アプリがクラッシュするということが起こり得ます。できれば、そういうことが起きないように事前に予防線を張っておきたいですよね。もし、同僚の書いたプログラムからあなたの書いた関数に渡されてくるパラメータが、「絶対 null にはなり得ない」という保証さえあれば、関数の本体部分を実装しているあなたは安心できます。そして、非常にシンプルなコードを書くことができます。あるいは、そういう保証はない場合でも、同僚のプログラマがあなたの関数に null を引き渡してきたときは、あなたの作った関数の中で事前に null チェックを行うことによって例外を防ぐようにしておくという手もあります。次の二つのコードを見てください。

コード 32.3

```
fun countTextLength1(text: String) : Int {
  return text.length
}
```

コード 32.4

```
fun countTextLength2(text: String?) : Int {
  if(text!=null) {
    return text.length
  } else {
    return 0
  }
}
```

これら二つの関数は基本的には同じことをしています。文字列を受け取って、その文字数を呼び出し側にリターンしていますね。Kotlin では、どちらのコードも絶対に `NullPointerException` が発生しないことは、コンパイルした時点で保証されています。
　コード 32.3 の `countTextLength1` という関数がパラメータとして受け取っている変数 `text` は null 許容型ではないので、絶対に `null` になり得ません。そのため、`countTextLength1` の中では、安心して非常に簡潔なコードを書くことができます。
　一方、コード 32.4 についてはどうでしょうか？　`countTextLength2` 関数にパラメータとして引き渡された変数 `text` は、null 許容型です。そのため、その変数の `length` プロパティにアクセスする前には、`if` 文による条件判断で `text` の値が `null` ではないことをチェックしています。`if` 文の中の `!=` という演算子は「～ではない」という意味であることを学びましたよね。いずれにしても、コード 32.4 も実行時例外が生じない安全なコードです。
　Java などの言語では、よくコード 32.3 のようなコードが書かれていました。なぜなら、コード 32.4 のように `if` 文による「null チェック」を書くのは面倒だからです。ただ、Java の場合は、`text` という変数が `null` になることが文法的に許されています。それで、本来は、コード 32.4 のように `text` が `null` かどうかチェックをしてからその変数を操作しなければならないのですが、そのチェックを怠ってしまうことがあるのです。このちょっとした「手抜き」が `NullPointerException` を引き起こすことにつながっていました。プログラマがコーディングしている際には、パラメータの変数 `text` に `null` が渡されてくることがない「だろう」と思い込んでコードを書いているのですが、実際にユーザーがプログラムを実行したときに呼び出し側から `null` が渡されて来てしまうことがあります。関数の呼び出し側を実装した人が、パラメータとして `null` を引き渡してはいけないという「暗黙のルール」的なことを意識していないことがあるからです。
　関数の実装者がその関数の中で `NullPointerException` が発生することを避けたいのなら、コード 32.4 のような `if` 文での「null チェック」をしっかり行うコードを書かなくてはなりません。でも、これって、はっきり言って面倒くさいですよね。このような単純なことをするだけで文字をタイプする量がかなり多くなります。コードが何行にもわたって書かれるので面倒になり、ついついコード 32.3 のようなコードを書いてしまうのです。Java の場合、そのようなコードは `NullPointerException` が生じる危険と隣り合わせの非常に危ういコードということになります。
　Kotlin では、コード 32.3 は、文字のタイプ量は少ないにも関わらず安全なコードです。変数 `text` が「非 null 許容型」であるからです。この変数に `null` という値をセットすることは

そもそも不可能です。関数の呼び出し側で null になる可能性のある値をパラメータに指定しようとすると、コンパイラによって文法的なエラーとして検知されます。たとえば、次のコードを見てください。3 行目までは問題なくコンパイルできる正しいコードです。しかし、4 行目と 5 行目はコンパイルエラーになります。

コード 32.5

```
1  var text_a: String  = "あいうえお"
2  var text_b: String? = "あいうえお"
3  var length_a = countTextLength1(text_a)  // 正常にコンパイルできます。
4  var length_b = countTextLength1(text_b)  // コンパイルエラーになります。
5  var length_n = countTextLength1(null)    // コンパイルエラーになります。
```

コード 32.5 の 4 行目では、変数 text_b の値を countTextLength1 のパラメータとして引き渡そうとしています。しかし、2 行目を見ると分かりますが、この変数 text_b は null 許容型ですね。つまり、null になり得る変数タイプです。この例では、text_b の値は実際には null ではありませんが、もし null という値をセットしようと思えばできるタイプの変数です。これを countTextLength1 のパラメータとして引き渡すことは Kotlin の文法に反することとみなされ、コンパイルが通りません。その変数の値を引き渡している先の countTextLength1 のパラメータが「非 null 許容型」だからです。5 行目では null そのものをパラメータとして引き渡そうとしていますが、これももちろんコンパイルエラーになります。

私たち人間（プログラマ）がコード 32.5 のどの行に問題があるかを一目で判断するのは結構難しいですよね。でも、Kotlin のコンパイラは問題を一瞬で見分け、NullPointerException を引き起こす可能性のある、コード 32.5 の 4 行目や 5 行目のような箇所はすべてコンパイルエラーになります。コンパイルできなければ、そのプログラムがリリースされて世の中に出回ることもありませんし、ユーザーがアプリを実行してクラッシュを経験することもなくなります。いちいちエラーメッセージを発してくる Kotlin コンパイラは気難しいやつのように思えるかもしれませんが、実際には、プログラムの実行時に問題が発生する可能性を取り除いてくれている親切な助言者なのです。

さて、コード 32.4 にもう一度注目してみてください。コメントを一文付け加えて次に再掲します。

コード 32.6

```
fun countTextLength2(text: String?) : Int {
  if(text!=null) {
    return text.length // これはコンパイルエラーになりません。
  } else {
    return 0
  }
}
```

　この関数が **NullPointerException** を絶対に引き起こさない理由はすでに考えました。**text.length** というプロパティの値を参照する際に、事前に **if** 文で「null チェック」をしているからでした。**text** という変数が **null** ではないときだけ、**return text.length** という処理を実行する仕組みになっているのです。

　ここでもう一つ、注目してほしい点があります。それは、**if** 文で「null チェック」をした後の変数 **text** は、たとえそれが「null 許容型」の変数だったとしても、自動的に「非 null 型」の変数として扱われているという点です。つまり、「null 許容型」の変数 **text** に対して **text?.length** という「安全呼び出し」によるプロパティ参照をする必要はないのです。クエスチョンマーク抜きで **text.length** と書いてしまってもコンパイルエラーにならないということです。**if** 文で「null チェック」をした直後なので当然と言えば当然なのですが、その当然なことを私たちプログラマが分かっているだけでなく、Kotlin のコンパイラも分かってくれているというところがポイントです。Kotlin では「null 許容型」の変数にアクセスする際には、事前に「null チェック」をしているかどうか、文脈を見て確認してくれているわけです。単に一行一行のコードの文法を機械的にチェックするだけでなく、書かれているコードの前後も確認した上でコンパイルしてくれているのですね。すばらしいです。では、コード 32.6 の **countTextLength2** の中身を次のように書き換えるとどうなるでしょうか？

コード 32.7

```
fun countTextLength2(text: String?) : Int {
  return text.length // これはコンパイルエラーになります。
}
```

　このコードの変数 **text** は null 許容型ですが、それに対して事前に「null チェック」するこ

となしに、いきなり`text.length`というプロパティ参照を行ってしまっています。これは実行時に`NullPointerException`を引き起こしそうなコードですが、実際にはその心配はありません。なぜなら、このコードもコンパイルエラーになるからです。Kotlin のコンパイラは、文脈を見て「文法的に問題あり」と判断してくれます。コード 32.6 とコード 32.7 のどちらも同じく`return text.length`という記述が出てきますが、コード 32.7 だけが文法エラーとして扱われます。プログラマのちょっとした「手抜き」が文法的にチェックされているわけです。この仕組みのおかげで、Kotlin で作成したプログラムでは`NullPointerException`の発生率を劇的に下げることが可能になりました。

ただ、ここで一つ疑問が生じます。仮に、null 許容型の変数がすでに存在するとして、null 許容型の変数を受け付ける`countTextLength2`が存在していないという状況を考えてみてください。つまり、あなたが呼び出せるのは`countTextLength1`だけです。`countTextLength1`は、パラメータとして null 許容型の変数を受け付けてくれません。この場合、どうすればよいのでしょうか？

その答えは、「`!!`演算子を使って、null 許容型の変数を非 null 許容型に変換すれば良い」ということになります。次のコードのようになります。

コード 32.8

```
fun main(args: Array<String>) {
  var text_a: String  = "あいうえお"
  var text_b: String? = "あいうえお"
  var length_a = countTextLength1(text_a)    // 正常にコンパイルできます。
  var length_b = countTextLength1(text_b!!)  // 正常にコンパイルできます
}
fun countTextLength1(text: String) : Int {
  return text.length
}
```

コード 32.8 では、変数`text_a`は「非 null 許容型」ですが、変数`text_b`は「null 許容型」です。変数`text_b`を「非 null 許容型」のパラメータしか受け付けないことになっている`countTextLength1`に引き渡そうとしています。このような場合、`text_b`という変数の後に「ビックリマーク」を二つ続けて書き`!!`演算子を付けて「非 null 許容型」に強制的に変換することによって、文法エラーを回避できます。これで、結局`countTextLength1`は使えないという問題は解決です。でも、待ってください。「null 許容型」の変数`text_b`に本

当に null をセットしたら、いったいどうなるのでしょうか。次のコードを見てください。

コード 32.9

```
fun main(args: Array<String>) {
  var text_a: String  = "あいうえお"
  var text_b: String? = null // この変数を null にしたら、この後どうなるかの実験。
  var length_a = countTextLength1(text_a)    // 正常にコンパイルできます。
  var length_b = countTextLength1(text_b!!) // 正常にコンパイルできます
}

fun countTextLength1(text: String) : Int {
  return text.length
}
```

コード 32.9 では、変数 `text_b` に null をセットしてしまっています。それはコンパイルエラーにはなりません。変数タイプが `String?` となっているからですね。また、`countTextLength1` を 2 回目に呼び出す際に、パラメータとして `text_b` を引き渡していますが、それもコンパイルエラーにはなりません。なぜなら、ビックリマークを二つくっつけて `text_b!!` と記載しているからです。この表記によって、「null 許容型」の変数を「非 null 許容型」に変換しています。では、このコードをコンパイルして実行するとどうなるでしょうか？ 実行時に、コンソールには次のように表示されます。

```
Exception in thread "main" kotlin.KotlinNullPointerException
 at Sample.main(Sample.kt:5)
```

なんと、`NullPointerException` が発生してしまいました。Kotlin でもやはり `NullPointerException` は完全には防げないのですね。少し残念ですが、ここはポジティブに考えましょう。Kotlin で `NullPointerException` が生じるケースは唯一、!! 演算子を使って「null 許容型」の変数を無理やり「非 null 型」に変更した場合だけです。逆に言うと、私たち Kotlin プログラマが !! 演算子さえ使わなければ `NullPointerException` は生じ得ないわけです。というわけで、この !! 演算子を使用するのは、どうしても必要な場合のみにしましょう。!! 演算子があなたのコードに出てきた場合は、それは `NullPointerException` のリスクを負っているサインです。!! 演算子を使わなければいけ

ないと思える場面に遭遇したら、if 文で null チェックをするコードに書き換えることができ
ないかどうかを、ぜひ再度検討してください。たいていの場合は、変数が null かどうかを
if 文でチェックをするコードに書き換える方が安全です。

　さて、この章の冒頭で出てきた countTextLength2 という関数について再度考えてみた
いと思います。次のコード 32.10 は、すでに示したコード 32.6 と同じものです。この関数は
null になる可能性のある変数 text をパラメータとして受け取っています。そのため、if 文
でチェックして null でない場合には文字数を返し、null の場合は 0 を返すようになってい
ました。これと全く同じことをするのに、ちょっと便利な書き方があります。コード 32.11
にそれを示します。

コード 32.10

```
fun countTextLength2(text: String?) : Int {
  if(text!=null) {
    return text.length
  } else {
    return 0
  }
}
```

コード 32.11

```
fun countTextLength3(text: String?) : Int {
  return text?.length ?: 0
}
```

　コード 32.10 の countTextLength2 関数とコード 32.11 の countTextLength3 関数
は、動作的には全く同じになります。ただ、コード 32.11 は、かなりシンプルに書かれてい
ますよね。シンプルになりすぎて、一見して意味が分かりにくいほどです。text?.length
というのが NullPointerException を避けるための「安全呼び出し」を使った記述である
ことはすでに学びました。これは、「もし text が null 以外なら length プロパティを参照
し、もし text が null なら null を返す」という意味でしたよね。その後に ?: という見慣
れない記述が出てきます。これは「**エルビス演算子**」と呼ばれるものです。この演算子の意

味するところは、「もし直前に書かれた式が null 以外ならその値をそのまま返し、もし直前に書かれた値が null なら、その後に書かれた値を返す」という意味になります。そのため、return text?.length ?: 0 というたった一行の記述が、コード 32.10 と同じ意味合いになるわけです。少しややこしいですが、この「エルビス演算子」を使えば簡潔なコードが書けるようになりますので、ぜひ覚えておきましょう。

> 「エルビス演算子」の「エルビス」ですが、これは、あのエルビス・プレスリーが語源になっているようです。この ?: という表記がエルビス・プレスリーの絵文字っぽく見えるからです。たしかに、?: を時計回りに 90 度回転すると、クエスチョンマークの部分がエルビスのリーゼントで、二つの点が目に見えなくもないですよね。口に該当する部分の文字が無いですが、想像力を働かせれば、たしかにこれは「エルビス」です。

「エルビス演算子」は、ある特定の変数のプロパティにアクセスする際などに使えます。しかし、ある変数を対象として特定の処理を実行したい場合はどうすればよいでしょうか？　たとえば、プログラムをしていると、変数の値が null 以外ならそれを println 関数に引き渡して表示させ、変数の値が null の場合は何もしない（単に無視する）というようなコードを書くことがあります。もちろん、if 文を使って処理を分岐すれば良いことは容易に想像がつきますが、ここではもっと簡潔なコードを書く方法を紹介します。

次の二つのコードを見比べてください。一つ目は if 文を使って処理を分岐したコードで、二つ目はそれと全く同じことをより簡潔に書いたコードです。String 型の変数が持っている let という関数を活用しています。

コード 32.12

```
val list: List<String?> = listOf("あ", "い", "う", null, "お")
for(text in list) {
  if(text!=null) {
    println(text)
  }
}
```

コード 32.13

```
val list: List<String?> = listOf("あ", "い", "う", null, "お")
for(text in list) {
  text?.let { println(it) }
}
```

　ここまで本書を読み進めてこられた方なら、コード 32.12 は難なく理解できるでしょう。`for` 文の中で繰り返し処理をする際に、「null 許容型」の変数 `text` が `null` であるかどうかをチェックして、`null` でなければ `println` 関数を使って表示しています。`List` には「あ行」のひらがな文字が格納されていますが、「え」の代わりに `null` がセットされています。コード 32.12 では、`if` 文で `null` の値に対しては何も処理をしないようになっているので、このコードを実行するとコンソールに「あ」、「い」、「う」、「お」と順に表示されます。

　コード 32.13 もそれと全く同じことをしています。ただ、`for` 文の中に入っているコードはかなりシンプルになりましたよね。`if` 文がなくなり、その代わりにあまり見慣れない `let` という記述が出てきたので戸惑った方もいるかもしれません。これは実は、Kotlin の「ラムダ式」と呼ばれる記述方法を用いたものなのです。`let` は関数なのに、丸括弧がなく、波括弧だけ書いてありますね。この「ラムダ式」については本書の第 39 章で取り上げます。現時点では「こんな方法もあるのだな」という程度に考えてください。とりあえず、値が `null` かもしれない変数に何らかの処理をする際には、その変数に対して `let` という関数を使うことで簡潔なコードが書けるということだけおさえておきましょう。

第33章 Any クラス

　ここまでの章では、オブジェクト指向の基本的な考え方である「クラスの継承」という概念を度々扱ってきました。たとえば、Prius クラスの「親（基底クラス）」は Car クラスです。では、Car クラスの「親」は何でしょうか？　それは、Any というクラスです。今までの説明では、Car クラスを定義する際に Any という記述はどこにもありませんでしたが、実はそれは暗黙の内に Kotlin が「自動的に」Any クラスを継承してくれていたのです。次に示す二つのコードの一つ目、コード 33.1 は、これまでどおり Any クラスの記述を省略したコードです。二つ目のコード 33.2 は、あえて Any クラスの継承関係を明記したコードです。説明を簡単にするために、以前のサンプルコードの Car クラスを簡潔なものに書きなおしています。

コード 33.1

```
open class Car(val color: String) {
  open fun drive() {
    println("${color}の車が走る！")
  }
}
```

コード 33.2

```
open class Car(val color: String) : Any() {
  open fun drive() {
    println("${color}の車が走る！")
  }
}
```

　コード 33.1 はこれまで通りのクラス定義の書き方ですが、コード 33.2 の 1 行目には

：Any() という記述がありますね。これは、第 27 章で学んだように Car クラスが Any クラスを継承しているということを意味しています。しかし、実はコード 33.1 でも Car クラスが Any クラスを継承している点は全く同じです。ただ、記述が省略されているだけなのです。ここまで本書に掲載したすべてのクラスも、継承元をたどっていけば必ず Any クラスに行き着きます。Any クラスはすべてのクラスの「祖先」なのです。

図 33.1

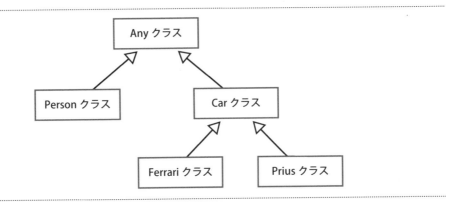

Any クラスは、Kotlin の開発者たちが「最も基本的なクラス」としてあらかじめ定義しておいてくれたものです。このクラスには次の三つの関数が実装されています。これはつまり、私たちが Kotlin で作成するすべてのクラスにも次の三つの関数が存在することを意味します。

```
open fun toString(): String
open operator fun equals(other: Any?): Boolean
open fun hashCode(): Int
```

実は、これら三つの関数はすべて、本書のこれまでのサンプルコードでも知らず知らずのうちに使っていました。まず、一つ目の toString 関数を見てみましょう。次の二つのコードは、どちらも全く同じことをしています。

コード 33.3

```
fun main(args: Array<String>) {
    val pi: Double = 3.14
    println(pi)
}
```

コード 33.4

```
fun main(args: Array<String>) {
    val pi: Double = 3.14
    println(pi.toString())
}
```

　どちらのコードも、実行するとコンソールに「3.14」と表示されます。このコードでは、`pi` という変数は `Double` 型として宣言されています。`println` 関数は、文字をパラメータとして受け取ってそれを画面に表示する関数なのですが、パラメータとして `Double` 型の変数 `pi` を渡してしまっています。今まで当たり前のように受け入れてきたこの動作ですが、これはよくよく考えれば不思議ですよね。どうしてこのようにできるのでしょうか？　それは、`println` 関数では、受け取った変数 `pi` に対して `toString` 関数を呼び、その結果取得した文字列をコンソールに表示しているからなのです。

　では、次に `equals` 関数に関して考えてみましょう。これについては、まず次の二つのコードを見比べてください。

コード 33.5

```
val text1: String = "こんにちは"
val text2: String = "こんにちは"
if(text1==text2) {
    println("二つの文字列は同じ内容")
} else {
    println("二つの文字列は異なる内容")
}
```

コード 33.6

```
val text1: String = "こんにちは"
val text2: String = "こんにちは"
if(text1.equals(text2)) {
    println("二つの文字列は同じ内容")
} else {
    println("二つの文字列は異なる内容")
}
```

　コード 33.5 では、二つの文字列を `==` 演算子で比較していますね。一方、コード 33.6 は `text1.equals(text2)` というメソッド呼び出しで二つの文字列の内容が一致しているかどうかを比較しています。実は、これも全く同じことなのです。今まで意識していなかっただけで、`==` という演算子で二つの変数を比較する際に、実は Kotlin が裏でひそかに `equals` 関数の呼び出しをしていたのです。

最後に、`Any`クラスが持つ`hashCode`という関数について考えましょう。第18章で学んだ`Set`と第19章で学んだ`Map`という機能を思い出してください。そのときに「ハッシュ」が何かということについて考えましたよね。実は、`Set`や`Map`というコレクションクラスにデータを格納する際に、この`Any`という関数が持つ`hashCode`という関数が裏で使われていたのです。たとえば、次のコードでは`MutableMap`に`"Apple"`というキーで`"アップル"`という値を紐づけしています。

コード 33.7
```
val map = mutableMapOf("Pen" to "ペン")
map.put("Apple", "アップル")
val value = map["Apple"]
println(value)
```

　コード33.7では、マップの`put`関数が呼ばれると、その関数の内部で`"Apple"`という値の`String`型のインスタンスに対して、`hashCode`という関数を呼び出します。`hashCode`関数はハッシュコードを返しますので、それを利用してキーと値を格納しています。`map["Apple"]`という記述でも、実は裏で`hashCode`関数が呼ばれて、文字列のハッシュコードを参照し、それを使って高速に値が検索できるように工夫されています。このあたりの仕組みに関しては、「ハッシュ」の概念について知らないとイメージがつかみにくいかもしれませんが、ここでは「すべての`Kotlin`クラスには、`hashCode`という関数が存在しており、それが様々なところで使われている」ということだけおさえておいてください。

　`Any`クラスはすべてのクラスの基底クラスですから、この章で学んだ三つの関数の役割を理解しておくことは非常に重要です。この章で学んだ知識をベースにして、次の次の章である第35章で「データクラス」について考えます。

第34章 スマートキャスト

　前の章では、**Any** というクラスがすべてのクラスの「祖先」とも言えるクラスであることについて考えました。ということは、たとえば関数のパラメータの型を **Any** とすれば、どんな型のパラメータでも引き渡せる「何でもあり」の関数ができるのではないでしょうか？

　その通りです。たとえば、次のコードを見てください。

コード 34.1

```
fun main(args: Array<String>) {
  val number = 123
  val text = "あいうえお"
  val car = Car("赤")
  val person = Person("タケシ", 5)
  printClassInfo(number)
  printClassInfo(text)
  printClassInfo(car)
  printClassInfo(person)
}
fun printClassInfo(obj: Any) {
  val hashcode = obj.hashCode()
  val text = obj.toString()
  println("テキスト = ${text}、 ハッシュコード= ${hashcode}")
}
class Car(val color: String)
class Person(val name: String, val age: Int)
```

　コード 34.1 では `printClassInfo` という関数が定義されていますが、この関数が受け取るパラメータ変数 `obj` は **Any** 型として宣言されているので、この関数には呼び出し側の `main` 関数側から、どんな型のインスタンスも引き渡すことが可能です。`printClassInfo` の中で

は、受け取ったインスタンス、つまり変数 `obj` に対して、`hashCode` 関数や `toString` 関数を呼び出していますね。これらは、すべてのクラスの継承元である `Any` クラスが持つメソッドです。コード 34.1 を実行すると次のようになります。

```
テキスト = 123、 ハッシュコード= 123
テキスト = あいうえお、 ハッシュコード= -1095354298
テキスト = Car@5305068a、 ハッシュコード= 1392838282
テキスト = Person@1f32e575、 ハッシュコード= 523429237
```

この実行結果を見ると、1 行目と 2 行目に表示された内容はなんとなく分かると思います。ただ、3 行目と 4 行目に表示されている `Car@5305068a` や `Person@1f32e575` という表示は一体何なのでしょう？ 実は、これらは `Car` クラスと `Person` クラスの `toString` 関数が返す値なのです。`Car` クラスと `Person` クラスでは `toString` 関数をオーバーライドしていないので、親クラスである `Any` の `toString` 関数が返す値がそのまま表示されています。クラス名の後に `@` が付いて、その後に謎のランダムな英数字が並んでいますが、これは各インスタンスが固有に持っている「識別番号」のようなものであると考えてください。この `toString` が一見意味不明な文字列を返す件の対応策に関しては、次の章で考えます。

ここでは、まず `printClassInfo` 関数に注目してみましょう。この関数を少し改造します。呼び出し側から「何でもあり」でいろいろな型のインスタンスが渡されてきますが、たとえば、渡されてきたパラメータの実体が `Person` クラスか `Car` クラスの場合は、処理を分岐して何か特別なメッセージを表示してみたいと思います。ある変数が特定のクラスのインスタンスかどうかを見分けるには、`is` という識別子を使用します。次のコードを見てください。

コード 34.2
```
fun printClassInfo(obj: Any) {
  val hashcode = obj.hashCode()
  val text = obj.toString()
  println("テキスト = ${text}、 ハッシュコード= ${hashcode}")
  if(obj is Person) {
    println("↑ これは Personクラスのインスタンスですね！")
  } else if(obj is Car) {
    println("↑ これは Carクラスのインスタンスですね！")
  }
}
```

コード34.2を見ると、`if(obj is Person)`という条件判断文で、変数`obj`の実体が`Person`クラスのインスタンスかどうかを判定しています。同じように、`if(obj is Car)`という条件判断文で、`obj`が`Car`クラスのインスタンスかどうかを判定しています。コード34.2の実行結果は次の通りです。

```
テキスト = 123、 ハッシュコード= 123
テキスト = あいうえお、 ハッシュコード= -1095354298
テキスト = Car@5305068a、 ハッシュコード= 1392838282
↑ これは Carクラスのインスタンスですね！
テキスト = Person@1f32e575、 ハッシュコード= 523429237
↑ これは Personクラスのインスタンスですね！
```

さらにこの関数の改造を続けましょう。以前の章で出てきたサンプルコードで、`Person`クラスに`greet`という関数を実装しました。`Car`クラスには`drive`という関数を持たせています。この章のサンプルコードでも同じようにして、それぞれのクラスが独自に持っている関数を呼んでみましょう。次のようになります。

コード 34.3

```kotlin
fun main(args: Array<String>) {
  val number = 123
  val text = "あいうえお"
  val car = Car("赤")
  val person = Person("タケシ", 5)
  printClassInfo(number)
  printClassInfo(text)
  printClassInfo(car)
  printClassInfo(person)
}

fun printClassInfo(obj: Any) {
  val hashcode = obj.hashCode()
  val text = obj.toString()
  println("テキスト = ${text}、 ハッシュコード= ${hashcode}")
  if(obj is Person) {
    println("↑ これは Personクラスのインスタンスですね！")
    obj.greet() // Personには、あいさつさせます。
  } else if(obj is Car) {
```

```
      println("↑ これは Carクラスのインスタンスですね！")
      obj.drive(100.0) // Carは、走らせます。
    }
  }

  class Car(val color: String) {
    fun drive(d: Double) {
      println("${color}の車が${d}km走りました。")
    }
  }

  class Person(val name: String, val age: Int) {
    fun greet() {
      println("${name}です。${age}才です")
    }
  }
```

　コード 34.3 を見て、「あれっ」と思った方もいるかもしれません。特に Java などの他の言語でのプログラムに慣れている方は、`obj.greet()` と `obj.drive()` というコードがコンパイルエラーにならないのを不思議に思うことでしょう。というのも、`obj` は Any 型の変数で、Any 型には greet や drive といった関数は存在していないはずです。それなのに、Any 型のインスタンスに対して、greet や drive という関数を呼び出せているのです。理由は何でしょうか？

　それは、if 文での判定によりチェックされているからです。たとえば、`if(obj is Person)` という式が成立したということは、その後に続く処理ブロック内では、obj の実体が Person クラスのインスタンスであることは明白です。Kotlin のコンパイラもそれを分かっているので、obj が Any 型の変数であるにも関わらず、あたかも Person 型の変数であるものとして処理してくれるわけです。同様に if 文の中で obj が Car クラスのインスタンスとして判定された場合には、変数 obj を Car クラスのインスタンスとして扱います。つまり、Kotlin では、`obj.greet()` や `obj.drive()` といった一行一行のコードの文法を機械的にチェックするのではなく、その前の「文脈」もチェックした上で変数のタイプを認識しているわけです。この仕組みは「**スマートキャスト**」と呼ばれています。

　Java などの他の言語では、「スマートキャスト」の仕組みはありません。if 文で変数の型をチェックした後、さらに「キャスト」と呼ばれる記述を書き足す必要があるのです。この点

について、KotlinのコードとJavaのコードを比べてみましょう。本書は基本的にJavaの知識がなくともKotlinについて学べるように構成していますが、この「キャスト」に関しては、Javaでいかに面倒な記述が必要であったかを知ることで、Kotlinの「スマートキャスト」のありがたみを実感できると思います。次の二つのコードを見比べてみてください。ちなみに、右側のコード内で使われている`instanceof`というのは、Javaのキーワードで、Kotlinにおける`is`と同等の機能を持ちます。

Kotlinの「スマートキャスト」のコード
```
if(obj is Person) {
  obj.greet()
} else if(obj is Car) {
  obj.drive()
}
```

Javaの「キャスト」のコード
```
if(obj instanceof Person) {
  Person person = (Person)obj;
  person.greet();
} else if(obj instanceof Car) {
  Car car = (Car)obj;
  car.drive();
}
```

いかがでしょうか？　Kotlinのコードに比べてJavaのコードはだいぶごちゃごちゃしていますよね。`obj`というインスタンスの型を`if`文でチェックした後、わざわざ`Person`クラスや`Car`クラスと言った変数にセットしなおしています。その際、`(Person)obj`や`(Car)obj`というように、変数名の直前にクラス名を丸括弧で囲んだ記述を付加しています。この丸括弧で囲んだ記述がJavaで「キャスト」と呼ばれているものです。`if`文でクラスの型をチェックしているのですが、Javaのコンパイラは、この`if`文の処理の流れ、つまり「文脈」は考慮していません。ですから、わざわざコンパイラに、「この変数は`Person`型なのですよ」、「この変数は`Car`型なのですよ」と教えてあげなければなりません。いちいちこのような記述を強制されてしまうので、コーディングがとても面倒なのです。一方、Kotlinでは、このような「キャスト」の記述を書く必要がなく、文脈を理解した上で自動的に「キャスト」してくれるのです。「`if`文で`Person`型であることを確認した直後なのだから、この`obj`は当然`Person`型だよね！　だから`Person`クラスが持っている関数`greet`を呼ぶこともできるよね！」という解釈をしてくれるわけです。とってもスマート（賢い）ですね！

Kotlinの「スマートキャスト」は、`if`文によってインスタンスの型を特定するだけでなく、他のケースでも、インスタンスの型がコンパイラによって推測できるのであれば全く問題なく適用されます。次の二つのコードを見比べてみてください。

コード 34.4
```
fun printClassInfo(obj: Any) {
  if(obj is Person) {
      obj.greet()
  } else if(obj is Car) {
      obj.drive(100.0)
  }
}
```

コード 34.5
```
fun printClassInfo(obj: Any) {
  when {
    obj is Person -> obj.greet()
    obj is Car -> obj.drive(100.0)
  }
}
```

　コード 34.4. は、**if** 文でクラスのタイプを特定した例です。コード 34.5 は、**when** 文でクラスのタイプを特定している例です。どちらも全く同じ動作になります。いきなり **obj.greet()** とか **obj.drive(100.0)** と書いただけでは、文法エラーになってしまうようなものであっても、**if** 文や **when** 文を使うことによって文脈的に **obj** が指す実体が明確になる場合は、文法上問題のないコードとして扱われます。これが Kotlin の「スマートキャスト」と呼ばれる機能です。

第35章 データクラス

　この章では、Kotlinの「**データクラス**」について説明します。データクラスとは、その名前の通り、何らかのデータを格納する器（うつわ）としての役割を果たすためのクラスのことです。ただ、それはこれまでに扱ってきた「普通のクラス」を使って実現できないわけではありません。クラスの中に`var`で複数のプロパティ変数を定義すれば、それらの変数にいろいろな値を書き込めますよね。いろいろな変数をクラス内にひとまとめにしておけば、そのクラスはデータ格納用の器（うつわ）として使えそうです。しかし、Kotlinでは、わざわざ「データクラス」なるものが言語仕様として用意されています。なぜ、そのようなものが存在しているのでしょうか？　それを使うとどのようなメリットがあるのでしょうか？　この章ではこれらの点を順に考えていきましょう。

　まず、「普通のクラス」を使って、何らかのデータを格納するクラスを設計してみることにします。たとえば、これまで本書のサンプルコードの中には`Person`という名前のクラスがたびたび登場してきました。これはいわゆる「普通のクラス」ですが、ある人物の名前と年齢を格納するための変数が内部にあるので、考えようによっては「データを格納するためのクラス」あるいは「データを格納することができるクラス」と考えてよいでしょう。今回は、この`Person`クラスを少しだけ改造して、「名前と年齢」ではなく「名前とマイナンバー」を保管するようにしてみたいと思います。といっても、単に`Int`型の変数名を`my_number`に変えただけです。具体的なコードは次の通りです。

コード 35.1
```
class Person(val name: String, val my_number: Int)
```

　さて、このようなクラスを書いておけば、「名前とマイナンバー」というデータを保管できる器（うつわ）として利用できますよね。それでは、このクラスを二つ「インスタンス化」し、

それぞれに名前とマイナンバーをセットしてみましょう。そして、その二つのインスタンスが「同じかどうか」を判定する if 文を書いてみます。次のようになります。

コード 35.2

```
val p1 = Person("タケシ", 1234)
val p2 = Person("ケンタ", 5678)
if(p1==p2) {
  println("二人は同一人物")
} else {
  println("二人は別人")
}
```

コード 35.2 を実行した結果は次の通りです。

```
二人は別人
```

ここから、p1 と p2 という変数にそれぞれセットされている Person クラスのインスタンスが、== 演算子で比較する際に「別物」と判定されていることが分かります。当然ですね。では、次のようにした場合、どうなるでしょうか？

コード 35.3

```
val p1 = Person("タケシ", 1234)
val p2 = Person("タケシ", 1234)
if(p1==p2) {
  println("二人は同一人物")
} else {
  println("二人は別人")
}
```

コード 35.3 を実行した結果は次の通りです。

```
二人は別人
```

この結果に少し違和感を覚えた方もいるのではないでしょうか。ここで p1 と p2 という変

数にそれぞれセットされているデータは完全に一致しています。名前は両方「タケシ」、マイナンバーは両方「1234」です。この二つの変数を (p1==p2) というように比較した場合、結果は false になるのですね。つまり p1 と p2 は「同じ」ではないということになるわけです。

　私たちが日常生活の中で「同じ」という言葉を使う場合、それにはいろいろな意味があります。たとえば、ここに2枚のメモ用紙があるとしましょう。それぞれに自分の名前とマイナンバーを書き留めておき、1枚はデスクの引き出しに、もう1枚はキャビネットの中にしまっておきます。さて、ここで質問です。この二つのメモは「同じ」でしょうか？　確かにメモに書いてある内容は全く「同じ」です。しかし、「インスタンス」つまり「紙という物体」としては別々の存在なので「同じ」ではないとも言えますよね。

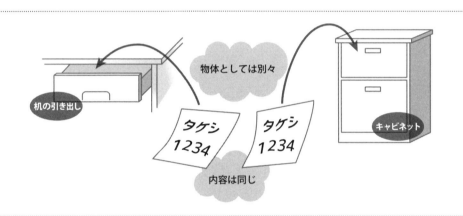

　Kotlin の場合、== という演算子は、この両方の意味で使われます。前述の通り、二つの変数 p1、p2 を用意して、それぞれに Person("タケシ", 1234) というような同じ内容のインスタンスをセットした場合、(p1==p2) という式は、false という結果になりました。つまり、この == 演算子は、「インスタンスとして同じものかどうか」を判定するものとして使われているのです。

　これは、前の章で学んだ Any クラスが持っている equals 関数の仕様によるものです。二つの変数を == という演算子で比較する場合、実際には裏で equals 関数が呼ばれていることを思い出してください。Person クラスでは、equals 関数をオーバーライドしていませんので、Any クラスが持っているデフォルトの equals 関数を使って比較が行われています。そして、Any クラスの equals 関数は、「インスタンスとして同じものかどうか」を判定する仕様で作られています。

これを「データの中身が同じかどうか」を判定するようにしたい場合、つまり「名前とマイナンバーの情報が同じかどうか」を判断したい場合には、どうすれば良いのでしょうか？　お気づきの通り、equals 関数をオーバーライドして、そのような仕様に判定処理を書き換えることができます。具体的には、次のようなコードになります。

コード 35.4

```
class Person(val name: String, val my_number: Int) {
  override fun equals(other: Any?): Boolean {
    if(other!=null &&                // (1) other が null ではないことをチェック
       other is Person &&            // (2) other が Person型であることをチェック
       this.name==other.name &&      // (3) nameが一致していることをチェック
       this.my_number==other.my_number) { // (4) my_numberが一致していることをチェック
         return true
    }
    return false
  }
}
```

　かなりごちゃごちゃしてきましたが、コード 35.4 では Person クラスの equals という関数をオーバーライドしています。オーバーライドの概念に関しては、すでに第 28 章で考えました。ここでは、Kotlin のすべてのクラスの継承元となっている Any というクラスにデフォルト実装されている equals という関数を、Person クラス独自のものに書き換えているわけです。その中では、パラメータとして受け取った other というインスタンスと自分自身のインスタンスの中身が同じかどうかを確認しています。チェックポイントは四つです。まず、(1) other が null ではないこと、そして (2) other が Person 型であること、さらに (3) 自分と other の name が一致していること、最後に (4) 自分と other の my_number が一致していることです。それらの四つの条件が全部成立した場合は true を返し、それ以外の場合は false を返すという仕組みです。では、Person クラスの equals 関数をオーバーライドした後、次の二つのコードを実行してみましょう。

コード 35.5
```
val p1 = Person("タケシ", 1234)
val p2 = Person("タケシ", 1234)

if(p1.equals(p2)) {
  println("二人は同一人物")
} else {
  println("二人は別人")
}
```

コード 35.6
```
val p1 = Person("タケシ", 1234)
val p2 = Person("タケシ", 1234)

if(p1==p2) {
  println("二人は同一人物")
} else {
  println("二人は別人")
}
```

これらの実行結果は全く同じで、次の通りです。

```
二人は同一人物
```

コード 35.5 の実行結果で「二人は同一人物」と表示される理由はもうお分かりですよね。`Person` クラスの `equals` 関数を、名前とマイナンバーが両方とも同じ場合に `true` を返すよう書き換えたからです。`if` 文の中に書いている条件 `p1.equals(p2)` が返す値が `true` になり、その結果 `println("二人は同一人物")` という命令が実行されているのです。

では、コード 35.6 の実行結果で「二人は同一人物」と表示される理由は何でしょうか？つまり、`p1==p2` という判定結果が `true` になったのはなぜでしょうか？ その理由は、「`==`という演算子を使うと、実は裏で `equals` 関数が呼ばれるようになっているから」ということになります。Kotlin の「演算子のオーバーロード」と呼ばれる機能によるものです。`==` という演算子を使って二つのインスタンスを比較すると、実際には裏で `equals` 関数が実行されるのですね。

さて、コード 35.4 の中に書いてある `Person` クラスには、実は一つ問題があります。それは、`equals` 関数をオーバーライドする際に守るべきルールが守られていないということです。Kotlin には「`equals` 関数を独自に書き換えた際には、同時に `hashCode` という関数も適切に書き換えなければならない」というルールがあります。この `hashCode` という関数は、前の章で学んだ `Any` クラスに実装されていたものでした。この関数は、各インスタンスが持つ「固有の値」つまり「ハッシュ値」と呼ばれるものを返します。そして、`equals` 関数といえば「対」になるような関係になっています。この二つの関数には、「`equals` 関数が `true` を

返すケースなら、二つのインスタンスのhashCodeも同じ値を返さなければならない」というルールがあります。しかし、現状ではそのルールが守られていません。たとえば次のコードを実行してみてください。

コード 35.7

```
val p1 = Person("たけし", 1234)
val p2 = Person("たけし", 1234)

println("p1のハッシュコード= " + p1.hashCode())
println("p2のハッシュコード= " + p2.hashCode())

if(p1==p2) {
  println("二人は同一人物")
} else {
  println("二人は別人")
}
```

コード 35.7 を実行した結果は次の通りです。

```
p1のハッシュコード= 1392838282
p2のハッシュコード= 523429237
二人は同一人物
```

この実行結果を見ると「あれっ」と思いませんか？ p1とp2のハッシュコードの値は異なっていますが、equals関数での比較結果はtrueが返ってきています。Kotlin的には、これではまずいのです。Kotlinのルールでは、equals関数がtrueを返すようなケースでは、二つのインスタンスが同じハッシュコードになっていてほしいのです。ハッシュコードは、インスタンスの「指紋」のようなものです。同一人物であれば「指紋」も同じであるはずです。同じように、equals関数がtrueを返すのであれば、hashCodeも同じでなければなりません。

> Kotlin では、なぜ equals 関数と hashCode 関数に関するルールを守る必要があるのでしょうか？
>
> 簡単に言うと、Kotlin が用意している様々な標準ライブラリがそのルールを前提にして作られているからです。たとえば、第 18 章で扱った Set、第 19 章で扱った Map などでは、equals 関数や hashCode 関数が定められたルールにのっとって実装されていることを前提にして設計されています。そのため、私たちがこのルールに合っていないクラスを作ってしまうと思わぬ不具合が生じることがあるのです。

ただ、hashCode 関数を正しくオーバーライドすることは結構面倒な作業です。まず、データの中身が一致しているときには必ず同じハッシュコードを返すようにしなければなりません。そして、データの中身が少しでも違えば、ハッシュコードも違う値を返すようにしなければなりません。hashCode 関数が返す値は一見ランダムな値に見えるのですが、実際には「特定のルール」に従って、規則性のある値を返すようにしなければなりません。この「特定のルール」、あるいは「特定のアルゴリズム」に関しては、各プログラマが自分で考えなくてはいけません。では、どんな処理でハッシュコードを作り出せばよいのでしょうか？　これにはいろいろな方法が考えられますが、とにかく一つ言えることは、いちいち hashCode 関数を書き替えるのは面倒だということです。もともとやりたいことは、equals 関数の定義でした。でも Kotlin のルールに合わせるため、equals 関数を変更した場合には、hashCode 関数も同時に定義しなおさなければなりません。このような決まりきった「お約束」のコードをいちいちプログラマに書かせるのは、簡潔なコードを売りとする Kotlin らしくありませんね。

でも安心してください。Kotlin は、この「面倒くさい」という問題を非常に簡単に解決するための方法を提供しています。それがこの章の本題である「データクラス」です。なんと、Person クラスの定義の際、data というキーワードを付け加えるだけで、equals 関数と hashCode 関数を自前で実装しなくても、自動的にオーバーライドして実装したことにしておいてくれるのです。Person クラスを「データクラス」として定義した例を次に示します。

コード 35.8
```
data class Person(val name: String, val my_number: Int)
```

クラスの定義の先頭に **data** というキーワードを付けただけですね。なんと簡単なのでしょう！　これだけで、この章で説明した **equals** 関数と **hashCode** 関数がこのクラスで実装されたのと同じ効果を持つのです。これらの関数はコード上には明記されていませんので、私たちの目には見えないのですが、暗黙の内に記述されたのと同じ動作になります。

　通常のクラスの定義に **data** キーワードを付けてデータクラスにすると、もう一つ良いことが起こります。それは、**Any** クラスが持っている **toString** 関数も、暗黙の内にちょっと便利な仕様でオーバーライドしてくれるのです。第 32 章の冒頭で、**Car** クラスや **Person** クラスの **toString** 関数が返す文字がよく分からない表記になっていたのを思い出してください。**data** クラスであれば、**toString** 関数が返す文字は、私たち人間にとっても分かりやすい表記に変わります。たとえば、次の二つのコードを見比べてください。

コード 35.9

```
fun main(args: Array<String>) {
  val p = Person("タケシ", 1234)
  println(p.toString())
}
class Person(val name: String, val my_number: Int)
```

コード 35.10

```
fun main(args: Array<String>) {
  val p = Person("タケシ", 1234)
  println(p.toString())
}
data class Person(val name: String, val my_number: Int)
```

これらのコードを実行した結果はそれぞれ次の通りとなります。

コード 35.9 の実行結果

```
Person@5305068a
```

コード 35.10 の実行結果

```
Person(name=たけし, my_number=1234)
```

　コード 35.9 の **Person** クラスは「普通のクラス」です。この場合、**toString** 関数は「ク

ラス名と英数字の羅列」を返します。これ、あまり役に立たない情報ですよね。しかし、コード 35.10 のように Person クラスの定義の先頭に data と記述することによって「データクラス」にすると、人間にとって意味が分かる形式の文字列にしてくれるわけです。これは、デバッグ（バグを修正する作業）のときなど非常に便利です。データクラスの中の変数の様子を簡単にログ（Try Kotlin のコンソール）に出力することができますね。

　このように、Kotlin のデータクラスを使うと、equals 関数、hashCode 関数、toString 関数を自分で実装する手間を省くことができます。データを格納するクラスを作る際、これらの三つの関数を手軽に実装する手段としてぜひ活用してみてください。

第36章 スコープ

　この章では、「スコープ」の概念について説明します。プログラムを学び始めた初心者が時々つまずいてしまう概念ですが、これも分かってしまえば全然難しいことではありません。まずは、次の二つのコードを比較して見てください。一つ目はこれまで何度も出てきた **Person** クラスのコードです。二つ目はそれを少し改造したものです。

コード 36.1

```
fun main(args: Array<String>) {
  val p = Person()
  p.greet()
}

class Person {
  var name = "名無しさん"
  var age = 0
  fun greet() {
    println("${name}です。${age}才です。")
  }
}
```

コード 36.2

```
fun main(args: Array<String>) {
  val p = Person()
  p.greet()
}

class Person {
  var name = "名無しさん"
```

```
    var age = 0
    fun greet() {
      val name = "ヒロシ"
      val age = 46
      println("${name}です。${age}才です。")
    }
  }
```

　これらの二つのコードの違いは、greet 関数の中身です。コード 36.1 では、greet 関数の中では、何も変数が宣言されていません。しかし、コード 36.2 では、greet 関数の中で name と age という変数を宣言しています。これらの変数名は、Person クラスのプロパティ変数と名前が「かぶっている」ことに注目してください。では、それぞれのコードを実行するとどうなるでしょうか？

コード 36.1 の実行結果
名無しさんです。0才です。

コード 36.2 の実行結果
ヒロシです。46才です。

　表示されている内容が違いますね。理由は何でしょうか？　コード 36.1 では、Person クラスのプロパティ変数の name と age が表示されているのに対し、コード 36.2 では、greet 関数の中で宣言された変数の値がコンソールに表示されています。それぞれのコード内にある println("${name}です。${age}才です。") という部分にだけ注目すると、両者は完全に一致しています。しかし、画面に出力されるメッセージには違いがあります。なぜなら、コード 36.1 では Person クラスの「プロパティ変数」としての name と age が画面に表示されているのに対し、コード 36.2 では greet 関数の中で新たに宣言された name と age という変数の値が画面に表示されているからです。コード 36.2 の greet 関数内で宣言された変数は、「ローカル変数」と呼ばれます。これら関数内で定義された「ローカル変数」は、Person クラスが持つ「プロパティ変数」と名前が完全に一致してはいますが、全くの別物というわけです。

　さて、コード 36.2 は、はっきり言ってあまり意味のないプログラムです。ここでは、わざわざ「プロパティ変数」と同じ名前の「ローカル変数」を宣言するという、ややこしいことをするメリットは特にありません。ただ、この比較例を見て「プロパティ変数」と「ローカル変数」は、たとえ名前が完全に一致していても、別物として扱われているということが確認できたかと思います。

「プロパティ変数」は、**Person** クラスの中全体で有効な変数です。一方、「ローカル変数」は、その変数が定義されたブロックの中、つまり { と } の間の中だけで有効な変数です。このように、変数が有効な範囲を「**スコープ**」と言います。次の図を見てください。

図 36.1

```
class Person{
  var name = "名無しさん"
  var age = 0
  fun greet() {
    val name = "ヒロシ"
    val age = 46
    println("${name}です。${age}才です。")
  }
}
```

図 36.1 のコード内に書いてある枠が二つのスコープを表しています。外側の枠は、**Person** クラス全体のスコープを表しています。内側の枠は **greet** 関数の中だけのスコープになります。もし、外側と内側のスコープで全く同じ名前の変数が存在している場合、より内側にあるスコープの変数が優先して参照されます。そのため、コード 36.2 の **greet** 関数内の **println** が表示するのは、プロパティ変数の **name** や **age** にセットされている値ではなく、ローカル変数としての **name** と **age** の値です。それで「ヒロシです。46 才です。」という表示がコンソールに表示されます。それに対してコード 36.1 の場合は、内側のスコープである **greet** 関数の中では新たなローカル変数が定義されていないので、外側のスコープのプロパティ変数がそのまま参照され、結果として、「名無しさんです。0 才です。」と表示されていたわけですね。

前述のように、**greet** 関数の中で、あえてプロパティ変数とローカル変数の名前を合わせる意味はほとんどありません。ただ、プログラムをしていると同じ変数名を使いたくなるときもあります。たとえば、**Person** クラスにおいて、名前と年齢を同時にセットするための関数を追加するケースを考えてみてください。次のようになります。

コード 36.3

```
fun main(args: Array<String>) {
  val p = Person()
  p.setNameAndAge("タケシ", 5)
```

```
    p.greet()
}

class Person {
  var name = ""
  var age = 0

  fun setNameAndAge(name: String, age: Int) {
    this.name = name
    this.age = age
  }

  fun greet() {
    println("${name}です。${age}才です。")
  }
}
```

　コード 36.3 では、`Person` クラスに `setNameAndAge` という関数が新設されました。この関数は、ちょっと便利な「セッター」の役割を果たします。この関数を使えば、プロパティごとに別々に値をセットするのではなく、二つのパラメータを同時にセットできるようになります。そのため、`main` 関数の中では、名前と年齢をセットするためのコードがたった一行で記述されています。

　コード 36.3 の `this.name` と `this.age` という記述は、プロパティ変数としての `name` と `age` を表しています。ここで使われている `this` とは、「自分自身」という意味です。つまり、これらの記述によって、`Person` クラスが自分自身の中に持っている `name` や `age` という変数という意味になります。`this.name` は「`Person` クラス自身の中にある `name` というプロパティ変数」という意味です。`this.age` は「`Person` クラス自身の中にある `age` というプロパティ変数」という意味になります。このように書くことによって、Kotlin のコンパイラは、たとえ同じ名前の変数が二つ存在していたとしても、どちらがプロパティ変数で、どちらがローカル変数かを見分けることができるようになるわけですね。変数のスコープの概念と、外側のスコープの変数と内側のスコープの変数が重複してしまった場合の記述方法として覚えておいてください。

第37章 オブジェクトとしての関数

ここまでの章では、数値や文字など、オブジェクトのインスタンスを変数に代入するコードが何度も出てきました。次のような感じですね。

```
val number = 1
val hello = "こんにちは"
```

これは、**number** や **hello** という変数に「数値」や「文字」を代入するコードです。Kotlin では、これと同じように、ある変数を用意して、それに「関数」を代入することもできます。「関数」を一つの「オブジェクト」として扱うことができるのです。次のコードを見てください。

コード 37.1

```
fun main(args: Array<String>) {
  val p = ::calculatePlus
  val m = ::calculateMinus
}
fun calculatePlus(x: Double, y: Double)  = x + y
fun calculateMinus(x: Double, y: Double) = x - y
```

コード 37.1 は、「変数に関数を代入する」という処理を Kotlin でどのように書くかを示すためのサンプルコードです。**main** 関数の中でやっていることは何でしょうか？　まず、変数 **p** に **calculatePlus** 関数を代入しています。そして、変数 **m** には **calculateMinus** 関数を代入しています。それぞれの関数の定義そのものは **main** 関数の外側に書かれています。前者は「足し算する関数」で、後者は「引き算する関数」です。**main** 関数の中では、それら定義済みの関数を「オブジェクト」として **p** や **m** という名前のローカル変数に代入しています。関数を変数に代入する際には、関数名の前に **::**（コロン二つ）を付けています。このように

書くことによって、関数を「関数オブジェクト」として変数に格納することができるということを覚えておきましょう。

関数オブジェクトとは、いわば「指令を書いたメモ」のようなものです。たとえば、お母さんが「近所のスーパーに行って、夕食の材料を買ってきて」というお使いの「指令」を子供に与えたいとします。この「指令」そのものは、いわば定義済みの関数のようなものです。お母さんがその「指令」をある「メモ用紙」の上に書き記したとします。このメモ用紙は一つの「物体」として存在しているので、それ自体が「オブジェクト」あるいは「インスタンス」とも言えますよね。コード 37.1 の例で言えば、`calculatePlus` や `calculateMinus` などの定義済み関数が「指令」です。また、変数 `p` や `m` に代入されたものが、その指令をオブジェクト化した「メモ用紙」に当たります。

コード 37.1 では、「メモ用紙」を作っただけで終わっていますので、実行しても何も起きません。では、このコードをもう少し意味のあるコードに書き換えてみましょう。「指令が書かれたメモ用紙」を別の関数にパラメータとして引き渡し、その関数の中で受け取った「指令」を実行してもらうイメージです。次のコードを見てください。なお、この中に出てくる `Math.random()` というのは、Kotlin で用意されている標準の関数で、0.0 以上 1.0 未満の毎回異なるランダムな値（乱数）を返すという機能を持っています。

コード 37.2

```
fun main(args: Array<String>) {
  val p = ::calculatePlus   // 足し算をするという「指令」が書かれたメモ用紙のようなもの。
  val m = ::calculateMinus // 引き算をするという「指令」が書かれたメモ用紙のようなもの。
  printRandomValuesCaluclation(p) //「指令」が書かれたメモ用紙をパラメータとして引き渡す。
  printRandomValuesCaluclation(m) //「指令」が書かれたメモ用紙をパラメータとして引き渡す。
}
fun calculatePlus(x: Double, y: Double)  = x + y // 足し算の「指令」の定義。
fun calculateMinus(x: Double, y: Double) = x - y // 引き算の「指令」の定義。
// 「指令」が書かれたメモ用紙を受け取って、それを実行するための関数。
fun printRandomValuesCaluclation(calculator: (Double, Double) -> Double) {
  val x = Math.random()
  val y = Math.random()
  val result = calculator(x, y)
  println("計算結果は${result}です。")
}
```

コード 37.2 では、`printRandomValuesCaluclation` という関数が新たに付け加えられています。この関数がいわば「指令が書かれたメモ用紙」をパラメータとして受け取る関数です。

　パラメータの形式に注目してみましょう。変数名は `calculator` です。では、この変数の型は何でしょうか？「`(Double, Double) -> Double` 型」ですね。実は、このごちゃごちゃした表記全体がひとまとまりで関数を表す「型」になっているのです。この場合は、「パラメータに二つの `Double` 型の変数を受け取って、`Double` 型の値を返す関数を表す型」ということになります。`->` という表記の左側が受け取るパラメータを表し、右側が返す値を表しています。

　この変数 `calculator` は、変数でありながら、そのまま関数のように扱えます。`val result = calculator(x, y)` という記述は、`calculator` という「指令」を実行して、その実行結果を `result` という変数に代入しているわけです。

　1 回目に `printRandomValuesCaluclation` 関数が呼び出されたとき、`calculator` の実体は `calculatePlus` 関数のオブジェクトです。この関数オブジェクトは「足し算しなさい」という指令が書かれたメモのようなものです。そして `printRandomValuesCaluclation` 関数の中では、そのメモを受け取り、メモに書かれた指令を実行に移しています。その結果、二つの乱数を足し算した結果が求められ、それが画面に表示されます。

　2 回目に `printRandomValuesCaluclation` 関数が呼び出されたとき、`calculator` の実体は `calculateMinus` 関数のオブジェクトです。これは「引き算しなさい」という指令が書かれたメモに相当しますね。この指令が実行に移された結果、二つの乱数を引き算した値が求められます。

　さて、ここまでは「定義済み」の関数を変数に代入したり、関数のパラメータとして指定したりする例でした。Kotlin では、ある関数の外に定義された関数を参照するだけでなく、ある関数の中に別の関数を定義して、それを関数オブジェクトとして扱うこともできます。次の二つのコードを見比べてください。コード 37.3 はすでに見たコードと全く同一のもので、コード 37.4 は関数の中で別の関数を定義してそれを変数に格納しているコードです。

コード 37.3

```
fun main(args: Array<String>) {
  val p = ::calculatePlus
  val m = ::calculateMinus
  printRandomValuesCaluclation(p)
  printRandomValuesCaluclation(m)
}

fun calculatePlus(x: Double, y: Double)  = x + y
fun calculateMinus(x: Double, y: Double) = x - y

fun printRandomValuesCaluclation(calculator: (Double, Double) -> Double) {
  val x = Math.random()
  val y = Math.random()
  val result = calculator(x, y)
  println("計算結果は${result}です。")
}
```

コード 37.4

```
fun main(args: Array<String>) {
  val p = fun(x: Double, y: Double) : Double = x + y
  val m = fun(x: Double, y: Double) : Double = x - y
  printRandomValuesCaluclation(p)
  printRandomValuesCaluclation(m)
}

fun printRandomValuesCaluclation(calculator: (Double, Double) -> Double) {
  val x = Math.random()
  val y = Math.random()
  val result = calculator(x, y)
  println("計算結果は${result}です。")
}
```

　これら二つのコードは動作的には全く同じになりますが、コード 37.4 では **calculatePlus** 関数や **calculateMinus** の定義が **main** 関数の中に納まっていることに注目してください。変数 **p** の定義だけを次に抜き出してみます。

```
val p = fun(x: Double, y: Double) : Double = x + y
```

ここでは変数名 p の横に = がありますが、その右側以降の部分が関数の定義となっています。今までの「普通の関数」の定義の仕方とだいぶ違いますよね。なぜ違うかというと、それはこの関数には名前がないからです。fun という表記の後に関数名が記載されていません。このような変数への代入と関数の定義が同時に行われているものを**無名関数**と呼びます。fun という記述の後、いきなりパラメータを示す (x: Double, y: Double) という記述が続きます。その右側に : Double というように関数の返す値の方が示されていますね。まとめると、fun(x: Double, y: Double) : Double という記述は、ちょっと長ったらしくなりますが、「x と y という二つの Double 型の変数を受け取って、Double 型の値を返す関数」という意味になります。p という名前の変数に「無名関数」が代入されているわけですね。書式は次のようになります。

```
val 変数名 = fun(1番目のパラメータ，2番目のパラメータ) : 関数の戻り値の型 = 関数の本体
```

関数の本体は、その右横の = のさらに右側にある x + y という部分です。これはすでに第 21 章で考えた関数の本体を簡潔に書く方法です。関数の定義の仕方にはいろいろありました。ここで、復習も兼ねて、同じことをする関数を異なる様々な方法で記述した例を見てください。変数 p1、p2、p3、p4、p5 にそれぞれ代入されている関数は、すべて同じ動作になります。こうして見ると、Kotlin では同じことをするのにいろいろな書き方ができることが分かりますね。

コード 37.5

```
val p1 = fun(x: Double, y: Double) = x + y
val p2 = fun(x: Double, y: Double) : Double = x + y
val p3 = fun(x: Double, y: Double) : Double {
  return x + y
}
val p4: (Double, Double) -> Double = fun(x: Double, y: Double) : Double {
  return x + y
}
val p5: (Double, Double) -> Double = fun(x, y) = x + y
```

コード 37.5 で p1、p2、p3 に代入されている関数の記述に関しては、第 21 章で扱った関数の定義の仕方に関して知っていれば問題なく理解できると思います。p1 と p2 の違いは、関数の返す型を省略しているか、明記しているかの違いだけです。変数 p3 に代入されている関数の本体は { } の中に記載されています。

　変数 p3 と変数 p4 の違いは、変数の型の表記が省略されているかいないかという点です。p4 という変数名の右横に : が書いてあります。その右側に定義されているのはこの変数の型のはずです。では、この変数の型はいったい何でしょうか？　今まで変数を定義する場合、Int 型や String 型を指定することが多かったですよね。でも、この p4 という変数の型は (Double, Double) -> Double と記述されています。先ほども出てきましたが、文章的にこの型を表現すると「パラメータに二つの Double 型の変数を受け取って、Double 型の値を返す関数の型」という意味になります。この書式をまとめると次のようになります。次の書式の「変数の型」と書いてある部分が、実際のコードではやたらと長い記述になるので、最初は少し分かりにくく思えるかもしれませんが、ここはしっかり確認しておいてください。

```
val 変数名：変数の型 = fun(1番目のパラメータ，2番目のパラメータ) : 関数の戻り値の型 {
    関数の中身の記述
}
```

　p5 の書き方もぜひ覚えておきましょう。左辺の変数にこの p5 という変数の型 (Double, Double) -> Double が明記されています。その代わり、右辺は非常にシンプルに fun(x, y) = x + y と書いてあるだけです。x や y などの変数が何の型であるかは右辺には明記されていません。しかし、左辺に書かれている情報から、Kotlin のコンパイラはこれらの変数が Double 型であるに違いないと推論します。書式は次のようになります。

```
val 変数名：変数の型 = fun(1番目のパラメータ，2番目のパラメータ) = 関数の本体
```

　さて、ここまでの部分では、関数を変数に代入する方法や、関数のパラメータとして別の関数を受け取る方法について考えました。Kotlin では、関数が関数をパラメータとして受け取るだけでなく、関数が関数を返すようにすることもできます。次のコードの getCalculator 関数は、戻り値として別の関数を返しています。getCalculator という関数は、いわば「指令が書かれたメモ用を生成する工場」です。これに "+" という文字を引き渡すと、結果とし

て足し算の指令が書かれた「メモ用紙」を返します。それ以外の文字（たとえば **"-"**）を引き渡すと、今度は引き算の算の指令が書かれた「メモ用紙」を返してきます。

コード 37.6

```
fun main(args: Array<String>) {
  val calculator1 = getCalculator("+")
  val calculator2 = getCalculator("-")
  val result1 = calculator1(10.0, 2.0)
  val result2 = calculator2(10.0, 2.0)
  println(result1)
  println(result2)
}

fun getCalculator(type: String) : (Double, Double) -> Double {
  val p = fun(x: Double, y: Double) = x + y // 足し算をする指令が書かれたメモ（関数）
  val m = fun(x: Double, y: Double) = x - y // 引き算をする指令が書かれたメモ（関数）
  val calculator = when(type) {
    "+" -> p // 足し算をする指令が書かれたメモ（関数）を変数calculator に代入。
    else -> m // 引き算をする指令が書かれたメモ（関数）を変数calculator に代入。
  }
  return calculator
}
```

　コード37.6 では **getCalculator** 関数が宣言されていますが、この関数は文字列の変数 **type** をパラメータとして受け取っています。このコードで呼び出し側から渡されているのは、**"+"** あるいは **"-"** という文字ですね。**getCalculator** 関数内部では、呼び出し側から渡されてきた文字によって、それに合った動作をする関数オブジェクトを返すようになっています。**getCalculator** 関数が返す値の型は、**(Double, Double) -> Double** 型です。これは、前にも出てきた通り「パラメータに二つの **Double** 型の変数を受け取って、**Double** 型の値を返す関数型」という意味ですね。

　main 関数の中では、**getCalculator** が返す値を受け取って、**calculator1** と **calculator2** という変数にそれぞれ格納しています。そうすると、あたかも **calculator1** という関数と **calculator2** という関数がどこかに宣言されているかのように、**calculator1(10.0, 2.0)** や **calculator2(10.0, 2.0)** という書き方で関数呼び出しができるようになります。これらの実体は、**getCalculator** の中でローカル変数 **p** や **m** に

セットされた関数、つまり「x+y」や「x-y」という処理を行う「無名関数」のオブジェクトです。

ここまでで、次の三つの点を取り上げました。

（1）　Kotlin では、変数に関数を代入できる。
（2）　Kotlin では、関数のパラメータとして別の関数を引き渡すことができる。
（3）　Kotlin では、関数の戻り値として別の関数を返すことができる。

このように、Kotlin では関数を「オブジェクト」として扱うことができます。Java ではこれができません。Java で「動作」を変数に格納したり、パラメータとしてある関数に引き渡したりしたい場合、まず「指令が書かれたメモ」の役割を持つクラスを別途宣言し、そしてそのクラスの中にメソッドを書いてその中に「指令の内容」を記載し、さらにそのクラスをインスタンス化する必要があります。単に関数一つを定義したいだけなのに、そのワンレベル上のクラスの宣言から書き始めなければならないのです。このような「関数を一つだけ持っているクラス」は、使い道が限定されており、分かりきったことしかしないのに、やたらとコーディング量が多くなってしまうのが問題です。文字をタイプする量が増えて面倒というだけなく、プログラムの流れやロジックとは直接関係ない形式的な記述が増えてしまい、本来一番大切なプログラムの動作に直接かかわる記述がソースコードの中で埋もれてしまう……という厄介な問題がありました。

しかし、Kotlin では、どのクラスにも所属しない一匹オオカミ的な関数をオブジェクトとしてやり取りできます。そのおかげで、ロジックに関係ない形式的なコードを書く量が格段に減りました。このような、独立したオブジェクトとして扱うことができるものを「**第一級オブジェクト**」と呼びます。`Int` 型や `String` 型などのクラスのインスタンスが「第一級オブジェクト」であるのと同じように、関数もまた「第一級オブジェクト」（英語では first-class object）なのです。そして、「関数をパラメータとして受け取る関数」や「関数を戻り値として返す関数」は、「**高階関数**」（英語では higher-order function）と呼ばれます。

さて、この章で扱った「第一級オブジェクト」としての関数や「高階関数」を理解していると、これを「クロージャ」や「ラムダ式」と呼ばれるとても便利な書き方に応用することができます。続く章では、その応用方法について考えていきます。

第38章 クロージャ

　前の章では、いわば「指令を書いたメモ」をパラメータとして受け取ったり、戻り値として返すことができる関数について考えました。これは「高階関数」と呼ばれるものです。ある関数が戻り値として「指令を書いたメモ」、つまり「関数オブジェクト」を返すことができる仕組みをうまく使うと、いわゆる「**クロージャ**」として動作させることができます。また聞きなれない言葉が出てきてしまいました。この「クロージャ」の概念も、プログラムを学ぶ初心者の方が理解しにくく感じることの一つです。でも恐れることはありません。仕組みは意外と単純です。ざっくり言うと、「クロージャ」とは、「関数オブジェクト」を作った時点での情報を「関数オブジェクト」の中にずっと保管しておくことができるというものです。まだ少し分かりにくいかもしれません。これは実例を見てみる方が早いでしょう。どうぞ次のコードをご覧ください。

コード 38.1

```
fun main(args: Array<String>) {

  val c1 = getTextClosure("さん")      // 変数 c1 に関数オブジェクトを代入。
  val c2 = getTextClosure("くん")      // 変数 c2 に関数オブジェクトを代入。
  val c3 = getTextClosure("ちゃん")    // 変数 c3 に関数オブジェクトを代入。

  val name1 = c1("タケシ") // 関数オブジェクトの呼び出し。
  val name2 = c2("タケシ") // 関数オブジェクトの呼び出し。
  val name3 = c3("タケシ") // 関数オブジェクトの呼び出し。

  println(name1)
  println(name2)
  println(name3)
}
```

```
fun getTextClosure(x: String) : (String) -> String {
  val caller: (String) -> String = fun(name: String) = name + x // 関数オブジェクトを生成
  return caller
}
```

コード 38.1 を実行するとどうなるか考えてみてください。答えは、次の通りです。

```
タケシさん
タケシくん
タケシちゃん
```

いかがでしょうか？ 予想された通りでしたか？ ここで、**getTextClosure** という関数は戻り値として関数オブジェクトを返します。**getTextClosure** がいわば「関数オブジェクトを作る工場としての役割を持つ関数」となっています。少しややこしいですが、たとえて言えば「ロボットを作るロボット」のようなもので、**getTextClosure** は「関数を作る関数」です。生成される関数オブジェクトの型は **(String) -> String** です。この関数オブジェクトは、文字列 **name** を受け取って、その「おしり」に別の文字列 **x** の値をくっつけてリターンする仕様になっています。

ここで、変数 **x** は関数オブジェクト **caller** の外側の世界からやってきていることに注目してください。変数 **x** は、**main** 関数の中から **getTextClosure** に引き渡されるパラメータです。この変数 **x** は、**getTextClosure** 関数のスコープ内だけで有効なローカル変数のはずです（「スコープ」については第 36 章を参照してください）。別の言い方をすると、変数 **x** は **getTextClosure** 関数が実行されている間だけ存在する非常に短命な変数です。しかし、**getTextClosure** 関数内部で作り出された関数オブジェクトは **main** 関数に返されて、**c1**、**c2**、**c3** という変数に格納され、その後も少しの間 **main** 関数内で存在し続けます。つまり、ローカル変数 **x** の本来あるべき寿命よりも、その変数を参照している関数オブジェクトの寿命の方が長くなっているわけです。この場合、Kotlin は関数オブジェクトの中にローカル変数 **x** のコピーを蓄えておきます。**x** の値をキャッシュしておくとも言えますね。これが「クロージャ」と呼ばれる関数オブジェクトの特徴です。

では、ここでクイズです。次のコードを見てください。先ほどのコードと非常に似ていますが、**getTextClosure** 関数を定義するのをやめ、**main** 関数の中で直接、関数オブジェクト

を三つ作っています。このコードを実行した結果はどのような表示になるでしょうか？

コード 38.2

```
fun main(args: Array<String>) {

  var x = ""

  x = "さん"
  val c1: (String) -> String = fun(name: String) = name + x // 変数 c1 に関数
オブジェクトを代入。

  x = "くん"
  val c2: (String) -> String = fun(name: String) = name + x // 変数 c2 に関数
オブジェクトを代入。

  x = "ちゃん"
  val c3: (String) -> String = fun(name: String) = name + x // 変数 c3 に関数
オブジェクトを代入。

  val name1 = c1("タケシ") // 関数オブジェクトの呼び出し。
  val name2 = c2("タケシ") // 関数オブジェクトの呼び出し。
  val name3 = c3("タケシ") // 関数オブジェクトの呼び出し。

  println(name1)
  println(name2)
  println(name3)
}
```

コード 38.2 でやっていることは、コード 38.1 とほとんど変わらないように見えるかもしれません。関数オブジェクトが生成される位置が、「関数を生成する関数」である **getTextClosure** の中から **main** メソッドの中に変わっただけのはずです。処理の順番にも変化はありません。では、このコードを実行した結果はどうなるでしょうか？

```
タケシちゃん
タケシちゃん
タケシちゃん
```

第 38 章 クロージャ

このように、コード 38.1 とは違う結果になりました。タケシが 3 回とも「ちゃん」付けで呼ばれています。これはどうしてでしょうか？　理由は、x という変数のスコープと残存期間にあります。このコードの場合、c1、c2、c3 にそれぞれ代入された関数オブジェクトが実行される時点（つまり、呼び出される時点）で、main 関数の中で定義された変数 x はまだスコープの範囲内で「生きて」います。そのため、三つの無名関数がそれぞれ実行される際には、あらかじめ覚えておいた x の値ではなく、関数が実行される時点での最新の x の値を参照するのです。関数オブジェクトが実行される際、x がまだ「生きている」なら、その時点での x の値が使用されます。コード 38.2 の場合は、最後に x にセットされた値は「ちゃん」なので、c1("タケシ")、c2("タケシ")、c3("タケシ") という関数呼び出しのすべてが「ちゃん」付けの名前を返すわけです。ああ、ややこしいですね。

　関数オブジェクトを実装するときは、関数オブジェクト内にキャッシュされた値が呼び出し時に使用されるのか、それとも関数オブジェクトのスコープの外で存在し続けている変数の値がそのまま使用されるのか、その違いを意識してコーディングするようにしてください。コード 38.1 は「クロージャ」のコードです。一方、コード 38.2 の方は第 37 章で扱った単なる「無名関数」のコードです。この違いをしっかり確認しておきましょう。

　さて、再びクロージャの説明に戻ります。クロージャの中に「キャッシュされた値」は、その後更新していくことが可能です。たとえば、次のコードを見てください。

コード 38.3

```
fun main(args: Array<String>) {
  val closure = getCountClosure()
  println("クロージャが返した値 = " + closure())
  println("クロージャが返した値 = " + closure())
  println("クロージャが返した値 = " + closure())
}

fun getCountClosure() : () -> Int {
  var num = 0
  val c: () -> Int = fun() : Int{
    num++
    return num
  }
  return c
}
```

コード 38.3 では、`getCountClosure` という関数が関数オブジェクトを呼び出し側に返しています。`return c` と書いてある部分の `c` という変数が、呼び出し側（つまり `main` 関数の中）では `closure` という変数に格納されていますね。この関数オブジェクトは `() -> Int` 型です。つまり、「パラメータを一切受け取らずに、`Int` 型を返す関数型」と言えます。「関数を作る関数」である `getCountClosure` の定義を見ていくと、変数 `num` は、この無名関数 `c` の「外側」で宣言されています。この「外側」というのがミソです。関数オブジェクトの外側で宣言されたローカル変数 `num` は、本来は関数オブジェクト `c` より短命なはずです。しかし、それが関数オブジェクト `c` の中で参照されているために、関数オブジェクトはその中に `num` のコピーを作って保持するようになります。関数オブジェクトが呼び出される度に、この内包された `num` という変数の値はインクリメントされていきます（つまりプラス 1 されます）。`main` 関数は、このクロージャを 3 回呼び出しています。その結果、画面には次のように表示されます。

```
クロージャが返した値 = 1
クロージャが返した値 = 2
クロージャが返した値 = 3
```

　クロージャが呼び出される度に返す値が 1 ずつ増えていることが分かりますね。では、`main` 関数を次のように書き換えてみると、どういう動作になるでしょうか？

コード 38.4

```
fun main(args: Array<String>) {
    val closureA = getCountClosure()
    val closureB = getCountClosure()
    println("クロージャAが返した値 = " + closureA())
    println("クロージャAが返した値 = " + closureA())
    println("クロージャAが返した値 = " + closureA())
    println("クロージャBが返した値 = " + closureB())
    println("クロージャBが返した値 = " + closureB())
    println("クロージャAが返した値 = " + closureA())
}
```

　少しややこしいですが、コード 38.4 を実行するとどうなるか考えてみてください。答えは

次の通りです。

```
クロージャAが返した値 = 1
クロージャAが返した値 = 2
クロージャAが返した値 = 3
クロージャBが返した値 = 1
クロージャBが返した値 = 2
クロージャAが返した値 = 4
```

　コード 38.4 とその実行結果を見ることによって分かるのは、それぞれのクロージャごとに独立した変数 num が存在するということです。つまり、closureA と closureB は全く別のインスタンスです。たとえば、closureA が呼び出されたときには、その中に保管されている変数 num の値がインクリメント（つまりプラス 1）されますが、その際、closureB の中に保管されている変数 num は全く影響を受けません。closureA を 3 回呼んだあと、closureA の持つ num の値は 3 まで増えます。その後、closureB を呼ぶと num はいくつになっていますか？　1 ですね。4 ではないのです。そのあともう一回 closureB を呼ぶと、closureB の中にキャッシュされている num は 2 に増えます。最後に呼ばれているのは closureA です。このときの num の値は 4 になります。closureA と closureB が互いに独立して、それぞれの num という変数を保持していることが分かります。

　このように、クロージャを使うと、関数のオブジェクトとしての機能をフル活用できます。Java などで同様のことを行うには、まずクラスを実装しなければなりませんでした。クラスの中にプロパティ変数を持たせ、そのクラスを複数インスタンス化します。複数のインスタンスはそれぞれ独立しているので、あるインスタンスが持つプロパティ変数に変化があっても他のインスタンスは影響を受けません。Kotlin では同様のことが、わざわざ新たなクラスを定義することなしに、関数オブジェクトだけで実現できます。

第39章 ラムダ式

「**ラムダ式**」という言葉を聞いたことはあるでしょうか？ これは、Kotlinに限らず他のプログラム言語でも使う用語ですが、プログラム経験者でも分からないという人が結構多いのです。でも、これも分かってしまえば、難しいことではありません。前の章で扱った関数オブジェクトの書き方をより簡潔にして、プログラマがタイプする文字の量をぐっと減らせるようにしただけのことです。文字をタイプする量が減る分、コーディングが楽になるというメリットがあるのですが、そのコードを人間が読んだときの情報量が減るというデメリットもあるので、よく分からないままラムダ式の記述を見ると混乱することになります。しかし、省略された記述の中に隠されている「暗黙のルール」さえ覚えてしまえば、ラムダ式を恐れる必要はありません。勇気をもって立ち向かっていきましょう！

早速、次のラムダ式が含まれるコードを見てください。

コード 39.1

```
val plus1: (Double, Double) -> Double = fun(x: Double, y: Double) : Double {
  return x + y
}
val plus2: (Double, Double) -> Double = fun(x: Double, y: Double) = x + y
val plus3: (Double, Double) -> Double = {x, y -> x + y}

val result1 = plus1(10.0, 2.0)
val result2 = plus2(10.0, 2.0)
val result3 = plus3(10.0, 2.0)

println(result1)
println(result2)
println(result3)
```

コード 39.1 の内、**plus1**、**plus2**、**plus3** という変数にはすべて関数オブジェクトが代入されています。そしてこの三つの関数オブジェクトの持つ機能は全く同じです。**plus1** と **plus2** に代入された関数の定義方法に関してはもう見慣れていますよね。**plus1** の関数オブジェクトの定義方法が、何も省略しないで書いた「基本形」で、それをより簡潔にしたものが、**plus2** の関数の定義方法ということでした。そして、それよりさらに簡潔な記述で全く同じことをしているのが、変数 **plus3** に代入した関数オブジェクトの定義方法です。**{x, y -> x + y}** と書いてありますね。この部分がこの章で新たに取り上げている「ラムダ式」の記述です。見慣れていないと戸惑ってしまう記述ですよね。

　前述の通り、**plus1**、**plus2**、**plus3** のすべての関数オブジェクトは全く同じ動作になるので、それらの関数が返す **result1**、**result2**、**result3** の値もすべて同じ **12.0** となります。このことから、要するに「ラムダ式」というのは、今までも普通にできていた関数オブジェクトの定義をより簡潔に書けるようにしただけのものであるということが分かります。

　では、ラムダ式を記述する文法に関して詳細を確認しておきましょう。コード 39.1 の中から、ラムダ式を含む部分を一行だけ抜き出します。

```
val plus3: (Double, Double) -> Double = {x, y -> x + y}
```

　ここでは、**plus3** というローカル変数に「無名関数」を代入しています。この **plus3** という変数の型は **(Double, Double) -> Double** 型です。つまり「パラメータに **Double** 型の変数を二つ受け取って、**Double** 型の値を返す関数型」という意味になります。その変数に代入する値が = の右側に書いてあるわけです。この = の右側の **{** と **}** に挟まれた部分がラムダ式と呼ばれる記述です。「変数 **x** と変数 **y** を受け取って、その二つの変数を足し算した値を返す関数」が **{x, y -> x + y}** という非常に簡潔な記述で表現されているわけですね。繰り返しになりますが、**plus3** に代入された関数オブジェクトは、**plus1** や **plus2** の関数オブジェクトと全く同じことを意味しています。単に書き方が違うだけで、本質的に同じものなのです。ラムダ式では、-> の左側に無名関数が受け取る変数名を書き、-> の右側にその関数が返す値を書くルールになっています。-> という記述が矢印っぽく使われているわけですね。なお、ここでは変数の名前は **x** と **y** になっていますが、これは任意の名前に置き換えても構いません。たとえば、**a** と **b**、**value1** と **value2** など何でも好きな名前を使ってください。

表 39.1

日本語で表現した記述	x と y を受け取って x + y という値を返す関数
矢印を使って記述	「x と y」⇒「x + y」
ラムダ式の記述	{x, y -> x + y}

　この {x, y -> x + y} というラムダ式の中には、変数 x と変数 y の型が何であるのかは書いてありません。この式が返す値の変数タイプも明示されていません。では、どうして Kotlin のコンパイラは {x, y -> x + y} という非常に簡潔な記述を理解できるのでしょうか？　理由はお分かりですよね。このラムダ式が代入されようとしている plus3 という変数の型が (Double, Double) -> Double 型になっているからです。Kotlin コンパイラは、この {x, y -> x + y} という表記が「Double 型の変数 x と Double 型の変数 y を受け取って、その二つの変数を足し算した結果を Double 型の値として返す関数」であるに違いない、と推論しているわけです。

　これと同じ原理で、Kotlin のコンパイラは次のような記述も正確に解釈することができます。

コード 39.2

```
fun main(args: Array<String>) {
  printResult({x, y -> x+y})
}

fun printResult(calculator: (Double, Double) -> Double) {
  val result = calculator(10.0, 2.0)
  println(result)
}
```

　コード 39.2 では、printResult という関数が、パラメータとして calculator という変数名の (Double, Double) -> Double 型の関数を受け取るように定義されています。呼び出し側、つまり main 関数の内部では、printResult({x, y -> x+y}) という記述をしています。関数のパラメータとして、{x, y -> x+y} というラムダ式を直接書いているわけです。この場合、Kotlin コンパイラは、printResult 関数のパラメータの仕様から考えて、このラムダ式内の記述の x と y という変数は両方とも Double 型を表しているに違いないと解釈します。そしてその関数が返す値も Double 型であると推論してくれるわけです。

　次の三つのコードをそれぞれ見比べてください。コード 39.2 の main 関数の中身は、次の

（1）と同じ記述になっていますが、これは（2）のように記述しても構いませんし、さらに簡潔にして（3）のように書き換えることもできます。次の三つのコードはすべて全く同じことをしています。

（1）　`printResult({x, y -> x+y})`
（2）　`printResult(){x, y -> x+y}`
（3）　`printResult{x, y -> x+y}`

　この（1）のコードでは、`printResult`関数のパラメータとして、ラムダ式で書いた関数オブジェクトを引き渡しています。関数にパラメータを引き渡す際には、呼び出し側で丸括弧（ ）の中に値を入れることになっていました。でも、（2）のコードではその丸括弧（ ）の外側に（つまり右側に）ラムダ式を表す波括弧{ }が飛び出してしまっています。これは、Kotlinのルールでは、ラムダ式が関数の受け取る最後のパラメータである場合に限り、丸括弧（ ）の外側にラムダ式を書いて良いからです。これにより、丸括弧の内側に波括弧がある（1）のコードに比べて、（2）のコードはかなりすっきりした感じになりますよね。さらに（3）のコードでは、関数名の後ろに付いていたはずの丸括弧（ ）そのものが消え去ってしまっています。Kotlinのルールでは、ラムダ式が関数の受け取る唯一のパラメータである場合には、その丸括弧（ ）の記述を省略できることになっているのです。この（3）のコードの書き方は、Kotlinのコードで多用されるのでぜひ覚えておいてください。

　さて、ここまではパラメータを二つ受け取るラムダ式の例を示しましたが、当然パラメータを一つだけしか受け取らない無名関数をラムダ式で記述することも可能です。そして、その場合、ラムダ式の記述をさらに簡略化することができます。次のコードでは、呼び出し側から名前を表す文字列を一つ受け取って、その文字列に「ちゃん」を付けて返すだけの無名関数を四つ定義しています。`function1`、`function2`、`function3`、`function4`はすべて同じ機能を持ちますが、特に、`function4`という変数に代入されるラムダ式の記述に注目してください。

コード 39.3

```
fun main(args: Array<String>) {
  val function1: (String) -> String = fun(x: String) : String {
    return x + "ちゃん"
```

```
    }
    val function2: (String) -> String = fun(x: String) = x + "ちゃん"
    val function3: (String) -> String = {x -> x + "ちゃん"}
    val function4: (String) -> String = {it + "ちゃん"}

    val result1 = function1("タケシ")
    val result2 = function2("タケシ")
    val result3 = function3("タケシ")
    val result4 = function4("タケシ")

    println(result1)
    println(result2)
    println(result3)
    println(result4)
}
```

　この四つの無名関数は、記述方法はそれぞれ異なっていますが全部同じ機能を持ちます。`function1` と `function2` に関しては、もう読者の皆さんにはおなじみの方法で無名関数を生成していますね。`function3` には、この章ですでに出てきたラムダ式と同じ形式で関数オブジェクトが代入されています。ここで注目してほしいのは、`function4` に代入されているラムダ式です。これは究極に記述を簡略化したラムダ式です。

　`function4` に代入されたラムダ式の `{it + "ちゃん"}` という記述には、今までのラムダ式に存在していた矢印、つまり `->` という記述がありません。これは、受け取るパラメータが一つだけしかないラムダ式を書く場合に使うことができる特別な表記方法です。パラメータが一つだけしかない場合には、そのパラメータの変数名と `->` という記述をごっそり省略し、代わりに `it` という変数を受け取ったものとみなす「暗黙のルール」があるからです。

　この `it` というのは、英語で「それ」を意味する単語ですよね。`{it + "ちゃん"}` というラムダ式は、日本語で言えば「それに **"ちゃん"** を付けた文字列を作りますよ」という意味のラムダ式になります。「それ」や「あれ」という言葉は日常生活でよく使われる便利な言葉ですが、時々「それをあれしてください」みたいな感じのことを言われることがあります。その場合、聞く側が思考力を働かせて、「それ」という語が何を指しているのか察してあげる必要があります。気が利くタイプの人は、話の文脈から「それ」という語が何を意味しているのかうまく補って話を聞いてくれます。Kotlin はそういう気の利くタイプの人みたいなことをしてくれます。コンパイラは、プログラマが書いた「it」が何を指しているのか、文脈から察してく

れるわけです。すばらしいですね！

　このラムダ式の書き方が、私たちのコードをどれだけシンプルにしてくれるか考えてみましょう。そのためのサンプルとして、第 17 章で取り上げた List に関して取り上げてみます。List は forEach という関数を持っています。この forEach 関数は関数オブジェクトを一つ受け取りますが、ここでは何らかのパラメータを受け取って、「それ」つまり「リストの一要素」を使って処理を行うように実装して見たいと思います。そのようなコードをラムダ式を使わずに実装した例と、ラムダ式を使って実装した例を次に示しますので見比べてみてください。

コード 39.4

```
val list = listOf("あ", "い", "う", "え", "お")

val action: (String) -> (Unit) = fun(x: String) {
  println(x)
}

list.forEach(action)
```

コード 39.5

```
val list = listOf("あ", "い", "う", "え", "お")
list.forEach{println(it)}
```

　コード 39.4 では、action という変数に「文字列を受け取って何らかの処理はするけど、戻り値は返さない関数型」の関数オブジェクトを代入しています。それを list の forEach 関数に引き渡すと、この関数オブジェクトが何度も呼び出されて、リストの項目一つ一つが処理されていきます。結果、「あ」、「い」、「う」、「え」、「お」という文字が 5 行にわたってコンソールに表示されます。これと同じことをしているのがコード 39.5 です。forEach に引き渡す関数オブジェクトがラムダ式で記述され、その関数オブジェクトが受け取るパラメータは一つしかないので、it というキーワードが使われていますね。ものすごく簡潔な記述になっていることが分かります。

　Kotlin はその言語の設計思想からして、非常に簡潔なコードを書くことが可能な文法が採用されています。ラムダ式の簡潔な記述はその最も代表的な例と言えるでしょう。コードを書く

際のタイプ量を減らすことができるのは、それを書くプログラマにとって大きなメリットです。ただ、これは「もろ刃の剣」でもあります。コード量が減るということは、それを読む人にとっては、情報量が減るということでもあるからです。余計な情報が除かれることによってシンプルで分かりやすいコードとなる場合もありますし、コードから省かれてしまった「暗黙の了解」に関する知識がない人にとってはチンプンカンプンに思えることもあるかもしれません。たとえば、コード 39.5 には String という文字が一切出てこないので、ラムダ式を見て「よく分からない」と感じたときは、コード上に記述されていない隠された情報がいったい何であるかを探る必要があります。String 型のリストの forEach メソッドがラムダで記述されている場合、forEach メソッドが受け取るべきパラメータは何なのかを調べます。そうすると、forEach メソッドは関数を受け取ることが分かります。その関数が受け取るべきパラメータは String ですから、it は String を指しており、ラムダ式の中ではその it に対して何らかの処理をすればよいということが分かるわけです。

　Kotlin では、関数オブジェクトをパラメータとして受け取るタイプの便利な関数がいろいろ用意されています。たとえば、List や Map などのコレクションには filter という関数があります。これは、コレクションに格納されている複数のインスタンスから特定の条件のインスタンスだけを抽出するのに便利な関数です。この「特定の条件」を指定するために、パラメータとして関数オブジェクトを引き渡すのですが、その際にラムダ式を使用することが多いです。たとえば次のようになります。

コード 39.6

```
val p1 = Person("タケシ", 5)
val p2 = Person("ケンタ", 5)
val p3 = Person("ユミ", 8)
val list = listOf(p1, p2, p3)
val list_filtered = list.filter{p: Person -> p.age==5}
```

　コード 39.6 では、一番下の filter という関数にラムダ式を引き渡していますね。list.filter{p: Person -> p.age==5} というコードが何をしているかは、filter という関数の仕様をすでに知っている人であれば、すぐに分かります。しかし、filter 関数の受け取るパラメータ仕様を知らない人にとってはチンプンカンプンに思えるかもしれません、この記述には、目に見えない「暗黙のルール」のようなものが隠されているからです。この場合の「暗黙のルール」は、List に備わっている filter という関数は、「あるインスタンスを受け取っ

て、Booleanの値を返す関数」をパラメータとして指定するというものです。

　コード 39.6 には、Booleanという語句はいっさい出てきません。しかし、ここにはBooleanを返すという関数オブジェクトがラムダ式で定義されています。filter関数内では、パラメータとして受け取った関数オブジェクトにリスト内の各インスタンスを一つ一つ渡していきます。その結果、trueを返すインスタンスだけを集めて新たなリストを生成するのです。これによって、5歳のタケシ、そして同じく5歳のケンタのという二つのインスタンスを持つリストが新たに生成され、list_filteredという変数に代入されます。8歳のユミは、新しくできたリストには含まれません。

　本書の第 32 章の末尾で、letという関数にラムダ式の関数を引き渡す方法について取り上げました。非常に簡潔なコードが書ける方法ですが、そのコードを最初に見たときに「よく分からない」と感じた方もいるのではないでしょうか。多くのプログラム初心者はラムダ式を難しいと感じるようです。しかし、それは実際にはラムダ式そのものが難しいからというわけではありません。単に、ラムダ式をパラメータとして引き渡している関数の仕様を知らないだけの問題です。「暗黙のルール」を知っているか知らないか、それだけの違いです。ひとたび関数の仕様を知ってしまえば、決して難しくはありません。今後、ラムダ式の記述を見て戸惑ったときは、その関数オブジェクトをパラメータとして受け取っている関数の仕様を調べてみてください。たとえば、「Kotlin List filter」といったキーワードでネット検索すれば、すぐにfilter関数の仕様が出てきます。その仕様を見れば、list.filter{p: Person -> p.age==5}というラムダ式の記述の意味していることがはっきりと分かるのです。これでもう、ラムダ式を恐れることはありませんね！

第40章　メンバ参照

　前の章では、リストに forEach や filter といった関数が備わっており、それらの関数にはラムダ式で書いた関数オブジェクトをパラメータとして引き渡すことができるという点を取り上げました。Kotlin のプログラムでは、このようなラムダ式の記述を本当によく見かけます。同様にラムダ式と相性が良い関数として、List の機能として標準装備されている maxBy という関数を見てみましょう。さらに、その関数に引き渡すラムダ式の記述をさらに簡潔にする「メンバ参照」という記述方法について紹介します。

　リストに格納されている複数のインスタンスの中から「何らかの最大の値」を持つものを一つ選びだす処理は、どのようなコードで書けるでしょうか？　たとえば、Person クラスのインスタンスが複数格納されたリストがあるとしましょう。そのリスト内の Person クラスの中で、一番年齢が高いインスタンスを取得したいとします。この場合、コード40.1のような書き方が真っ先に思いつくかもしれません。しかし、それと全く同じことがコード40.2でも実現できます。これら二つのコードを実行すると、両方とも「最年長なのは誰？」と表示された後に「ユミです。8才です。」とコンソールに表示されます（ここでは Person クラス本体の記述を省略しています。ソースコードの全体像に関しては、付録のサンプルコードを参照してください）。

コード40.1

```
val p1 = Person("タケシ", 5)
val p2 = Person("ケンタ", 5)
val p3 = Person("ユミ", 8)
val list = listOf(p1, p2, p3)
var p_max: Person? = null
for(p in list) {
  if(p_max==null || p_max.age<p.age) {
    p_max = p // これまでの記録を更新した。
```

```
        }
    }
    println("最年長なのは誰？")
    p_max?.greet()
        ⋮
```

コード 40.2
```
val p1 = Person("タケシ", 5)
val p2 = Person("ケンタ", 5)
val p3 = Person("ユミ", 8)
val list = listOf(p1, p2, p3)
val p_max = list.maxBy{p: Person -> p.age}
println("最年長なのは誰？")
p_max?.greet()
    ⋮
```

　コード 40.1 でやっていることはそれほど難しいことではありませんが、少しごちゃごちゃしたコードになっています。`p_max` という変数には、初期値として `null` がセットされています。その後に `for` ループで処理を行っていますが、`p_max` が `null` のケース、あるいは「`p_max` の `age`」より「`p` の `age`」の方が大きい場合 (つまり、これまでの記録を更新した場合) は、`p_max` に `p` を代入していますね。こうすると、`for` ループを抜けた後には、一番 `age` が高い値を持つ `Person` クラスのインスタンスを抽出できます。そして、最後に第 32 章で出てきた「安全呼び出し」の記号 `?.` を使って、`p_max` の `greet` 関数を呼んでいます。

　コード 40.2 でも全く同じことをしているのですが、処理が非常に簡潔になっています。Kotlin の `List` が持っている機能である `maxBy` という関数を使用することで、このようなシンプルな記述が可能になります。この `maxBy` という関数は、パラメータとして関数オブジェクトを受け取ります。つまり、第 37 章で取り上げた「高階関数」の一種です。これは、「あるインスタンスを受け取って、それを元に何らかの値を返す関数型」の関数オブジェクトをパラメータとして受け取ります。右側のラムダ式のコード `{p: Person -> p.age}` では、「`Person` のインスタンスをパラメータとして受け取って、`Person` の `age` を返す関数」が表現されています。`maxBy` 関数の中のカラクリを説明すると、渡されてきた関数オブジェクトを呼び出し、「何らかの値」を取得します。この場合の「何らかの値」とは、`Person` の各インスタンスが持つ `age` の値です。その値を基準にして、コード 40.1 と同じ要領で順に `age`

の値をチェックしていき、最大の値を持つインスタンスを見つけ出す処理を行っています。さて、ここでコード 40.2 のポイントとなる部分を抜き出してみましょう。

```
list.maxBy{p: Person -> p.age}
```

ここでは、リストに備わっている `maxBy` 関数にラムダ式で書いた関数オブジェクトを引き渡しています。前の節で触れた通り、`{p: Person -> p.age}` という記述は、「Person のインスタンスをパラメータとして受け取って、Person の age を返す関数型」を表しているのでした。これは関数の定義としてかなり簡潔ですが、このような「あるクラスの中のどれか一つのプロパティを返す」という比較的単純なラムダ式は、これよりもさらにシンプルな書き方に書き換えることができます。

次の左右のコードを見比べてください。コード 40.3 はすでに示したのとほぼ同じコードですが、`maxBy` 関数の後に続く（）を省略しないであえて記述してみました。その状態から、（）の中に入っている記述をよりシンプルに書き換えたものがコード 40.4 です。

コード 40.3
```
list.maxBy({p: Person -> p.age})
```

コード 40.4
```
list.maxBy(Person::age)
```

これら二つのコードの動作は同じです。リストが持つ `maxBy` 関数のパラメータとして関数オブジェクトを引き渡しています。つまり、コード 40.3 の `{p: Person -> p.age}` という記述と、コード 40.4 の `Person::age` という記述が全く同じ意味になるわけです。`Person::age` という記述は、もはや「関数」と呼んでよいのかどうか分からないくらい簡潔な記述になっていますが、これが「Person のインスタンスを受け取って、Person の age を返す関数型」の定義となっているのですね。右側のコードのような関数オブジェクトの書き方を「**メンバ参照**」（英語では、member reference）と言います。

もちろん、ラムダ式やメンバ参照を、関数のパラメータとして引き渡すだけでなく、関数オブジェクトとして変数に代入することも可能です。次の二つのコードの先頭の行を比較してください。異なるのは 1 行目だけで、2 行目以降は完全に一致しています。

コード 40.5
```
val getAge = {p: Person -> p.age} // ラムダ式
val p1 = Person("タケシ", 5)
val p2 = Person("ケンタ", 5)
```

```
val p3 = Person("ユミ", 8)
val list = listOf(p1, p2, p3)
val p_max = list.maxBy(getAge)
println("最年長なのは誰？")
p_max?.greet()
```

コード 40.6

```
val getAge = Person::age  //  メンバ参照
val p1 = Person("タケシ", 5)
val p2 = Person("ケンタ", 5)
val p3 = Person("ユミ", 8)
val list = listOf(p1, p2, p3)
val p_max = list.maxBy(getAge)
println("最年長なのは誰？")
p_max?.greet()
```

　これら二つのコードも、単に記述方法が異なるだけで動作は全く同じです。それぞれのコードが実行されると、両方とも同じように「最年長なのは誰？　ユミです。8才です。」と表示されます。コード 40.5 の先頭に書かれているラムダ式を、さらに簡潔な仕方で記述したのが、コード 40.6 のメンバ参照の記述であることが確認できると思います。メンバ参照は、「あるクラスのインスタンスの持つ値を返す」という関数を非常に簡潔に表すことができる記述方法です。ぜひ覚えておきましょう。

第41章 ジェネリクス（総称型）

この章ではジェネリクスと呼ばれる記述方法について扱います。実は、すでに本書のサンプルコード内に何度も出てきました。たとえば、Kotlinのmain関数の宣言は次のように書くことになっていましたよね。

コード 41.1

```
fun main(args: Array<String>) {
}
```

これは中身が空っぽのmain関数ですが、ここではパラメータと受け取っている変数の型に注目してください。Array<String>となっています。これは、String型の配列という意味でしたよね。この変数の型、あるいはクラス名を< >で挟む書き方が「**ジェネリクス**」と呼ばれます。日本語では「総称型」と言います。

ジェネリクスの記述は、本書の第17章でListの使い方を説明するために示したサンプルコードにも出てきていました。次は、様々なタイプのリストを生成しているサンプルコードです。

コード 41.2（コード 17.3 再掲）

```
val a: List<Boolean> = listOf(true, false, true)
val b: List<Byte>    = listOf(2, 4, 8)
val c: List<Short>   = listOf(100, 101, 102)
val d: List<Int>     = listOf(1000, 1200, 1500)
val e: List<Long>    = listOf(100000, 120000, 150000)
val f: List<Float>   = listOf(1.0f, 1.1f, 1.2f)
val g: List<Double>  = listOf(1.0, 10.0, 100.0)
val h: List<String>  = listOf("こんにちは", "Kotlin", "どうぞよろしく!")
```

コード 41.2 では、**Boolean** 型を格納するリストは、**List<Boolean>** という型の変数に代入されています。そして、**Byte** 型を格納するリストは **List<Byte>** です。**Short** 型、**Int** 型など他の型のデータを格納するリストに関しても同様のルールで記述されています。同じ **List** でも、特定の型専用の **List** にするために、**< >** の中に **List** に格納する変数タイプを記述しているわけですね。第 18 章の **Set** や第 19 章の **Map** に関する説明の中でも同様の記述方法が出てきました。このように、ジェネリクスは Kotlin のコードの様々なところで出てくる記述です。

　ここまでは、ジェネリクスを使用する側のコードに関しての説明でした。この章では、ジェネリクスに対応したクラスやインターフェースを定義する方法について考えてみます。ここでは、ある特定の型を格納するバーチャルな「箱」を表すクラスを定義してみましょう。クラスの名前は **Box** とします。その **Box** というクラスのインスタンスの中には、何らかのコンテンツ（中身）を詰めることができるようにしたいと思います。そして、コンテンツを詰める際には、それが何であるかを示すラベルを張ることもできるようにしてみましょう。そして、箱に張られたラベルとコンテンツを一緒にコンソールに表示する関数も作成します。具体的なコードは次のようになります。

コード 41.3

```
class Box<T> {
  var label: String = ""
  var content: T? = null
  // 箱にラベルとコンテンツをセットする関数。
  fun setValues(label: String, content: T) {
    this.label = label
    this.content = content
  }
  // ラベルとコンテンツを表示する関数。
  fun printValues() {
    println("${label} : ${content}")
  }
}
```

　コード 41.3 は **Box** という名前のクラスの定義です。一番上の行に **<T>** という記述がありますね。この **T** とはいったい何のことでしょうか？　どこから湧いて出てきたのでしょうか？これは、事前に **T** というクラスをどこかで定義して、それをここで指定しているというわけ

ではありません。ここで T とは、「何らかの特定の型」を意味しています。この T が実際に何の型になるかは、この Box というクラスの定義をコーディングしているときには決まっていません。呼び出し側で、たとえば Box<String> と書けば、この Box クラスは String 型専用になります。呼び出し側で Box<Int> と書けば、この Box クラスは Int 型専用として使うことができます。つまり、汎用性のある（ジェネリックな）型のクラスを定義しておいて、クラスを呼び出すときに任意の型を指定することができるのです。これが、ジェネリクスの特徴です。

　Box クラスの中で、プロパティ変数として定義されている content の型は何でしょうか？これも T となっています。この変数は、ハテナマークが付いて T? と記述されています。つまり、第 32 章で取り上げた null 許容型です。そして、setValues 関数が受け取っているパラメータ型にも注目してください。第 1 パラメータは String 型ですが、第 2 パラメータの型が T になっていますね。つまり、この Box というクラスの定義のいろいろなところで T という文字がちりばめられています。呼び出し側で Box<String> と書けば、Kotlin のコンパイラは、これらの T を String に置き換えて解釈します。呼び出し側で Box<Int> と書けば、これらの T は Int と解釈されることになります。つまり、クラスの定義本体の側ではなく、クラスを使用する側で型を指定することができるわけですね。

　では、コード 41.3 で定義された Box クラスを呼び出し側でどのように記述して使用するのか、ここで確認してみましょう。次のようになります。

コード 41.4

```
fun main(args: Array<String>) {
  val box1 = Box<String>()
  val box2 = Box<Int>()
  box1.setValues("文字列ですよ", "あいうえお")
  box2.setValues("整数ですよ", 1000)
  box1.printValues()
  box2.printValues()
}
```

　コード 41.4 の main 関数の中では、Box クラスのインスタンスを二つ作成しています。box1 は String 型のコンテンツを格納し、box2 は Int 型のコンテンツを格納します。実行結果は次のようになります。

```
文字列ですよ ： あいうえお
整数ですよ ： 1000
```

　このように、あるクラスを定義して、そこに異なったタイプのコンテンツを格納したい場合に、ジェネリクスはとても便利です。もし、ジェネリクスがなかったら、パラメータの型だけしか違わないほとんど同じ内容のクラスをいちいち定義する羽目に陥ります。このジェネリクスの機能がいかに便利かを示す二つのコードを次に示します。コード 41.5 は、ジェネリクスを使わずに、**String** 型のコンテンツ格納専用の **StringBox** クラスと **Int** 型のコンテンツ格納専用の **IntBox** クラスを別々に定義しています。一方、コード 41.6 はジェネリクスを使った汎用的な **Box** クラスを使ったコードです。ジェネリクスを使うかどうかで、コーディング量にどのような違いが出るか確認してください。

コード 41.5

```kotlin
fun main(args: Array<String>) {
  val box1 = StringBox()
  val box2 = IntBox()
  box1.setValues("文字列ですよ", "あいうえお")
  box2.setValues("整数ですよ", 1000)
  box1.printValues()
  box2.printValues()
}

class StringBox {
  var label: String = ""
  var content: String? = null
  // 箱にラベルとコンテンツをセットする関数。
  fun setValues(label: String, content: String) {
    this.label = label
    this.content = content
  }
  // ラベルとコンテンツを表示する関数。
  fun printValues() {
    println("${label} = ${content}")
  }
}

class IntBox {
```

```
  var label: String = ""
  var content: Int? = null
  // 箱にラベルとコンテンツをセットする関数。
  fun setValues(label: String, content: Int) {
    this.label = label
    this.content : content
  }
  // ラベルとコンテンツを表示する関数。
  fun printValues() {
    println("${label} : ${content}")
  }
}
```

コード 41.6

```
fun main(args: Array<String>) {
  val box1 = Box<String>()
  val box2 = Box<Int>()
  box1.setValues("文字列ですよ", "あいうえお")
  box2.setValues("整数ですよ", 1000)
  box1.printValues()
  box2.printValues()
}

class Box<T> {
  var label: String = ""
  var content: T? = null
  // 箱にラベルとコンテンツをセットする関数。
  fun setValues(label: String, content: T) {
    this.label = label
    this.content = content
  }
  // ラベルとコンテンツを表示する関数。
  fun printValues() {
    println("${label} : ${content}")
  }
}
```

いかがでしょうか？ コード 41.5 とコード 41.6 では、ほぼ同じことをしているのに、コー

ド量が全然違いますよね。コード 41.5 ではジェネリクスを使用していないので、**String** 型を保管するための **StringBox** と **Int** 型を保管するための **IntBox** というクラスをわざわざ個別に定義しなければなりません。この **StringBox** と **IntBox** は、単にプロパティ変数 **content** の「型」が違うだけです。たったそれだけの違いのために、ほとんど同じコードを 2 回書かなければならないのです。一方、コード 41.6 では **content** の型を **T** というジェネリクス（汎用型）で表しているために、たった一つの **Box** という定義で事が足りているわけです。この **T** と書いてある部分を指して「**型パラメータ**」という言い方をします。

コード 41.5 では、**String** 型と **Int** 型の値を格納する二つのクラスを定義するだけでよかったのですが、もし、これが **Boolean** 型、**Double** 型、はたまた **Car** 型、**Person** 型などを格納するためのクラスをそれぞれ作らなければならないとしたらどうでしょうか？ 同じようなコードを大量に書く必要があるわけですね。とても面倒です。それに、似たようなコードが大量生産されてしまうと、それらのコードでファイルの中が埋め尽くされてしまい、ソースコードの可視性やメンテナンス性が非常に悪くなってしまいます。ジェネリクスを使えば、これらの問題を解決できるわけです。なにしろ、**T** と書くだけで、将来呼び出し側で指定される変数の型すべてに対応できてしまうわけですから。

なお、ジェネリクスの「型パラメータ」を表す文字は自由に命名できます。この章のジェネリクスのコード例では、**T** という文字が「何らかの特定の型」を表していました。しかし、実はこれらの文字は何でも構いません。**T** の代わりに **A**、**B**、**C** など、どの文字を使っても良いのです。

> ジェネリクスの「型パラメータ」を表す文字は自由に命名できますが、一般的には大文字一つで記述することが慣習となっています。世の中に公開されているソースコードを眺めていると、ジェネリクスでの「型パラメータ」の名前としては T という文字が使われることが多いようです。これは「型」を意味する英語の「Type」の頭文字です。他にも E という文字を用いているコードもあります。これは「要素」を意味する英語の「Element」の頭文字です。「数」を意味する「Number」の頭文字をとって N という文字を使っているものもあります。他にも、たとえば Kotlin のプログラマが書いた **MutableMap** のコードの中では、K や V という文字が使われています。これは、マップで使用する「キー」を意味する Key と「値」を意味する Value という単語の頭文字を使用しているようです。

ジェネリクスの「型パラメータ」は、一つのクラスの中で複数使用することもできます。次に示すコード 41.7 は、前述の **Box** クラスの定義内にあった **label** という **String** 型の変数をジェネリクスの表記に置き換えたものです。コラム内で説明しているように、ジェネリクスの型を表す文字は何でも良いので、ここでは Label という単語のイニシャルを取って、**L** という型として記述してみました。また、**content** という変数の型に関しては、Content のイニシャルを取って、**C** という型として記述してみました。

コード 41.7

```
fun main(args: Array<String>) {
  val box1 = Box<Int, String>()
  val box2 = Box<String, Double>()
  box1.setValues(500, "ごひゃく")
  box2.setValues("pi", 3.14)
  box1.printValues()
  box2.printValues()
}

class Box<L, C> {
  var label: L? = null
  var content: C? = null
  // 箱にラベルとコンテンツをセットする関数。
  fun setValues(label: L, content: C) {
    this.label = label
    this.content = content
  }
  // ラベルとコンテンツを表示する関数。
  fun printValues() {
    println("${label} = ${content}")
  }
}
```

　コード 41.7 の **Box** クラスの定義を見ると、**L** と **C** という型がそれぞれジェネリクスで表現されています。**main** クラスでは、ラベルを **Int** 型に、コンテンツを **String** 型にした **box1** と、ラベルを **String** 型に、コンテンツを **Double** 型にした **box2** というインスタンスをそれぞれ生成していますね。このコードを実行した結果は次のようになります。

```
500 : ごひゃく
pi : 3.14
```

　コード 41.7 の main クラスでは、Int と String、そして String と Double の組み合わせで、Box クラスを生成しています。将来、呼び出し側でこれ以外の組み合わせのラベルとコンテンツを使う可能性は十分に考えられます。その場合、考え得る組み合わせをあげていけばきりがありません。しかし、ジェネリクスを使えば、単に <L, C> と書くことによって、将来もしかしたら必要となるかもしれない様々なパラメータの組み合わせすべてに対応できるわけです。ジェネリクスは便利ですね。

第42章 パッケージ

　本書にこれまで出てきたサンプルコードではほとんど意識してきませんでしたが、実は、Kotlinには「**パッケージ**」という概念があります。これは、Kotlinのコードをグループ分けして管理するためのものです。私たちの日常生活でも、たとえばタンスの引き出しごとに、だいたい同じカテゴリのものを入れておいたりしますよね。たとえば、一番上の引き出しにはシャツを入れ、二番目の引き出しには靴下をまとめて入れるといった感じです。同じように、Kotlinのコードの先頭に「パッケージ」を書いておくと、そのコードをカテゴリ分けして、特定のグループに属しているものであることを明確にすることができます。

　Kotlinのソースコードをパッケージに分ける方法はとても簡単です。それぞれのソースコードのファイルの先頭に`package`というキーワードを書いておくだけです。それによって、特定のファイルがどのグループに属しているかを示すことができます。たとえば、本書で作成した`Car`や`Ferrari`、`Prius`というようなクラスは全部「車関係」のクラスですから、これはひとまとめのグループとして扱っておくのが良いかもしれません。その場合、たとえば`Car`クラスの宣言を書いた`Car.kt`というファイルの先頭には次のように記入します。

Car.kt
```
package cars

open class Car(val color: String) {
  open fun drive() {
    println("${color}の車が1時間走りました。")
  }
}
```

このようにすると、Car クラスは、cars パッケージに属しているクラスというように扱われます。ここで先頭に書いた package cars というのと全く同じ記述を Ferrari.kt や Prius.kt というファイルの先頭にも書いておけば、Car クラス、Ferrari クラス、Prius クラスすべてが cars パッケージに属している仲間たちであることがはっきり分かるというわけです。

なお、このパッケージ名は、プログラマが自由に決めることができます。ここでは、例として cars という名前にしてみましたが、別に複数形の s を付けずに car としても全然問題ありません。あるいは、全然違う単語、たとえば automobile や vehicle、あるいは kuruma などとしても構いません。何でも好きなパッケージ名にしてください。

パッケージ名にはドットを入れて、より細かな分類を表すこともできます。たとえば、cars クラスを車メーカーごとに分けていく場合には、cars.toyota、cars.nissan などのように車のメーカー名をパッケージ名の中に入れるのも良いかもしれません。いずれにしても、他のプログラマにとって分かりやすいカテゴリ分けにすると良いでしょう。

実は、Java 言語にも Kotlin と同じように「パッケージ」という概念があります。ただ、Java では、「パッケージ」とは要するに「フォルダ」のことを指します。ソースコードを格納しておくフォルダ名とパッケージ名を一致させなければならないという厳格なルールがあるのです。一方 Kotlin では、そのあたりはそれほど厳格ではありません。パッケージ名はあくまで概念的な区分けなので、物理的にパッケージごとのフォルダに分けてファイルを保存しておく必要はありません。もちろん、パッケージごとのフォルダを作りたければ作っても構いません。たとえば、cars というフォルダを作成して、その中にフォルダ名と同じ名前である cars パッケージのファイル、Car.kt、Ferrari.kt、Prius.kt を保存しておきたければそうすることも可能です。むしろその方が何かとファイルを管理しやすいので、パッケージごとに分けてフォルダを作成しておくのはお勧めです。プログラムのソースコードに限らず、コンピュータ上の Word ファイル、Excel ファイル、あるいは動画ファイルなどの様々なファイルはフォルダに分けて管理しておくとすっきり整理できますよね。ですから、Kotlin のソースコードのファイルもフォルダごとに分けて管理するのがよいでしょう。そして、そのフォルダ構成をパッケージに合わせておくと管理がしやすくなります。

Kotlin の「パッケージ」の概念には、単にソースコードをグループに分けて管理するだけでなく、もう一つ重要な役割があります。それは、同名のクラスが存在している場合のあいまいさをなくすという目的です。たとえば、自分が作ったクラスの名前と同名の、だれか他のプログラマが作ったクラスが存在している場合を考えてみましょう。要するに、たまたまクラスの

名前が「かぶってしまった」というケースです。本書の中では、`Person` というクラスを度々作成してきました。ある日、同僚プログラマも実は `Person` という同名のクラスを作成していたことに気づきます。そのクラスには非常に便利な機能があるので、あなたもぜひそれを使いたいと思ったとします。この場合、たとえば、`val p = Person()` みたいなコードを書いてそのクラスをインスタンス化したい場合、Kotlin のコンパイラは、「あれ、`Person` っていうクラスは 2 種類あるよね。ここでインスタンス化しようとしているのは、どっちの `Person` クラス？」みたいな感じで、判断に困ってしまうのです。つまりコンパイルできません。その場合、どこの誰が作った `Person` クラスなのかを、プログラマが Kotlin に教えてあげなければなりません。この際に、パッケージ名が役に立つのです。

　世の中に広く一般公開されるようなプログラムでは、特定の開発会社が持つドメインを逆さにしたものが、パッケージ名によく用いられます。インターネットのドメインは「ユニーク」なものです。つまり、世界中で同じドメインを持っている人はいません。そうであれば、ドメインを逆さにした文字列を使ってパッケージ名を決めれば、世界中のプログラマが作ったプログラムで、パッケージ名とクラスが完全にかぶってしまうことはないだろうというわけです。これが、プログラムコードをオープンソースとして公開する人たちの間で「お約束」となっています。

　たとえば、www.example.com というホームページを持つ組織のドメインは example.com です。もし、このドメインを持つ会社があったとして、会社として Kotlin のプログラムを開発し、それをオープンソースとして世界に公開するとしたら、パッケージ名を com.example で始まるパッケージ名を使うことでしょう。これはドメインを「逆さ」にしたものですね。たとえば次のような感じになるはずです。

コード 42.1

```
package com.example.cars

class Car(val color: String) {
  fun drive() {
    println("${color}の車が走っています。")
  }
}
```

もし、Car クラスの記述がこのようになっている場合、Kotlin のコンパイラに対して、これを使いたいことを明示すれば、たとえ名前がかぶっている Car クラスが他に存在しているとしても混乱はなくなります。特定のパッケージの Car クラスを使用するには二つ方法があります。それぞれ、次のコード 42.2 とコード 42.3 に示します。なお、次の二つのコードを動かすにはコード 42.1 が必要です。Try Kotlin にサインインした上で、My programs 以下にコード 42.1 の Car クラスの定義が書かれたファイルを保存しておいてください。

コード 42.2

```
fun main(args: Array<String>) {
    val c1 = com.example.cars.Car("赤")
    val c2 = com.example.cars.Car("青")
    c1.drive()
    c2.drive()
}
```

コード 42.3

```
import com.example.cars.Car

fun main(args: Array<String>) {
    val c1 = Car("赤")
    val c2 = Car("赤")
    c1.drive()
    c2.drive()
}
```

コード 42.2 とコード 42.3 は全く同じ意味になります。コード 42.2 では、Car クラスのコンストラクタを呼ぶ際に com.example.cars.Car("赤") などと記述することによって、パッケージ名を指定しています。これで、仮に複数の種類の Car クラスが存在していたとしてもあいまいさはなくなりました。もし、将来誰かがもう一つ Car クラスを作ったとしても、Kotlin のコンパイラはコード 42.2 を問題なくコンパイルできます。どの Car クラスを使うべきか、パッケージ名の指定により明白に分かるからです。ただ、このように Car クラスの名前を参照する度にパッケージ名を指定していると、文字をタイプする量が増えてしまいますね。何度も何度も com.example.cars.Car とタイプしなければならないというのは非常に

骨の折れる作業です。

　この問題を解決した書き方が、コード 42.3 です。ファイルの先頭に `import com.example.cars.Car` と書いてありますね。Kotlin のファイルの最初の方（必ずしも先頭の行でなくても OK）に、このように `import` 文を書いておくと、「これ以降、このファイルの中で Car という表記が見つかったら、それは `com.example.cars` パッケージに属する Car クラスという意味ですので、よろしくね！」という、プログラマからの Kotlin コンパイラへの意思表示となります。最初の方に一行書いておくだけで、その後、いちいち Car クラスの名前の前に `com.example.cars` というパッケージの記述をしなくてもよくなりますので、とても便利です。それで、ほとんどのプログラマはパッケージ名を指定する方法として、コード 42.3 にあるようなファイルの先頭に `import` 文を書く方法を使います。

　もし、あるパッケージに属するクラスがたくさんある場合、それらのクラスを使う側で一つ一つ `import` 文を書いていくのは少し面倒です。そういう場合には、次のように「ワイルドカード」を使った方法で記述すれば、指定したパッケージ以下のクラスをすべて一気にインポートできます。

```
import com.example.cars.*
```

　このように表記すれば、たとえば `com.example.cars` パッケージに Car、Ferrari、Prius という三つのクラスが存在している場合、次のように記述したのと同じ意味になります。

```
import com.example.cars.Car
import com.example.cars.Ferrari
import com.example.cars.Prius
```

　このようなパッケージ名の取り決めは、クラス名だけでなく関数に対しても同様に当てはまります。たとえば、次の二つのコードを見てください。Test1.kt というファイルでは、`import com.example.test2.*` と書くことによって、`com.example.test2` というパッケージに属するクラスと関数をすべてインポートしています。これにより、Test1.kt の中から、Test2.kt という全く別のファイルの中に定義されている `testFunction` という関数を呼び出すことができるようになります。

コード 42.4 (Test1.kt)

```
package com.example.test1
import com.example.test2.*

fun main(args: Array<String>) {
  testFunction("こんにちは")
}
```

コード 42.5 (Test2.kt)

```
package com.example.test2

fun testFunction(text: String) {
  println(text)
}
```

　あるファイルから異なるパッケージのクラスや関数を参照したい場合には、それを呼び出す側のコード内で必ず該当するパッケージをインポート（あるいは毎回パッケージ名を明記）しなければなりません。そうしないと、Kotlin のコンパイラは、どのクラス、あるいはどの関数を呼び出せば良いか分からないからです。コード 42.4 のパッケージは `com.example.test1` です。一方、コード 42.5 のパッケージは `com.example.test2` です。二つのファイルのパッケージ名は異なります。そのままでは、パッケージをまたいで関数を呼び出すことができません。それで、コード 42.4 では、先頭で `import com.example.test2.*` と記述することにより、別パッケージの関数である `testFunction` を呼び出すことができるようにしているわけです。

　私たちの日常生活でも、たとえばいきなり道で会った知らない人から「すいません、この手紙をタケシ君に届けてください」みたいなことをお願いされても困ってしまいますよね。急に「タケシ君」って言われても、同じ名前の人はどこにでもいるので、いったいどのタケシ君のことを言っているのかあいまいだからです。でも、たとえば「東京都港区新橋 10 丁目 5-8 コトリンマンション 305 号室、鈴木さんちのタケシ君」のように住所や名字を明確に教えてもらえれば、どのタケシ君に手紙を届ければ良いかは分かります。Kotlin でも、特定のクラスや関数のパッケージを `import` 文で明記しておけば、コンパイラがどのクラスあるいは関数を呼び出せばよいか明確に分かるわけです。

　もし、複数のファイルが同一パッケージ内にある場合、`import` 文を指定する必要はありません。これは前述の鈴木さんの家族の中で、たとえばお母さんがタケシ君のお姉ちゃんに対して、「タケシに手紙を届けてね」と言えば、お姉ちゃんにとっては、それがどこの誰のことを指しているのか明白なのと同じです。二人とも鈴木さん家の子どもたちですから。たとえば、次の二つのファイルを見てください。

コード 42.6（Test1.kt）

```
package com.example.test

fun main(args: Array<String>) {
  testFunction("こんにちは")
}
```

コード 42.7（Test2.kt）

```
package com.example.test

fun testFunction(text: String) {
  println(text)
}
```

　これらの二つのファイルは両方とも `com.example.test` パッケージに属しています。それで、コード 42.6（ファイル名は Test1.kt）の中からコード 42.7（ファイル名は Test2.kt）に定義されている `testFunction` 関数を呼び出す際、わざわざ Test1.kt の先頭の方に `import com.example.test` と書く必要はありません。

Kotlin から Java のライブラリを使用する

　本書の第 14 章で、`Random` という部品を使用したことを覚えているでしょうか？これは Java のライブラリです。このライブラリを使うためには、コードの先頭の方に `import java.util.Random` と記述する必要がありました。これは、`java.util` パッケージの `Random` というクラスをインポートしていたわけです。このように、Kotlin では、java の各種パッケージをインポートするだけで、簡単に Java のライブラリを使用することができます。

　ここまでで、`import` 文でパッケージを指定するのは、Kotlin のコンパイラに対して、どこのどんなクラス（あるいは関数）を呼び出そうとしているのかを明確に示すために必要であることが分かりました。ただ、これまで本書内で書いてきたコードの中では、あまりパッケージ名を意識していませんでした。たとえば次のコードを見てみましょう。`println` という関数を呼び出すのに、その関数がどのパッケージに属しているかをいっさい明記していません。

```
fun main(args: Array<String>) {
  println("この文字列は、いったいどのパッケージの関数に引き渡されるのだろう？")
}
```

　このように、パッケージ名を明示しなくても `println` という関数を呼び出すことができる

のは、実は、プログラマがよく使いそうなパッケージを Kotlin が自動的にインポートしてくれているからなのです。Kotlin では、プログラマが import 文を書かなくても、次のパッケージに関してはデフォルトでインポートしておいてくれます。

```
import kotlin.*
import kotlin.annotation.*
import kotlin.collections.*
import kotlin.comparisons.*
import kotlin.io.*
import kotlin.ranges.*
import kotlin.sequences.*
import kotlin.text.*
```

たとえば println 関数は、実は上記の kotlin.io パッケージに属している関数ですから、本来は kotlin.io.println("文字") というような書き方をするか、ファイルの先頭の方で import kotlin.io.* というような文を書いておかなければ使えない関数なのです。しかし、Kotlin が気を利かせて、このようなよく使う標準関数に関しては、すでにインポートしたことにしてくれているわけです。それで、パッケージ名の記述を省略しても println 関数が普通に使えるのですね。

第43章 可視性識別子（public、protected、private）

　これまでに、「クラスは設計図」という話が時おり出てきました。ここでもう一度、「設計図」についてのたとえ話を考えてみましょう。トヨタなどの車メーカーは、自社の車の設計図を持っています。そのオリジナルの設計図に一部変更を加え、カスタマイズした車を販売する業者がいるのを知っていますか？　いわゆるカスタムカー、改造車というやつですね。

　元の車の基本的な機能はそのままなのですが、見た目を派手にしたりして販売しています。そうしたカスタマイズをする業者は、一種の「設計」をしているとも言えるでしょう。「市販車」という基本設計を引き継いで、それを独自の外観の車に設計しなおしているわけです。見た目の設計を変更しても車としての基本性能が大きく変わるわけではないかもしれません。ですから、それらの業者は比較的自由に車を設計しなおすことができます。

　ただ、車のエンジンを一から設計しなおしている業者はほとんどありません。エンジンを根本的に設計するのはかなり難しいことだからです。そもそも、トヨタなどの車のメーカーはエンジンの設計の詳細を公表していません。それは企業秘密です。エンジンの設計は「隠されている」のです。そのため、カスタムカーを販売する業者もそこに手を付けることはほとんどありません。もし、知識や技術のない様々な業者が勝手に車のエンジンの設計を変えてしまうようだと、車の安全性は危うくなってしまうことでしょう。

　Kotlinでクラスを設計する際にも、車メーカーと同じような考え方することがあります。あるクラスを定義する場合には、一般に公開して、他のプログラマにカスタマイズを許す部分と、外部には見せないで隠しておく部分を明確に分けて設計しておくのです。具体的には、一般に公開したい関数やプロパティは `public` と記述し、公開したくない関数やプロパティには `private` という記述を付けます。これらのキーワードは「**可視性識別子**」と呼ばれます。次のソースコードを見てください。

コード 43.1

```kotlin
fun main(args: Array<String>) {
  val car = Car("赤")
  car.drive()
}

open class Car(val color: String) {
  private var fuel = 50.0
  public fun drive() {
    if(fuel>0.0) {
      letEngineWork()
      println("${color}の車が走りました。")
    } else {
      println("ガス欠で、走れません！")
    }
  }

  private fun letEngineWork() {
    println("ブルルーン！")
    fuel = fuel - 1.0 // ガソリンを1リットル消費した。
  }
}
```

　コード 43.1 の Car クラスの中では、関数が二つ定義されています。その内、drive という関数は public というキーワードで定義が始まっています。このようにすることで、ドライブするための関数は一般に公開されます。それで、main 関数からは、これらの関数を自由に呼び出すことができます。

　一方、letEngineWork という関数の定義は private というキーワードで始まっています。これにより、この関数を外部から呼び出すことはできなくなります。たとえば、もし main 関数の中で car.letEngineWork() というように書くと、コンパイルエラーが生じます。

　なぜ、letEngineWork という関数をあえて外部から呼べなくする必要があるのでしょうか？　それは、この関数を外部に公開してしまうと、たとえば車が一切走っていない状態でも letEngineWork という関数を呼ぶことができてしまうからです。そうすると、車が走ってもいないのにガソリンだけが消費されるというバグがあるプログラムを簡単に書けてしまいます。そういうことがないように、letEngineWork 関数は private で宣言し、外部から勝手

に呼ばれることがないようになっているわけです。

　privateで宣言された関数は、クラスの内部からは自由に呼び出すことができます。それで、drive関数の中では、letEngineWork関数を呼び出して、「ブルルーン！」というエンジン音を表示するとともに燃料を消費したことをシミュレーションする処理をしています（この例では話を単純にするためにガソリンの残量から1.0を差し引いていますが、この数値自体に深い意味はありません）。
　コード43.1のCarクラス内では、fuelというプロパティ変数もprivateで定義されていることに注目してください。こうすることによって、外部からCarが内部に持っているガソリンの量を勝手に書き換えることができなくなります。ガソリンの量は、Carクラスの中だけで適切に増減できるようにしているわけです。
　このように、可視性識別子によって、一般公開する関数やプロパティとそうではないものを明確に分けておくことにより、よりバグの少ないプログラムを書くことができます。ちなみにKotlinでは、関数やプロパティはデフォルトでpublic扱いになっているので、可視性識別子を省略した場合にはすべて一般公開の扱いになります。

　さて、ここまでで説明したpublic、private以外にも、Kotlinにはあと2種類の可視性識別子が用意されています。それは、protectedとinternalです。protectedを付けた関数やプロパティに関しては、そのクラスを継承したクラスからのみアクセスできるようになります。たとえば、コード43.1のCarクラスのfuelというプロパティとletEngineWorkという関数を、protectedで宣言するようにしてみましょう。そして、そのようにしたCarクラスを継承したPriusクラスを作成してみたいと思います。次のコードを見てください。

コード43.2

```
fun main(args: Array<String>) {
  val car = Prius("赤")
  car.drive()
}

open class Car(val color: String) {
  protected var fuel = 50.0
  public fun drive() {
    if(fuel>0.0) {
```

```
      letEngineWork()
      println("${color}の車が走りました。")
    } else {
      println("ガス欠で、走れません！")
    }
  }

  open protected fun letEngineWork() {
    println("ブルルーン！")
    fuel = fuel - 1.0  // ガソリンを1リットル消費した。
  }
}


class Prius(color: String) : Car(color) {
  override fun letEngineWork() {
    println("スイーン！")
    fuel = fuel - 0.5  // ガソリンを0.5リットル消費した。
  }
}
```

　コード 43.2 では、基底クラスとなる Car クラスにおいて、fuel というプロパティ変数と letEngineWork 関数が protected で宣言されています。このようにすることで、Car クラスを継承した Prius クラスでは、letEngineWork 関数をオーバーライドし、その中で fuel という変数にアクセスできます。ここでは、Prius のエンジンが発する音を少し変えてみました。また消費するガソリンの量も少し減らしてみました。なお、第 27 章で触れた点ですが、クラスや関数を継承可能にするために Car クラスやその中の letEngineWork 関数を open で宣言しなければならないことにも注意してください。ここでは、Car クラスの letEngineWork 関数は open protected と宣言されています。これは、順番を変えて protected open と記述しても差し支えありません。

　Kotlin における、もう一つの識別演算子「可視性識別子」は、internal というキーワードです。これは同一の「モジュール」の中でのみアクセスできる関数やプロパティに付加します。ここで言う「**モジュール**」とは、プログラムを開発する際の「プロジェクト」や「タスク」と言うこともできます。それぞれの開発環境に関する知識が必要なため、ここでは詳しい説明は

省略しますが、統合開発環境であるIntelliJ IDEAなどの「モジュール」、コンパイルツールであるMavenやGradleでの「プロジェクト」、Antというツールでの「タスク」の単位を指しているということを覚えておいてください。

可視性識別子の種類と、それぞれのレベルでクラス内の関数やプロパティにアクセスできる範囲を、次に表としてまとめておきます。なお、繰り返しになりますが、可視性識別子を省略した場合は、publicが指定されたのと同じ動作になることも同時に確認してください。

表43.1　クラス内のプロパティや関数に付ける可視性修飾子の意味

何も指定しない場合	どこからでもアクセス可能。
public	どこからでもアクセス可能。
protected	継承クラスからのみアクセス可能。
private	同じクラス内からのみアクセス可能。
internal	モジュール内からのみアクセス可能。

ここまでは、クラス内部に宣言されている関数やプロパティの可視性修飾子に関する説明でした。Kotlinでは、同じような可視性修飾子を「トップレベル」の要素にも設定できます。「**トップレベル**」の要素とは、ファイルに直接書かれているクラスや、どのクラスにも属していない関数のことです。ただし、トップレベルの要素ではprotectedは使えません。それぞれの可視性修飾子の意味合いは次の表のようになります。

表43.2　トップレベルの要素に付ける可視性修飾子の意味

何も指定しない場合	どこからでもアクセス可能。
public	どこからでもアクセス可能。
protected	トップレベルの要素には指定できない。
private	同じファイルからのみアクセス可能。
internal	モジュール内からのみアクセス可能。

表43.2に示されているルールの動作を実験してみましょう。TryKotlinのMyPrograms以下にファイルを二つ作り、次の二つのコードを別々のファイルに入力してみてください。

コード 43.3 (Test1.kt)

```
package com.example.test

fun main(args: Array<String>) {
  testPublic()
  // testPrivate() // コンパイルエラーになる。
}
```

コード 43.4 (Test2.kt)

```
package com.example.test

public fun testPublic() {
  println("可視性修飾子が public です。")
}

private fun testPrivate() {
  println("可視性修飾子が private です。")
}
```

　コード 43.4 の中には、「トップレベル」の関数が二つ定義されています。**testPublic** 関数と **testPrivate** 関数ですね。コード 43.3（ファイル名は Test1.kt）の中からコード 43.4（ファイル名は Test2.kt）の中で定義されている **testPublic** 関数を呼び出すことは問題ありません。その関数の可視性修飾子が **public** なので、どこからでも自由に呼び出し可能だからです。しかし、Test1.kt の中で **testPrivate** 関数を実行しようとするとコンパイルエラーになります。なぜなら、Test2.kt の中で **testPrivate** 関数の可視性修飾子が **private** で宣言してあるため、別ファイルからは呼び出しできないからです。ためしに、Test1.kt の中で **// testPrivate()** という行の先頭にある **//** を取り除いて、Try Kotlinで実行してみてください。コンパイルエラーが生じて実行できないはずです。

コード 43.4（Test2.kt）の先頭行で宣言しているパッケージ名を少し変更してみてください。たとえば、パッケージ名の最後に 2 と付け加えて com.example.test2 としてみましょう。そうすると、コード 43.3（Test1.kt）の testPublic を呼び出している行でコンパイルエラーが発生するようになります。あれっ？　でもちょっと待ってください。表 43.2 によれば、public で宣言してあるトップレベルの関数は「どこからでもアクセス可能」なはずです。これはいったいどういうことでしょうか？

　　実は答えは簡単です。前の章で学んだ通り、パッケージが異なる関数を呼び出す場合、対象のパッケージ名を明示しなくてはいけないというルールがあるのがその理由です。Kotlin のコンパイラは、Test1.kt で呼び出している testPublic という関数がいったいどのファイルの中で定義されているのか分かりません。つまり、これは可視性修飾子による制限がかかっているからではなく、単純にパッケージ名が明示されていないことが原因でコンパイルエラーになっているのです。これを解決するには、Test1.kt の中に import com.example.test2 と記述すれば良いわけです。こうすれば、たとえ Test1.kt と Test2.kt でパッケージが異なっていても、Test2.kt の中で public 宣言された関数を呼び出すことが可能です。

　トップレベルで定義された関数と同じルールは、トップレベルで定義されたクラスにも当てはまります。関数のときと同じく、トップレベルのクラスの可視性修飾子に protected を指定することはできません。右側のコードでは、private と public で宣言したクラスが記述されています。

コード 43.5（Test1.kt）

```
package com.example.test

fun main(args: Array<String>) {
  val a = TestPublic()
  // val b = TestPrivate()
  // ↑コンパイルエラーになる。
}
```

コード 43.6（Test2.kt）

```
package com.example.test

public class TestPublic() {
}

private class TestPrivate() {
}
```

　これらのコードは両方ともパッケージ名が同じで com.example.test となっていま

す。そのため、コード 43.5（Test1.kt）からコード 43.6（Test2.kt）内で宣言されている **TestPublic** クラスをインスタンス化することが可能です。**TestPublic** クラスは可視性修飾子が **public** になっているからです。しかし、Test1.kt の中では、Test2.kt の中で宣言されている **TestPrivate** クラスをインスタンス化することはできません。なぜなら、**TestPrivate** クラスの可視性修飾子が **private** で宣言してあるため、別ファイルからは呼び出しできないからです。

第44章 拡張関数

　他のプログラマが作ったクラスに、あなたが新しい関数を独自に付け加えたくなったとしましょう。でも、そのクラスはあなたの担当のものではないので、そのクラスが定義されているファイル自体を書き換えてはダメだと言われてしまいました。そして、そのクラスを継承することもできません。なぜなら、既存のクラスには **open** が付いていない（**final** として定義されている）ためです。つまり、既存のクラスを継承した上で、継承先のクラスで新しい関数を追加するということができません。このとき、あなたは、不満を抱えながら自分で同じようなクラスを一から作らなければならないのでしょうか？　それは、プログラマに優しいはずのKotlin らしくありませんよね。大丈夫です。良い方法があるのです。この章では、継承ができないクラスに新機能を付け加える方法を考えます。

　まず、このような「継承したいクラスを自由に継承できない」ケースの具体例を考えてみましょう。たとえば、**String** クラスに新たな関数を追記したいというようなケースがそれにあたります。**String** クラスは Kotlin のプログラマが作成したクラスで、私たち一般のプログラマが勝手に書き換えることはできません。**open** 宣言されていないので、継承することもできません。この場合、たとえば値が「勉強」という文字列になっている **String** 型のインスタンスに対して独自の関数を呼ぶと、「一に勉強、二に勉強、三、四が無くて五に勉強」みたいな文字列を返す関数を新設したくなったらどうすればよいのでしょうか？　関数名は **getOneTwoFiveMessage** ということにします。もし、次のような **String** クラスを継承した新たなクラスを作ろうとするとコンパイルエラーになってしまいますよね。

コード 44.1

```
fun main(args: Array<String>) {
  val text = MyString("勉強")
  val message = text.getOneTwoFiveMessage()
```

```
    println(b)
}
// 下記では、Stringクラスを継承した MyStringクラスを定義しようとしているが、これはできない。
// なぜなら、Stringクラスは open になっていないため（final になっているため）。
class MyString(a: String): String(a) {
    fun getOneTwoFiveMessage() = "一に${this}、二に${this}、三、四が無くて五に${this}"
}
```

コード 44.1 を Try Kotlin でコンパイル・実行しようとすると、次のコンパイルエラーが発生します。

```
● Error:(8, 27) This type is final, so it cannot be inherited from
● Error:(8, 34) Too many arguments for public constructor String() defined in kotlin.String
```

1 行目のメッセージでは、「**String** は **final** なので、他のクラスで継承することができない」と言っていますね。2 行目のメッセージでは、そもそも **String** クラスのコンストラクタには特定の文字をパラメータとして渡すことができないという点が示唆されています。というわけで、私たち一般のプログラマが **String** クラスを継承した **MyString** というようなクラスを新たに作ることは無理なのです。

さて、**String** クラスを継承したクラスを定義できないとなると、次のアイディアとして思いつくのは、**String** クラスとは全く関係ない自分のコードの中で、新しい関数を別途定義する方法です。その関数に **String** 型の変数をパラメータとして渡す感じのコードを書けば、やりたいことはほぼ実現できます。たとえば、次のようなコードになります。

コード 44.2

```
fun main(args: Array<String>) {
  val message = getOneTwoFiveMessage("勉強")
  println(message)
}

fun getOneTwoFiveMessage(text: String) = "一に${text}、二に${text}、三、四が無くて五に${text}"
```

コード 44.2 は期待通り動作します。実行結果は次の通りです。

一に勉強、二に勉強、三、四が無くて五に勉強

コード 44.2 の `getOneTwoFiveMessage` 関数は、パラメータとして「勉強」という文字列を受け取り、それを使って新たな文字列を生成し、呼び出し側に返しています。呼び出し側の `main` 関数内では、その文字を `println` に引き渡すことによって、コンソールに表示していますね。

これはこれでうまくいっているように思えます。ただ、これでは、普通に関数を定義し、普通に関数にパラメータを引き渡し、普通にメッセージを生成し、普通にそのメッセージを呼び出し側に返しているだけです。目新しい点は何もありません。この章で目指しているのは、継承できないはずのクラスに自分独自の関数を付け加えることでしたね。では、そのためにはどうすれば良いのでしょうか？ それには、この章の本題である「拡張関数」という機能を使います。次に、その方法の具体的なコーディング例を示します。

コード 44.3

```
fun main(args: Array<String>) {
  val text = "勉強"
  val message = text.getOneTwoFiveMessage()
  println(message)
}

fun String.getOneTwoFiveMessage() = "一に${this}、二に${this}、三、四が無くて五に${this}"
```

コード 44.3 の、一番下の関数が定義されている方法に注目してください。`fun getOneTwoFiveMessage()` ではなく、`fun String.getOneTwoFiveMessage()` と書いてありますよね。このように書くと、`String` クラスに `getOneTwoFiveMessage` という関数を新しく追加したのと同じ効果が生じます。

この `getOneTwoFiveMessage` 関数はパラメータを受け取りません。しかし、`this` というキーワードによって「自分自身」を参照し、それを使ってメッセージを生成しています。ここでの `this` とは、`String` 型そのものの実体を表します。そうです。あたかも、この

getOneTwoFiveMessage という関数が String クラスの定義の中に書いてあるかのような記述がされているわけです。しかし、この関数の定義は、実際には Kotlin のプログラマたちが書いたコードの中には存在していません。つまり、私たち一般のプログラマが String クラスそのものの定義を書き換えているわけではありません。getOneTwoFiveMessage 関数の定義は、私たち一般のプログラマが独自に作成したファイルの中に書いてあります。String クラスの定義とは直接関係ない場所に、String クラスの関数が定義できてしまっているわけですね。このような書き方で定義した関数を「**拡張関数**」(英語では extension function) と呼びます。

　呼び出し側である main 関数の中に注目してください。ここで変数 text は、「勉強」という値を持つ String 型のインスタンスです。それに対して、text.getOneTwoFiveMessage() という呼び出しが行われています。本来、String 型の変数に対して、そんな関数を呼び出すことはできないはずです。Kotlin を作ったプログラマ達はそんな名前の関数を作っていないからです。しかし、main 関数の中では、text.getOneTwoFiveMessage() というように、あたかも String クラスが getOneTwoFiveMessage という関数を持っているかのような書き方でこの関数を呼び出すことができているわけです。

　このように、既存のクラスに拡張関数を付け加えるとどのようなメリットがあるのでしょうか？　一つは、呼び出し側の記述がよりオブジェクト指向的になるということです。オブジェクト指向のコードでは、あるオブジェクト (あるいはインスタンス) を対象として何らかの命令をするというような書き方をするのが一般的です。上記のコードの main 関数の中では、text という対象に対して getOneTwoFiveMessage という命令をしているイメージになりますね。これはまさにオブジェクト指向的な書き方です。

　このようなオブジェクト指向的な書き方をしておくと、もう一つ、ちょっと良いことが起こります。たとえば、Try Kotlin のテキストエディタ上で getOneTwoFiveMessage という拡張関数を定義した後、main 関数の中で text. というように、変数名とその後に続くドットまでをタイプしてください。その状態で Ctrl + スペースキーを押してみましょう (Mac の場合は Command + スペースキー)。そうすると、次のように text という String 型の変数に対して呼び出せる関数やプロパティの一覧が表示されるのです。その一覧表示をスクロールしていってお目当ての関数を探すことが可能です。次の画像には、String クラスが持っている関数の一覧の中に、getOneTwoFiveMessage という関数が一緒にリストアップされている様子が示されています。あとは、この一覧の中から該当する関数を選ぶだけで簡単にコーディングすることができます。たとえば、getOneTwoFiveMessage という関数名を「ど忘れ」

してしまった場合でも、一覧に表示されているものの中からそれらしいものを選べばよいだけなので便利ですよね！

図 44.1（Try Kotlin で変数 text が持つ関数やプロパティの一覧が表示されている様子）

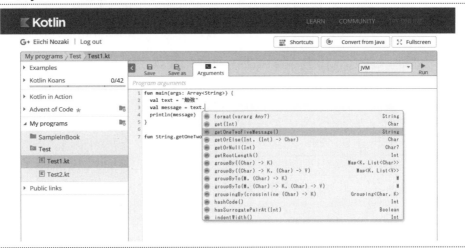

同じような機能は、Try Kotlin 以外にも、たいていの統合開発環境に備えられています。たとえば、IntelliJ IDE や Android Studio では、変数名 `text` の後に続くドットをタイプした瞬間に、その変数に対して呼び出せる関数やプロパティの一覧が表示されます。

図 44.2（IntelliJ IDE で変数 text が持つ関数やプロパティの一覧が表示されている様子）

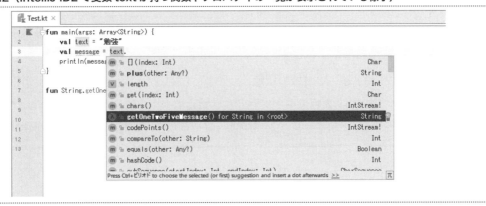

この章では、拡張関数の定義方法を紹介しました。`open` 宣言が付いていないクラス（あるいは `final` 宣言されているクラス）に、新たな関数を付け加えたい場合にぜひ活用してください。

第45章 マルチスレッド

　時々、Androidアプリなどがフリーズしてしまうことがありますよね。何らかの重い処理をするようなケースで、ボタンを押したとたん画面が固まります。クラッシュするわけではありません。でもしばらく反応がありません。画面上の他のボタンを押しても何も起きません。ただ、ちょっと待っているとその後は普通に動作し始めます。このような現象が生じる場合、よくある原因として、そのアプリが「**マルチスレッド**」でプログラムしていないことが考えられます。

　「マルチスレッド」という言葉は、きっとこれまで耳にされたことがあると思います。「マルチ」とは、「多くの」とか「複数の」という意味ですよね。では、ここで言う「スレッド」とはいったい何のことなのでしょうか？　これは「同時並行で行われる処理」のことです。……と言われてもちょっとイメージしづらいですよね。

　たとえ話で考えてみましょう。ここに3人のお友達がいたとします。タケシ君、ケンタ君、ユリちゃんです。これから3人で一緒にお食事をします。3人はほぼ同時に食べ始めますが、食べ終わる時間はそれぞれ微妙に異なるかもしれません。この状態は、いわば「マルチスレッド」で動作している状態と似ています。

　3人の食事をスレッドが一つだけの状態、つまり、「シングルスレッド」で再現するとどうなるでしょうか？　まず、1人目のタケシ君が食べ始めます。タケシ君が食べ終わるまでの間、他の2人はじっと待っています。タケシ君が食べ終わった後、2人目のケンタ君が食べ始めます。このとき、ユリちゃんはまだお箸に手を付けていません。ケンタ君が食べ終わった後、ようやく3人目のユリちゃんが食べ始めます。このような「一度に一人ずつしか行動できない」という状態が「シングルスレッド」のプログラムによく似ています。普通、みんなで食事をするときには、このようなことはしませんよね。でも、世の中に出回っているかなり多くのプログラムがこのような感じの「シングルスレッド」処理を行っているのです。

次は、3人が食事をする様子を「シングルスレッド」のプログラムとして書き表したコードです。

コード 45.1

```
import java.lang.Thread.sleep

fun main(args: Array<String>) {
  val p1 = Person("タケシ")
  val p2 = Person("ケンタ")
  val p3 = Person("ユリ")
  println("みんなのお食事開始！")
  p1.eat()
  p2.eat()
  p3.eat()
  println("みんなのお食事終了！")
}

class Person(val name: String) {
  fun eat() {
    for(i in 1..3) {
      println("${name}、もぐもぐ ${i}回目" )
      sleep(300)
    }
    println("${name}、完食しました！" )
  }
}
```

コード 45.1 を実行した結果は次の通りです。

```
みんなのお食事開始！
タケシ、もぐもぐ 1回目
タケシ、もぐもぐ 2回目
タケシ、もぐもぐ 3回目
タケシ、完食しました！
ケンタ、もぐもぐ 1回目
ケンタ、もぐもぐ 2回目
ケンタ、もぐもぐ 3回目
ケンタ、完食しました！
```

```
ユリ、もぐもぐ　1回目
ユリ、もぐもぐ　2回目
ユリ、もぐもぐ　3回目
ユリ、完食しました！
みんなのお食事終了！
```

　この実行結果を見ると、順番に各 Person クラスの eat というメソッドが呼び出されています。各人が「もぐもぐ」した後は、sleep という関数を呼んでいます。これは 1 行目で import されている Kotlin の（実は Java の）標準関数です。この関数を呼ぶと、指定した時間（単位はミリ秒）、「じっと待つ」という処理を行います。このコードでは、sleep(300) と書くことによって、300 ミリ秒（つまり 0.3 秒）の間隔で「もぐもぐ」するようにしているわけです。1 人当たり 3 回「もぐもぐ」するので、食事を終えるまでに 0.9 秒かかります。3 人すべての食事が終わるまでには、合計で 2.7 秒かかります。

　冒頭で述べた例のように、あるボタンを押した後に、しばらく画面がフリーズしてしまうというようなことが起きるのは、画面表示などを行っている「メインスレッド」で何らかの時間のかかる処理をしてしまっているからだと考えられます。たとえば、上記の例で、3 人が食事を終えた後に画面表示が行われるとしましょう。3 人が食事をしている 2.7 秒間の間、スマホの画面がフリーズしてしまいます。

　では、上記のようにシングルスレッド上でそれぞれ順番に食事させるのではなく、3 人同時に並行して食事をさせるマルチスレッドのコードを書くにはどうすれば良いのでしょうか？そのためには、Kotlin で用意されている thread という関数を使用します。この関数を使うためには、最初に import 文を書いておけば OK です。次のコードを見てください。

コード 45.2

```
import java.lang.Thread.sleep
import kotlin.concurrent.thread

fun main(args: Array<String>) {
  val p1 = Person("タケシ")
  val p2 = Person("ケンタ")
  val p3 = Person("ユリ")
  println("みんなのお食事開始します！")
  thread{p1.eat()}
  thread{p2.eat()}
```

```
    thread{p3.eat()}
    println("みんなのお食事開始しました！")
    sleep(1000)
}
class Person(val name: String) {
  fun eat() {
    for(i in 1..3) {
      println("${name}、もぐもぐ ${i}回目" )
      sleep(300)
    }
    println("${name}、完食しました！" )
  }
}
```

コード 45.2 を実行した結果は次のようになります。

```
みんなのお食事開始します！
ケンタ、もぐもぐ 1回目
みんなのお食事開始しました！
ユリ、もぐもぐ 1回目
タケシ、もぐもぐ 1回目
ケンタ、もぐもぐ 2回目
ユリ、もぐもぐ 2回目
タケシ、もぐもぐ 2回目
ケンタ、もぐもぐ 3回目
ユリ、もぐもぐ 3回目
タケシ、もぐもぐ 3回目
ケンタ、完食しました！
ユリ、完食しました！
タケシ、完食しました！
```

どうでしょうか？ 3人が入れ違いに「もぐもぐ」していますよね。同時に並行してお食事をしている感じがつかめたのではないかと思います。では、このコードのカラクリを見ていきましょう。次にシングルスレッドとマルチスレッドのコードで、Person クラスのインスタンスの eat 関数を呼び出しているコードを左右に並べてみます。

シングルスレッドのコード	マルチスレッドのコード
| ```
p1.eat()
p2.eat()
p3.eat()
``` | ```
thread{p1.eat()}
thread{p2.eat()}
thread{p3.eat()}
``` |

　これら二つのコードを見て異なるのは、`thread`という関数が使われているかどうかであるということが分かりますね。この`thread`という名前の関数は、ファイルの先頭の方で`import kotlin.concurrent.thread`と書くことによってインポートされます。この関数は、「何らかの処理を行って値は返さない関数型」の関数オブジェクトを受け取ります。正確に言うと、`() -> Unit`型の関数オブジェクトです。これをラムダ式で書いたのが`{p1.eat()}`といった記述になるわけですね。

　この`thread`という関数が呼び出されると、一瞬で処理が終わります。パラメータとして受け取った関数オブジェクトをバックグラウンド、つまり別スレッドで動作を開始させたその瞬間に`main`関数が実行されているスレッドに処理を戻すのです。そのため、上記の右側のコードの`thread`関数を呼んでいる3行は、ほんの一瞬で処理を終えます。3人が、ほぼ同時に食事を開始するのです。そして3人はそれぞれのペースで`eat`関数を実行していきます。

　`main`関数が動作しているスレッドは、その他の三つのスレッドをいわば「打ち上げる」だけです。この例では、各スレッドは「打ちっぱなし」になりますので、`main`関数は三つのスレッドが終了するかどうかを見届けることはしません。そのままでは`main`関数の処理が一瞬で終わってしまい、Try Kotlinで実行した場合はコンソールに文字が表示されなくなってしまいます。そこで、コード45.2では、`main`関数の一番最後に`sleep(1000)`と書いて、1秒間だけ「スリープ」するようにしています。こうして、`main`関数が動いている「メインスレッド」は、その他の三つのスレッドがそれぞれ0.3秒ごとに3回「もぐもぐ」する時間（合計で0.9秒）よりも若干（0.1秒）長く生きているようになります。つまり、このプログラムでは合計で四つのスレッドが同時に動作することになります。メインスレッドとその他の三つのスレッドの合計で四つのスレッドですね。

　いずれにしても、シングルスレッドのときは一人0.9秒、三人合計で2.7秒ほどかかっていたお食事の時間が、マルチスレッドに対応することによって、三分の一ほどの時間で終了するようになりました。このように、プログラム内で何らかの時間のかかる処理をするときは、それを複数のスレッドに分けて実行すると、全体の処理時間を短縮することができるようになります。処理が「重い」アプリを高速化する必要がある場合などには、マルチスレッドでのプロ

グラムを検討してみてください。

　興味深いことに、マルチスレッドのサンプルコードの実行結果は毎回変わります。次は、Try Kotlin 上でマルチスレッドのコードを何度か実行してみた結果です。

実行例 1

みんなのお食事開始します！
ユリ、もぐもぐ　1回目
みんなのお食事開始しました！
ケンタ、もぐもぐ　1回目
タケシ、もぐもぐ　1回目
ユリ、もぐもぐ　2回目
タケシ、もぐもぐ　2回目
ケンタ、もぐもぐ　2回目
ユリ、もぐもぐ　3回目
タケシ、もぐもぐ　3回目
ケンタ、もぐもぐ　3回目
ユリ、完食しました！
タケシ、完食しました！
ケンタ、完食しました！

実行例 2

みんなのお食事開始します！
ケンタ、もぐもぐ　1回目
みんなのお食事開始しました！
ユリ、もぐもぐ　1回目
タケシ、もぐもぐ　1回目
ケンタ、もぐもぐ　2回目
ユリ、もぐもぐ　2回目
タケシ、もぐもぐ　2回目
ケンタ、もぐもぐ　3回目
ユリ、もぐもぐ　3回目
タケシ、もぐもぐ　3回目
ケンタ、完食しました！
ユリ、完食しました！
タケシ、完食しました！

実行例 3

みんなのお食事開始します！
タケシ、もぐもぐ　1回目
ケンタ、もぐもぐ　1回目
みんなのお食事開始しました！
ユリ、もぐもぐ　1回目
タケシ、もぐもぐ　2回目
ケンタ、もぐもぐ　2回目
ユリ、もぐもぐ　2回目
タケシ、もぐもぐ　3回目
ケンタ、もぐもぐ　3回目
ユリ、もぐもぐ　3回目
タケシ、完食しました！
ケンタ、完食しました！
ユリ、完食しました！

　3人が食べている途中経過や、最後に食べ終わるのが誰かというのは、実行する度に変わっていますね。また、「みんなのお食事開始します！」というメッセージは必ず1行目に表示されているものの、「みんなのお食事開始しました！」というメッセージが表示されるタイミングも毎回微妙に異なることに注目してください。プログラムコードの中では、`thread` 関数を3回呼んだ直後に、`println` で「みんなのお食事開始しました！」というメッセージを表示するコードが書いてありますが、このメッセージは、3人の内の何人かが最初の1回目の「もぐもぐ」と言うよりも前に表示されています。メインスレッドとその他の三つのスレッドが入り乱れてメッセージを表示している様子が分かります。

　こうしてみると、マルチスレッドのプログラムの動作は生き物のようです。コンピュータプログラムの実行結果は何度やっても同じになるイメージがありますが、それはシングルスレッドのプログラムでの話です。マルチスレッドのプログラムは、どのスレッドがどういう順番でどのように進捗するかは OS と CPU しだいです。インテル社の Core i7 などのマルチコアの CPU では複数のスレッドを同時に動かせますが、たとえば Windows 上で、「サービス」と呼

ばれるバックグラウンド処理や他のアプリが同時に動作していたりすると、コンピュータの中で動作しているスレッド全部の合計数は何百、何千にも及びます。Windows は、それらのスレッドに効率よく CPU のパワーを割り振るのですが、どのスレッドをどういう順番で動かすかはそのときの状況次第ということになります。Try Kotlin のサーバーでどのようなスペックのマシンが使用されているかは分かりませんが、いずれにしてもマルチスレッドのプログラムの動作は毎回微妙に変わります。

　このように、マルチスレッドのプログラムをしていると自分が想定していたのとは違う順序で処理が行われるケースがあるので、それが思わぬバグの原因になってしまうことも起こり得ます。特に、複数のスレッドの中で同一のインスタンスを操作したりする場合は、最新の注意を払ってプログラムをする必要があります。

　これからのアプリ開発においては、マルチスレッドでプログラムをすることは必須です。たとえば、この章の冒頭で述べたような、画面がフリーズしたりする問題を防ぐためには複数のスレッドで処理を行う必要があります。Android のフレームワーク上などでアプリ開発を行う場合、マルチスレッドの処理を簡単に行うことができるような仕組みも提供されています。その場合は、必ずしも Kotlin の `thread` 関数を自分で呼び出さなくても、別の方法でマルチスレッドの処理を実現できます。Android のフレームワークがバックグラウンドスレッドでの処理を行い、その処理が終わったらメインスレッドに処理結果を「通知する」というようなイメージのプログラムの書き方が可能です。ただ、いずれにしても「スレッド」の概念を理解しておくことは重要なので、本書では最後の章でスレッドについて取り上げました。

あとがき

　本書では、Kotlinの膨大な文法や機能のすべてを扱うことはせず、その基本的な言語仕様やオブジェクト指向の考え方などに焦点を当てて説明しました。Kotlinの基盤技術であるJavaの知識がない方だけでなく、これからプログラミングを学ぶという初心者の方でも無理なく学べるよう、取捨選択した情報を丁寧にかみ砕いて説明することを優先させました。この本の内容を一通り把握すれば、Kotlinでプログラムできるようになったといって差し支えないレベルになっているでしょう。

　Kotlinは、非常に簡潔にプログラムを書くことができる素晴らしい言語です。コンパイラが理解できる形であるかぎり、プログラムコードからたくさんの「無駄な記述」を省略することが可能です。これは、私たちプログラマが文字をタイプする量を大幅に削減し、「可読性」の高いシンプルなコードを書くのに大いに役立ちます。Javaなどの他の言語について知っている方ならば、特にKotlinのラムダ式の簡潔な書き方には驚かされるに違いありません。それほど、Kotlinのコードは簡潔に書けるのです。
　また、Kotlinのプログラムは、同じことを行うのに様々な書き方ができます。本書では、同じ動作をする様々なソースコードを並べて掲載し、見比べられるようにしました。
　このような簡潔さや書き方のバリエーションの豊富さは、非常に大きなメリットをもたらす一方、時としてプログラムの内容を理解する妨げとなる場合もあります。記述を省略すればその分だけ隠れて見えなくなる情報が多くなります。直接目に見えない変数の型、構文、考え方などが、いわば「暗黙のルール」としてKotlinのコードの中に隠されているケースがあるのです。
　しかし、本書を読んでKotlinにおける原則的な考え方を習得すれば、何も心配する必要はありません。今後、Kotlinのコードを目にする機会が増えるにつれ、見慣れない記述に突き当たることもあるでしょう。本書では可能なすべての書き方を説明してはいませんが、そもそもプログラミングをマスターするために文法上の規則などを丸暗記する必要はありません。分からないことがあれば、その場でネット検索すればたいてい答えが見つかります。最近は個人ブログなどでもKotlinの言語仕様や様々な機能に関する質の高い情報がたくさんあります。本書で体系的に得た知識は、そうしたネット上に散らばった情報を探したり、読み解いたりする

際にも役立つはずです。

　最初に述べた通り、本書ではKotlinの基本部分に焦点を当てて解説を行っているので、たとえば次に挙げる情報に関しては扱うことができませんでした。

- トップレベルのプロパティ
- 拡張プロパティ
- `enum` キーワードによる列挙型
- `object` キーワードによるシングルトンオブジェクトの宣言
- `companion` キーワードによるコンパニオンオブジェクト
- `by` キーワードによるクラス委譲
- `for`、`while` などで使用するラベル
- `lateinit` と `@Before` アノテーションによる、プロパティの遅延初期化
- `sealed` キーワードによるサブクラスの限定

　いずれも、Kotlinのプログラムで非常に便利に使えるものばかりです。これらを含め本書で扱い切れなかった情報に関しては、Kotlinの公式リファレンスなどを参照して、ぜひ、ワンランク上の技術の習得を目指してください。

　　Kotlin公式リファレンス　https://kotlinlang.org/docs/reference/

　本書で扱ったようなKotlinの文法上の基本的な知識やオブジェクト指向の考え方を理解していれば、統合開発環境のIntelliJ IDEやEclipseを使った本格的な開発業務にもスムーズに入っていけるはずです。また、Kotlinを使ったAndroidアプリの開発に必要な基礎的な知識も備えられたことになります。もちろん、それぞれの統合開発環境の使い方やAndroidのフレームワーク（Android用のアプリを動かすための枠組み、あるいは仕組み）の使い方に関する知識は別途必要となりますが、本書を読破された後であれば、土台となるKotlin言語自体に関する知識はすでにお持ちであるわけですから、スムーズに次のステップへと進んでいかれるに違いありません。

　読者の皆さんの今後のプログラマとしてのご活躍に、本書が少しでもお役に立つことができれば、筆者としてうれしい限りです。Kotlinというプログラム言語を使って、世界中の人々がワクワクするような、楽しく役に立つすばらしいアプリやサービスを開発し、プログラマとして活躍していかれることを心より願っています！

索引

■記号

記号	ページ
!	43
!!	219
!=	38
!in	57
"	6
"""	33
$	31
%	52
%=	53
&&	40
'	27
*	52
*=	53
+	52
++	53
+=	53
-	52
--	54
-=	53
->	68
..	56
/	52
/*...*/	10
//	10
/=	53
:	15
::	247
;	12
<	37
<...>	273
<=	37
=	52
==	35, 236
>	37
>=	37
?.	214
?:	221
[...]	107
¥n	30
_	23
{...}	11
|	34
||	41

■A

abstract	200
add	104
AND 演算	40
Android Studio	2
Any クラス	224
args	121
Array	91
ArrayIndexOutOfBoundsException	92
arrayOf	98
arrayOfNulls	98

■B

Boolean	35
BooleanArray	97
booleanArrayOf	97
break	86
Byte	20
ByteArray	97
byteArrayOf	97

■C

Char	27
CharRange	58
class	151
constructor	170
contains	109
continue	89
count	95

■D

data	241
do-while	82
Double	21
DoubleArray	97
doubleArrayOf	97
downTo	77

■E

E	25
Eclipse	1
else	61, 68
else if	62
equals	226, 236
Exception	146

■F

f	22
false	35
filter	267
final	186
finally	147
Float	21
FloatArray	97
floatArrayOf	97
for	73
forEach	266
fun	11, 127, 251

■G

get	161
getOrDefault	118

■H

hashCode	227

■I

if	60, 66
import	285
in	57
Int	20

■

IntArray	91
intArrayOf	91
IntelliJ IDEA	1
interface	206
internal	292
IntRange	56
it	266

■J

Java Virtual Machine	1, 4
Javaライブラリを使用する	287
JetBrains社	1
JVM	iii, 1, 4

■L

L	22
let	223
List	99
listOf	101
Long	20
LongArray	97
longArrayOf	97
LongRange	58

■M

main	11, 120
Map	113
maxBy	269
MutableList	103, 106
MutableMap	116, 119
MutableSet	108, 112

■N

Nothing	135
null	211
null許容型	214
nullチェック	215
NullPointerException	v, 211
NumberFormatException	48

■O

open	185
OR 演算	41
OutOfMemoryError	85
override	190

■P

package	281
print	164
println	5, 164
private	289
Problem View	28
protected	291
public	289
put	117

■R

remove	105, 117
removeAt	105
REPL	2
return	127

■S

set	161
Set	107
Short	20
ShortArray	97
shortArrayOf	97
size	122
sleep	304
step	78
String	15, 29

■T

this	179, 246
thread	304
throw	148
toByte	46
toInt	46
toString	225
trimMargin	34

true	35
Try Kotlin	2
try-catch	144

■U

Undo	7
Unit	134
until	78

■V

val	14
var	49

■W

when	68
while	80, 84
withIndex	96

■あ

アクセサ	160
値	15, 51
安全呼び出し	214
アンドゥ	7
以下	37
以上	37
イニシャライザブロック	176
インクリメント	53
インスタンス	154
インターフェース	205
インデックス	92
インデント	34
永久ループ	85
エルビス演算子	221
演算子	35
オーバーライド	189, 196
オーバーロード	196
同じ	35
オブジェクト	154, 247
オブジェクト指向言語	150

■か

改行	11, 13, 30
書き換え	51
拡張関数	300
拡張子	4
可視性識別子	289
型	15
型推論	16, 102
型パラメータ	278
型変換	45
かつ	40
ガベージコレクション	154
可変長引数	137
関数	5, 11, 126, 127, 152, 247
関数オブジェクト	248
関数が返す値	128
関数の定義	126, 131
キー	114
基底クラス	186
基本型	19
キャスト	232
空白文字	69
クラス	150
クラス図	199
繰り返し処理	73, 80
クロージャ	255
継承	183
継承図	199
桁あふれ	47
ゲッター	162
高階関数	254
降順	77
コマンドプロンプト	2
コメント	9
コレクション	107
コンストラクタ	169
コンソール	5
コンパイル	iii, 1
コンパイルエラー	29

■さ

再生ボタン	4
再設定	51
シーケンシャルサーチ	110
ジェネリクス	273
シェル	2
式	35, 66, 71
辞書	113
実行可能形式ファイル	1
実行時例外	142
実体	153
順序付きコレクション	107
順序なしコレクション	107
条件判定の順番	63
条件分岐	60, 68
昇順	77
初期状態	9
真偽	35
シングルスレッド	302
数字区切り	23
スコープ	245
スマートキャスト	231
整数	19
整数の範囲	56
精度	25
セーフコール	214
セカンダリコンストラクタ	178
セッター	162
セミコロン	12
総称型	273
添え字	92

■た

第一級オブジェクト	254
第一級言語	iii
多重継承	203
多様性	193
抽象関数	202
抽象クラス	200
定数	51
データクラス	234

デクリメント	54
デフォルト値	173
統合開発環境	1
動的	165
トップレベル	293

■な

二進数	20

■は

バイナリファイル	1
配列	91
バッキングフィールド	162
パッケージ	281
ハッシュ	110
ハッシュ値	110
パラメータ	6, 121
範囲	56, 74
比較演算子	35
ビット	20
否定	43
フィールド変数	152
ブーリアン	35
浮動小数点	21
プライマリコンストラクタ	177
フレームワーク	iv, 2
ブロック	11
プロパティ	152, 159
プロパティ変数	152
変数	14, 49
保存	8
ポリモーフィズム	193

■ま

または	41
マルチスレッド	302
無名関数	251
メソッド	5, 152
メンバ参照	271
文字	27
文字テンプレート	31, 122

モジュール	292
文字列	6, 15, 29, 33

■や

要素数	95
より大きい	37
より小さい	37

■ら

ラムダ式	223, 261
乱数	84
リアサイン	51
リスト	99
ループ処理	73, 86, 89
例外	48, 139
例外の基底クラス	146
例外のスタックトレース	140
ローカル変数	244
ログイン	8
論理演算	39

■ 著者プロフィール

野崎 英一（のざき・えいいち）

プログラマ。ソフトウェアベンダー SoftCommu 代表。CAD/CAM 関連の事業を行うソフトウェアメーカーで開発業務に携わり、開発部部長、執行役員を経て 2015 年に独立。アプリ開発、人材教育、企業研修、コンサルティング業務といった分野で活躍中。

カットシステムが企画運営するセミナーのご案内

https://www.cutt.co.jp/seminar/book/

詳細はこちらから

やさしい Kotlin 入門

2018 年 5 月 10 日　　初版第 1 刷発行
2024 年 2 月 20 日　　　　第 4 刷発行

著　者	野崎 英一
発行人	石塚 勝敏
発　行	株式会社 カットシステム
	〒 169-0073 東京都新宿区百人町 4-9-7　新宿ユーエストビル 8F
	TEL （03）5348-3850　　FAX （03）5348-3851
	URL　https://www.cutt.co.jp/
	振替　00130-6-17174
印　刷	シナノ書籍印刷 株式会社

本書に関するご意見、ご質問は小社出版部宛まで文書か、sales@cutt.co.jp 宛に e-mail でお送りください。電話によるお問い合わせはご遠慮ください。また、本書の内容を超えるご質問にはお答えできませんので、あらかじめご了承ください。

■ 本書の内容の一部あるいは全部を無断で複写複製（コピー・電子入力）することは、法律で認められた場合を除き、著作者および出版者の権利の侵害になりますので、その場合はあらかじめ小社あてに許諾をお求めください。

Cover design　Y.Yamaguchi　　　© 2018 野崎 英一
Printed in Japan　ISBN978-4-87783-427-2